Greater Heights Publishing

World's Largest Sports Word Search

World's Largest Sports Word Search

Copyright 2021 by Greater Heights Publishing. All rights reserved.

This publication is protected by copyright. No part of this book may be copied, reproduced or redistributed in any form without the express written consent and permission by the publisher.

Free

Word Search Puzzles

Visit Our Website

www.GreaterHeightsPublishing.com

Browse our catalog of titles and download a free sample puzzle from each book.

You can also find us on Facebook. Please stop by and say hello. We would love to hear from you.

https://www.facebook.com/Greater Heights Publishing

If you have a suggestion or an idea for a new book, we're always keen to get your feedback and would love to know your thoughts.

Thank you again for your wonderful support! We couldn't do it without you.

Enjoy More Word Search Puzzles

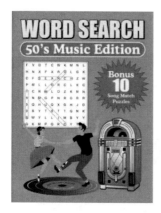
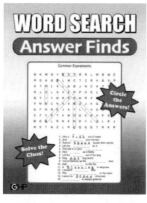

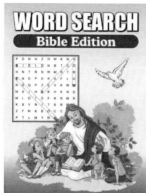

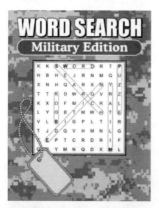

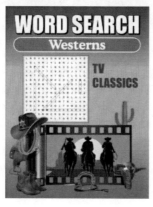
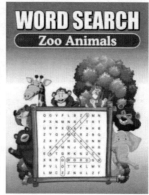
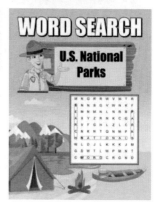

How To Play

All of our Word search puzzles are easy to play. Simply find a word from that puzzle's list, then circle it and cross it off the list. Words may run up, down, across, forward, backward or diagonally.

NOTE: Apostrophes, quote marks, periods, spaces, etc., are all omitted from every puzzle.

Disclaimer

Please note that the information contained within this word search book is for education and entertainment purposes only.

All of the information found within this book has been meticulously researched and checked for accuracy. However, the author and publisher make no implied or expressed warrantee that the information contained herein is without errors or omissions. The author and publisher will not be held responsible for any loss or damage, whether such loss or damage be consequential, incidental, special or otherwise, that may result from the information presented in this word search book.

The author has relied on several different sources, including their own experience, in putting this book together. The author has done their best to double check facts. If you find any inaccuracies, please contact the author.

AL Baseball Teams

```
A B L N M D M D T M S R S N A I D N I D H K
T P G Q F Q X T T X E P N R T P T K F Q X J
H Y Q G D L T M O F L F B Q K X M J G H X R
L N M M S H S T J O J Q K K C L M M L B Y
E C J D N P D M J M I Z W D T Z K A Y K L S
T R R I V E W V J C R Z M W L G R T R Y F L
I P W R R T M G T T O B D L N I K K F M W A
C T T N Q V F N Z C M T C W N K R V F G M Y
S C K F Z L X B P J B T H E J R Y V N B M O
T Q L P L G N L M N L V R T K L Y C B H Z R
F K R M X N Z F T M U S M T L S R E G N A R
Q Z N Z R D R P H J E B Y N S R T M T Y N C
K J Y A N K E E S R J C J Z K R A J G F N G
Q N R K N F M N F L A R T N D W E Y D X M P
Z Y Z R N M N X C D Y T G Y H W K G S Y P W
P L K H K Z C G M B S Y F I Q M M N I J J V
K R Y A W A S T R O S P T H M Z K X C T B J
G L J H N N K P Y R Q E R N Q W J L N C K F
M D Q Z F G X K V K S C W C N G Y K Q N C G
Q G C N M P E M V O T O V N R L T B N N T W Z
H W L M K Y C L X D R X M T M F R R W H G M
R C T T K H X N S L H B V L F Q Q K F Z F X
```

Angels	Mariners	Royals
Astros	Orioles	Tigers
Athletics	Rangers	Twins
Blue Jays	Rays	White Sox
Indians	Red Sox	Yankees

NL Baseball Teams

```
D I A M O N D B A C K S L H D W N Y D T T B
H W Z V D J T Z F S D E R V J K Z D X G J F
F R N R M B B R L P X Y J Q Z N M N N X S Y
N L W V T N F M M K B C C F T M K K Z N E C
V H Q R G N R P T L R J P M F L J K V G T T
B M P D K A Y Z H P T A K N L C T Z M Q A G
L N N R Q T P T K I D K G R X R C K C C R R
W X H N T I Z T V R L T K L L T O C Z H I K
K L R G V O P H E P M L Y M S B U C C H P N
R B W D L N D S W M Y R I N R B T L K H L K
J C J N W A L B W R T F I E S H K N K I M R
L G K Y G L L R V V K L M C S K N K D L E S
T R J F Q S T T V F R R H Y J S B N C R L S
V L Y V K M B N T A D D B G P C R P P A C C
B Z W X S T Q V M H T P R H T L Z E N C Z M
G B Q F E C D V D L C N D K M N L I W P H H
M L D N V G X X K P Y H O V D V D N P E M F
V D P N A D V R H R L F D N R R Z N K L R R
R R J M R F Q Q N C G B G M A W B C G X L B
K N W M B M L C N F B L E C S T N A I G C Y
H M E T S L H M R L P P R W C T K N R R N J
G G P B K N N P F J T N S H N K R F Y M N Q
```

Braves   Dodgers   Padres

Brewers   Giants   Phillies

Cardinals   Marlins   Pirates

Cubs   Mets   Reds

Diamondbacks   Nationals   Rockies

Baltimore Orioles Greats

```
M N F T K K T B W Q N D M M A H F L M M L F
B N D N F H M L M R R K P M X N M P C Z W Q
M F W B F P D A S A M X Y B H Z I R J Q K B
C J I N K L N I E M B T Z V E X V S Y J T L
G Z L P H N K R C O H V W K M L P N S T R F
R H H K F M M M N L F H L R P N A W G U L B
E K E V W R C M I A Y A R R U M N N C Q M Z
G P L H T E M F C X B M B A I N E S G Y Y Y
O D M H D M N J E G C L R R L L N H Q E N M
R B M W R L Z P D N F P L S L R M N S C R M
G K D D Z A K K A P X D B E I L M P J N G G
K K N N G P L L D Q Q R W W M N M T T K R T
C C H G Q Z L L T K O O R Z C E G B C O Q Y
N L V K K Y D L E B P G Q L D T P L I N J C
Y R B M U B J N I U M K R T K H R C E Z M T
C Y N X M Y Q N X L C V Z I Y M I L M T P R
D T V X C Z S B L C L T T L C R B N M K O T
Q J T R X O W X F P R Q Y N A H F J R X M N
B R H K N W H M Z L C L M P C J C W P J Y Y
N M V Q K Q Y X K V F V A N N C M J X B F D
Q D Y Z Q K W V N F L R I P K E N J R C W K
B P J B Q P X R N F R O B I N S O N R Z T K
```

Alomar	Cuellar	Murray
Aparicio	DeCinces	Mussina
Baines	Dempsey	Palmer
Belanger	F Robinson	Powell
Blair	Grich	Ripken Jr
B Robinson	McGregor	Singleton
Bumbry	McNally	Wilhelm

Boston Red Sox Greats

```
J C R K T K G T T T W X Q P N M K Y X T M V
B Z T G C C Z A R R A P A I C R A G R W R K
L Z G P D Y V C B G R E K A E P S Y B U B T
D T R R Q K A J L T X L Y R D M C Q T J L B
N T Y C A L W S W Y T R J W R Q T H M M K K
C R O K T M C K T D N M B X G Z P T Q K T C
V I U T X Q I L L R V R L N I D S R N L L L
H C N R M D N R L X Z R K T L M R J B A F L
Z E G H D R K C E D O E R R A C R J P M I B
T E Q M R B T L N Z F O M I F V N V Z D R T
N Y V C R B V K K T G B L S T T F S B N Z K
P L L O J L V W N P Z L N Q K M V G L Z V T
P P L N R M T T N J I E K X X I Y G R R D B
K X T V T G T W B W M L M M Q Q Z O M F L X
Z H R T R N Y G P E T N V D D D F B O R E G
E G T W L B V R L M E D W O O D L X H Q I T
N J R Q N H R C L M M V J K R V X N N B F D
I K N Y K B R F Q T F K A R P Z H F R Y E T
T T Z K F M J I Y K L M H N T R H J R F K J
R Y L Z W Z H S P K M L H T S P F C L Z A M
A N M H Y J B K C G T D Z V B K B P N X W L
M K L X T J V V N M C P E T R O C E L L I D
```

Boggs	Grove	Speaker
Clemens	Martinez	Tiant
Doerr	Ortiz	Wakefield
Evans	Petrocelli	Williams
Fisk	Ramirez	Wood
Foxx	Rice	Yastrzemski
Garciaparra	Ruth	Young

New York Yankees Greats

```
V H Y N H J R A Q J N E G A S S O G T R Q K
L B B O J R R R D N B X G T G K N W H G R H
B T R S L F Z R A W M W L Z J P Z W Y K K L
D W B K M K R E R D M B W L R W C H W P N
A K M C L H M B L V A M R R U F F I N G R
R V C A D M G A M L A S Z D C Y J Q R M W
E N J J G X M Q N T V V O J Z X J M F U H N
V G N O S N U M T T N V W P T G V A M K T Z
I L M L X B K I L P L R L F Q Z H R M B M H
R E L Q C T N R K Y Q E W Z O C D I B K X Q
Z D I M A G G I O L P L I B K R N S L P Y L
L T J D L P L R L K R Y L Z J J J D P B Z R
G F M Y Z R M V T Y P R L A Z Z E R I N E N
V L D V N H F F M Z G R I B Y L X C X U L D
R D N Q Y T Q X B G E C A X R T N G G B T H
D T K N Z B T B H T H D M L G M F I L Y R J
P M B X Y T L Q E G R G S X K Y R B E L L N
M T K Z Y R H J C F I L V Q L D K K K R T L
L Z T H L V D W L G G L B M O T C C T W B G
C X B L T N N I R D Q N R X I X T G C T H
Z N F M G K H U K D M R D D C W Q T K M Y
C R W F N W G R K G L D H T M R N Q B W D W
```

Berra	Guidry	Munson
Dickey	Jackson	Posada
DiMaggio	Jeter	Rivera
Ford	Lazzeri	Rodriguez
Gehrig	Mantle	Ruffing
Gomez	Maris	Ruth
Gossage	Mattingly	Williams

Tampa Bay Rays Greats

```
M T F F I R G C M L M B P Y N K V R C X B H
V M R T R B F G Q Q F E H M G P Y T J L N P
N A C T M W X S B R C H Q J R G H R G N T J
R N D O M M Z L N I B V G L N P D N H J D P
L E K Z B G J T R E W B G P C H O L F Q K X
T P N N E B Y P Q N L L Y T R T N R F T R N
D M K C R D D V G N L M V P L G Q U G C K T
T G L R B R N T C Z G N Y U M L Q Q H V M L
X T X A G B Z A Q O B C J N T G F G B Q Q O
W C J W N Y T K N B T B M R T K A P C G M N
L M X F F R N X X R P V R W R R V C T Q L G
B T R O P R X L L I E L E K Z B B Q Y Q W O
K X L R R R U R M S L H H A L N M N V J R R
N I N D T G L N M T L T C N Y V L H J Z N I
N V E W O E V N M M P R R X N K T N F Y M A
R R B R C Q W M D R H F A L P O B O G G S T
Y F X Y M G S E M O G M X N C G T T L T M M
N R O J B A M M T K C N K P T K P P G T W L
D J R T H R I N R L M M Z H T F R J U N Z T
S H I E L D S E K A Z M I R M T N L H M R W
L C G K K R M N R M Y K D K P X Y Y N M Y K
Q T K W X J Z L H R J B R Y R F J N J T R B
```

Archer	Hernandez	McGriff
BJUpton	Huff	MUpton
Boggs	Joyce	Pena
Cobb	Kazmir	Price
Crawford	Kiermaier	Shields
Garza	Longoria	Snell
Gomes	Lugo	Zobrist

Toronto Blue Jays Greats

```
Z T T L L C R R Y H L F F I R G C M P T R M
T Y J K T L J O L M K Q R D K D H R L X V R
Y L X N V C D G T M N B R X Q L N F G K K R
G C L K N E M M T I V T R N B C R N R M B D
W N J T L K C B H T L Q R N F B E L B N N M
R D L G K L Z T P X J O C R X V B W C Y K L
M J A N O S D L A N O D M T L R U M L T X F
L D D F V R K Z T G N H H K V K R B Y H H H
O R Y F N Q N B R K M M L F B K G D T H E L
D K Y W F T Z W E V F C C M T R L P D B N T
T K B L F X Z Y R L V G A W D D M Y W T T L
M T E L K Z Z E W R L T R H R W M T D R G C
M Y S S T I E B D D V K T I A N E F X G E T
F R O L M T L N L N L K E T M P P L L J N Q
K K M T R L C E N B A M R E O H M J L H H N
R F X H L G I C R D K N N L L B E F Y S R X
R F M W V F K N U M D X R N A X T N Z R K K
K M L N R D A R P X K L Y E H B T L K C T Y
C W V A D M E J F W V X Z X F N G C B E T K
H G B L Z L L L W N Y F H A L L A D A Y F T
G Z L U O D B A U T I S T A C K F N L G T C
T Y G T V K Z G K C Z L Z N C M R M X W J M
```

Alomar	Fernandez	McGriff
Barfield	Gruber	Molitor
Bautista	Guzman	Moseby
Bell	Halladay	Olerud
Carter	Henke	Stieb
Delgado	Hentgen	Wells
Donaldson	Key	White

Chicago White Sox Greats

```
L D B H T K M Z M A W N R K H H V Y G V L Z
J D Y K T L N I R R O C N G H K E C R E I P
S I V A D N N U N G O D C K N D O V W G T P
R P R X X O T X J C D P M M J L X Q N D Q X
V V K D S N F Y F W G B M R L R W I M J N K
V C M O E M W N V P J R T I Z W L K T P R M
L L T V P B M Y P O V K N K C P L N N R F T
Z P W G D M R C Y I X S Q K P R M E F T F L
N T L H G W K P T C D T N A V D M G E P Z N
C N H L I T B X L I L V T F K R R L K Z T N
K T R M K T L Q Y R T D Y F K R T X N T D N
T L W E G L E N M A P C T P Q X R D B B B F
P L T M B D A K L P Y I Z G T O B A I N E S
G X P H G A J H L A X C X T F F J L M W R C
M K K F B T F P C X W O R K W A L S H Y X M
V K X R Q U T T P S C T P F K O N E R K O R
Z T T C L B E K C Q L T W L L O L P S D X T
K L K L Y X N H T X L E N P S R B T A M N R
K B L J O H K P R H K M K M W F W M R T X
P Y K N Q N K K L G J C Q H H J P O Z X T
K T V C S K N T Z M E A Z X J F X Z H Z R Q
K P F H V X R L Q V J B X V P H H C T M L Y
```

Aparicio	Faber	Pierce
Appling	Fox	Schalk
Baines	Jackson	Thomas
Buehrle	Konerko	Ventura
Cicotte	Lee	Walsh
Collins	Lyons	White
Davis	Minoso	Wood

Kansas City Royals Greats

```
V M T R F R G J T H H M L B X F Z K W R R X
T K Y L M M R L W X H J T N O S K C A J J P
C G M R J M B W J H B N G Q L R L H N Q P X
N M C W R G F K R T A R T A B U L L W R L Y
D L D Y M E V T Q K R G L N M K B R R C M R
R R V B M H B K M M M O L F L H B W Q T C R
R V A M D P N N M T J R V R W F X H J G X E
L N K N J N B T E H K D M M N Q J C R N Q B
O X H M O R R U K S N O L P X M X E P N C Y
F T R R N E N N S P I N Q R R H I L T M K A
W L I L T Q L D F B Q U M B Y N T C Y D R M
V H L S M R T Z X Y K Q Y K L K E N G Y W
P Q I M H F R F F Z W M R E E K N Y E N T I
R M T T Z W T K N D N T K A L E C R G L T L
M L D Y E Z T N T A L M R Y E D V R A B M S
L P G T L N K K R P R C Y W R D Z F H N T O
T A L W L V N T E R M K S G E K L M R V J N
Z T Y H H P L R K B V T R D I T M F E Y N D
M E Z L T E E H C D G R J K P L Y F B N T T
M K M T B Z R E T R O P R Q P V K P A K D Q
W Q N T D X W D B R E T T Q A B W L S C T F
N M P N D M O N T G O M E R Y N R W Q M V Y
```

Appier	Leonard	Porter
Beltran	Mayberry	Quisenberry
Brett	McRae	Saberhagen
Busby	Montgomery	Sweeney
Gordon	Otis	Tartabull
Greinke	Patek	White
Jackson	Perez	Wilson

Cleveland Indians Greats

```
K C H Q T D N K R Y R K R R X K T Z P D M M
P F G M R F B O U D R E A U K T J J N J T Y
B M N M M X J B E K M F B R F L X Y R R R F
B F C S Y R T L H G F X R Q V G U K L K K Z
Z X P O P X L R V G B J O S S M F B V N T T
X Z M G L E H L J K M M C F X Q R W E C H M
N E T V B A A P L Y K P N R K C F S K R R K
V R J W L P V K L C L K C G D C O Q K M L H
J I J Q N Q Z I E Y F X Y R K R Z Q M N J R
K M L K G L Q L T R W Q Z R Q M G D O Y N L
K A L S E W E L L O K K H R R B S V K G H
C R I W H D Z G X R J D X Z G E K J L Q L W
R F R Q B R J R M L C F T W L C P H Y N R L
N R E L L E F M N K O K R T A N F T Z J O N
L M V D R K R H B W V H J J R B R Q F W V
Y K A G C R M V K R E R K R O N D G T R N Y
V R C F R B L K W V L V T V I K Y O K E Q N
H B H I X F P T N B E H H Y E K N L R D E Y
B T T D L D N J Z D S B O T Y W H D T R C P
N T O J Y F K T N Y K N M J B Z F T T A C N
L B V V G G B X N R I N E N L X V H L H R C
Y Z V H P H R N M P L L L E W O D C M Z K N
```

Averill	Flick	McDowell
Belle	Harder	Perry
Boudreau	Jackson	Ramirez
Colavito	Joss	Rosen
Coveleski	Kluber	Sewell
Doby	Lajoie	Speaker
Feller	Lofton	Thome

Detroit Tigers Greats

```
C N L C T T J D M M L X Z B C M F J K R W Z
R N C R H N Q X Y Z Y N V D K T R F Z X L A
K T C A Q Y R K Y R L Z R E S U O H W E N R
B M K W K Z T L W G C G G E N N L G M Q R E
W V K F B T M P Q L V M R R G P D K X K Q R
H K E O P T R F T L Y H E C T N N Z L L H B
I Y N R R U I L N E B L B C Q Q I T M V K A
T N L D L D R C B M V W N X O D V R Q P N C
A W N O R A G H J M W L E R M C M F H M G L
K R M Y L N N T T A X V E N K H H H O E L B
E K C Q K I K D J R R K R W R M L R J C G Y
R H T F J P C T E T O F G F W H R Y A L G W
B Q Y R G K U H D R R N M N F I W C H N F Q
R R L N K O Z Q N Q T V N S B H L Y N E G
G T R B R D W P X Q B J L D V S Y R N Y J Y
B T M T P M N A H E E R F R A H X A V K K Z
D V V R G C M M M R X C R C L F M Q T M R M
M Z Z P M L D M V E A C H L R L K Y N L R M
T D N Z Z A J T Z R X Y L M I Z R Z Z G P Z
C O B B Z I P D Q R K D K E N H N P D N T K
K M J K M N Q P T L J D H R R Y T W N J L T
P M V L M G M G X V L L V G R K K A L I N E
```

Cabrera	Gehringer	Newhouser
Cash	Greenberg	Northrup
Cobb	Heilmann	Trammell
Cochrane	Kaline	Trout
Crawford	Lolich	Veach
Fidrych	McLain	Verlander
Freehan	Morris	Whitaker

Minnesota Twins Greats

```
K H N X Y K J Y R V X K Q K C L X C F A R Z
I Y O N T H T P G Y P N D T T L R M T V X J
L F S Q R B V R P K M R R P T R J P P I Y N
L T I K D R D P H R P C X N N T R M R L Q T
E H L T R G R D X B N R D N K G G P V O L Z
B L L P N N Z Z X O C T Z R M P A R Y F L N
R P A V V X X D S N Z R R V N N E D Z J X C
E X C K T F Z N R I C E O Z H D T N G F L G
W P T M T N H N K T V K H N K N T R M X L L
L K M T R O N N M K H L K L I E I N K R G P
Z K F R J K O A N I L S O G X N B M D L Y J
Z C J K C B V N H K Z W A R C N Z R T V D N
D V K G L R Y X Q T D N M N M Q T W H P E T
T H V A C C A R E W A V T H T T K N B V Q P
H D U R W L W N V M N N R G E A L M E N L K
T C M E L R T P I F L G K K G T N L L P K T
H J C T R W Q B O H F R C A V P Y A K K M P
T V P N D W Q G L M G U L M A L L G G X W H
M B B U Y T P Q A N P D C Z B T K A Q L V T
N C N H J U D G E R E U A M V W G Y L V N R
R M C T N T H D T Z D K Y K N X M N V M M
D N Q R M T P M L H D L J F E T H M L R B Z
```

Allison	Hrbek	Mauer
Blyleven	Hunter	Nathan
Carew	Johnson	Oliva
Cronin	Judge	Puckett
Gaetti	Kaat	Rice
Gagne	Killebrew	Santana
Goslin	Knoblauch	Viola

Houston Astros Greats

```
B G G L W G M X X P K N R W F K R C K X N
L X T L Y T T N L V B Q W A G N E R Z C F R
N F T Y Y N V B T H X N W T W W K L K A H
M X Y B H K X L C H T G M H T T R Q B M L L
N H T G I D G L V J Q V J V T D E P R I H H
L D L N Y G N F X R R K G G O F I W H N V C
N N R N A Q G B E R K M A N C L D T O I K N
W B T I G Y L I K L D P B V S C J S C T N J
P L M E Y J R T O X K F D K E R W F W I L X
W Q T K L K D D H C H M P D N A W V T L Y D
Y L P R R L W M K N N M E K L H T I E T F T
N Q N O V L T X O M L N P T K N P W L K B M
N L R K N Q I H Q N O R Z C M V G V Z S H G
G F T K K T T D O B Q Y Q Y T A Q H H U O H
M M K Y V N Q T G Z X K L K B N R D N W R N
R C B V X P P Q J E H M K K X X L X K T D C
R X M M K M S K G B K X R M D R A H C I R H
P K K B A K U S N E M E L C M C B R N Y P Z
X Z L H Y R M N H W X R N T B K Q B V N T Z
C Z V T P R S C W R G J K C Z N N M F L N N
R D Y Y T R U D Y Y G K Z G N X W C X Z M J
T D M R L R A B N Z K V F P F K E U C H E L
```

Ausmus	Cruz	Richard
Bagwell	Dierker	Ryan
Berkman	Hampton	Scott
Biggio	Keuchel	Thon
Caminiti	Lidge	Wagner
Cedeno	Niekro	Wilson
Clemens	Oswalt	Wynn

Los Angeles Angels Greats

```
R K R M K G F M C D B K R L L G H P V C M D
V N L K H T D L D K Q M I H A H V F D Z L A
J G K S L O J U P F D C X S G N T D N F N C
L N L L Y N C N C H A N C E O V G H R A Z P
N H W F R N M N M H M F J P M G Y S N W N D
D C P R K J R D V T L J W T M Z E A T T K K
B I G V N Z R T K E L M R M H Z T R G O G G
G R V M N E H L P D C G I H Y Y R J F M N T
V G X P R Q F R M N P G T R G H L Q N T T
N C R S P X Z M R O F V H Y E L N I F R V O
P B T W Y K L K S N M L T W G N Y W N Z Q B
D A W V F G M R L D X J R O K X J T I N M B
D L M V L M E K P S P M R V P K G K V T K A
Y W M B Z D M V N E X E K N H M J V D K T G
F X Y L N C B C R Z R C B N O C D G L J R R
Y T L A G Y Q C T R L D G N H R D F P K V K
M T R O U T I R E V N C O N T L D L F F M P
T T L T B V W U R C O P N W A B R Y X L R N
H N J H A F G P M F K C G N Y N K J V M K
X N K L M Z N L L L L M L G I I R F R M L M
M K L K Y N J M K P A K P Q J W N V W P L G
Z J O Y N E R H F M S K M X X C Q G R P C X
```

Abbott	Fregosi	Pujols
Anderson	Grich	Ryan
Chance	Guerrero	Salmon
Downing	Joyner	Tanana
Edmonds	Langston	Trout
Erstad	Ohtani	Witt
Finley	Percival	Wright

Oakland Athletics Greats

```
R V T N N X Z W A D D E L L E R I W G C M P
R H X R R V G R L J L T D Y R C R N C C N T
V R Z F B W T C A M G D Z Z M M X M W Q C W
M L K F W R P C N Y P R G C N P B M P G D V
M N L T A R K Y F G K K Q J Q F T K P G H H
J W C W F S B P Q B Y F M N Z Z L Y K W C N
W W E B O W L C A M P A N E R I S N H N O R
T T W N Q V E Y L G R D Y P E J I C C C C B
S Z Z L K M C L L V R H T U T B K O R T H N
L B X V M T P A C N J N L T M G L F V M R L
J F Q O M T Q B N H N B C A L L B S G T A M
G H V D V X K M F S W K I N I K L N Y R N K
F R C N P D G B P K E G H N G R F O L M E G
R M Z A Q C T R N K F C S E M W V M N H T K
M Y R B Z H H T L R B L O Q N V C M T L J T
C N R P Y U M L L P H S M V H D V I C C H Z
J T C P D N L W H B N N R V H F E S C N W I
D V K J Y T D R R R Z X H E I W N R M V K T
Y M K J W E M G F Z D X H M G D M D S H R O
P Z F F R R P K P X H O G N R N U T Z O T N
T Z Y E L S R E K C E F N Y M R I R K Z N J
K K H K V J M W T G R O V E L N M F X N L M
```

Bando	Fingers	McGwire
Blue	Foxx	Rudi
Campaneris	Giambi	Simmons
Canseco	Grove	Stewart
Cochrane	Henderson	Waddell
Collins	Hunter	Welch
Eckersley	Jackson	Zito

Seattle Mariners Greats

```
P M P P N T G M R D R R M T V C M T L H N K
J R N N B P G B M N K J F N D J I N N Q K Z
S I V A D L D Z H W G W Y F R N X B R P E M
K Q P L K B U H N E R M G E O H R J P N D L
D P D P K C S T C R E Y O M F L P H A W L D
T U T C L R J U Z A P N A G L F L B M L Z X
G V R P P W G T Z M M R J M R A I L J D B D
M U R E L M N F Z U T E F N Z H N R R B Z M
Z K T D L V R E B I K L R R N N E G G N L K
T M R M J O U K N E T I N O K K D T S N Q Y
R T H K H G N E N X D M Y T N W G R D T H R
L Z M F I M Z O W Z N N Y C M N A C G Q O N
N W B R N Z O F P E R S E A G E R A T L R N
R L D K T B Q J T D T W V R E Z M N V K T D
N O V R W C M X W N G T R B R S A O T P T H
R M N R W R M Y I A N V K R T D R P T R G L
C G N T M L X P L N V Q L L L L T N Q N K R
X G R G Q N K T S R N M K K E O I X Q K Q F
J O H N S O N Q O E L T L X B M N X Q T K V
T M X M T F N K N H N V D H T Y E R P L C K
M K R D N V M J Z T H M W D W E Z N N X T D
M K M J P L H T R C V R X M T R P G M M D
```

Beltre	Edgar Martinez	Olerud
Boone	Griffey Jr	Reynolds
Buhner	Hernandez	Rodriguez
Cameron	Ibanez	Seager
Cano	Johnson	Suzuki
Cruz	Langston	Tino Martinez
Davis	Moyer	Wilson

Texas Rangers Greats

```
N G Q L L G V M Z N R Z L L P Z B N B L Q N
M O V X H T D G N C L Y G V Y R W K V W H D
R N L Z E U G I R D O R X E L A T L F G L T
F Z H L B L K K Y Z T D R P R G R L U Z N Y
M A R S U N D B E R G N P W Z W C O B M V O
G L Y J M V T X N F N A R V P P H X X W Q U
M E K J E D M T Z C R N L A F B V M L C V N
F Z D B J N Q P G R T Y L N F N G R P R Q G
C Q E T J T K Q E R N M H P H C P J F P B Z
Y H B V G Z Q I K M E M N O T L I M A H M E
K L Q K O K S N N I R N W V H O W A R D P U
I V V D D R G K R S Z B R O W N T N T D M G
N F K W J R G O P B H Y R C L L M T L T K I
S X R T E F K R R K M K E C J Z J N L H B I
L W T E H G R K A T L R K T T K R P E A C D
E Y R C T X R A Q H T C Q Z E Y M T B R W O
R M G J N V N K N L F C Q T M I V G D R X R
L J P Q C A P G E C N W N L X V X W Q A C N
P N W M W V Y B X M O K K X Y Z D E N H P A
P P R P M C H R L C C K K M Q M R X I F L V
T W Z R M Y K X Y W T C T F C X Q T Y R Q I
X G W Y B T T V J W G C N Y Y G R G M N A W
```

Alex Rodriguez	Hamilton	Kinsler
Bell	Hargrove	Palmeiro
Beltre	Harrah	Ryan
Brown	Hough	Sierra
Franco	Howard	Sundberg
Gonzalez	Ivan Rodriguez	Teixeira
Greer	Jenkins	Young

Atlanta Braves Greats

```
W H N G T K M G M Q Q T K P Q R L P C D V V
W T Q G N U M M H N Y X L R J K C M G R M R
I N W L R X T C T J T S E P S F M C L X L L
L X M P T T P G V O L G E H E W Q N B L M X
L M H W M W N R N K R K W N N T V R R R Q V
I Y D K M G L I R E L R L P O G N C B M R Q
S X B T X A P F B Q Z W E F J J K V J T M R
O H N G R M T F J V N R F R R J W D X L L R
F R L F F G R H T M N V Z E E R K U T L M M
M T K T B M V Z E K W T L E P H C L R Q L E
Q N T E T K R G G W L Q V M P Y R M T D C C
K O Y P I B G L Q O S N P A I X X K T I N G
K T K N V N A L M R N C D N H F F P T F L A
J E N M H V E S L Z D C D X C X F S T M M L
K L V B I N W L W W C A R T Y T U X H M J C
T D R N B N J T L C L X T Y P J T D J R M W
J N E Q W O G X H I P S P A H N R K T N Q Y
K E M G B R M K P B O Y S L O H C I N N L T
Z P Q P R A N M P N J T L X N B H D X M C P
H L N T L A G D Z R T N T Y G M S E M L O H
P D B M X L T T R W Q M R Q K R N W J K T Y
R B M A D D U X H P K H H R J R D M K H B T
```

Aaron	Glavine	Nichols
Andruw Jones	Holmes	Niekro
Berger	Justice	Pendleton
Carty	Maddux	Smoltz
Chipper Jones	Mathews	Spahn
Elliott	McGriff	Torre
Freeman	Murphy	Willis

Miami Marlins Greats

```
R R M F R M A R K Y Z L L C L D P Z X L D R
X R V H C Y W I N Z N W M D A K Z C B X R W
R L F J N N G D R R K Y F M G B O K N N M K
G M J Y C T M V B E Q D T J K N R Q L M K G
W L T D C M H M X K T D K T I W N E M X F L
K Q Z Q B U R N E T T N H N Y L I X R H J D
N H N K T N R D P N F R E L L G O L F A M F
D T L N R W K I O F H R R R L R Q W Y R Y T
G Y Y F N L E T D R F P L V M T N R E I R H
T Y M P N R N T W C N T L F N N F R L S X
J H B N R A F M C C T Q P F T O K W T Z L D
V V M E T L T N A Z M R X B S R K Q K E C W
M K F S R T N R S P Q J R N M M T L B L R M
N T Q D D L K M T N N R H H Y J R K N A R N
E T Z W L Y L P I N R O Q J D P C W M Z Z N
N E L I E Y R H L G J D Q M K Y O P W N D J
J K W L I G M K L H C Y X Z H R O R R O N V
V C B S F H Z N O H L B D X B L C L P G R R
B E H O F V D D X D U G G L A X R D F K Y T
N B F N E J X Y T W G Y Z E D N A N R E F G
H N V K H T L E E H X F L V T C R K D T T L
C N G J S K H Z E R I M A R D J X K K C V P
```

Beckett	Floyd	Ramirez
Brown	Gonzalez	Renteria
Burnett	Johnson	Sheffield
Cabrera	Lee	Stanton
Castillo	Lowell	Uggla
Conine	Nen	Willis
Fernandez	Pierre	Wilson

New York Mets Greats

```
T B T D N R V N W R M W D K Z K N X J R R Y
J T D Y N E J O N E S L T W E M O V G N H T
L Q T B L Q D V R T T B Y Y D Q L O J K C Q
M L W R T L D O F L T G M D N T M H S L K N
N E P R T B D D O V P N A M A K T D F M R Q
W I T P M W S W K G Z R Z D N Q B V N L A R
C T L D K V T J N N L T X D R K L B N D M C
J E M X E T R K V I G H M K E L T R R N V H
W R Y H E Y A R N T C T V K H N P M K T M R
M P G W G J W G N L Y G D V O M J N G A E N
C M W N A D B E L T R A N S Q F C R T V O B
O F V R N M E J H G M G N C X Z R L A Z B C
N D R T L J R R K M L H M R P T A E N X A D
E N K W L K R L D G O T J C R C S O L K Z L
P L V R Q V Y J W J R N X T K H F R J J Z W
D R M M M X Q C M O R G E D Y L R M F T A T
Q U W J T J F T A J W L J X A V H Q R Q I R
T V R L K P Z X V K R N L Y K J X N T P P F
K F D E C K C Z X Y T N I M C F F Y P N T H
K R R R L F T P Q J J E B G X W A R G C M T
T M N N Z O K L R M L T R W H B W L T M Y Y
R K K B K X T H M V L C D F S T A U B H D X
```

Agee	Gooden	McGraw
Alfonzo	Hernandez	Olerud
Beltran	Johnson	Piazza
Carter	Jones	Seaver
Cone	Koosman	Staub
Darling	Leiter	Strawberry
deGrom	Matlack	Wright

Philadelphia Phillies Greats

```
R P C V V R S W A R G C M L B K M D D K R Q
F A L L E N Z T V N J N N R V P B M Z E V X
Q C X N L K T L R D P F Y M B M N R D M Z T
R L N K B R N W N E J Q T W T M M N L R F T
A D J H R C T L G K B H Z C L Z A N D F Q F
Y S L M N N R C Z X Q O N M Z X M F W V F M
N P H X Z R F W B N Y L R F E R P N R R P K
K O N B M V S M Y D K X N L X P C J Z D L R
B G T K U Z D C P W R W A C T L J C B Z S U
G N M L M R T N H A R P E R M T M V X R N K
L V K A R G N Y T M G G F L V X R Z K C I K
H T G K K A V U M V I Z H D F Z R H X S L T
D E N R H G C E L N J D C O D M D X L N L G
E V N J M J N R H M W N T N W V R E K O O Z
U R D N V J T B K B L N N N T A M R X T R F
T L G B E J R A U Y Z L Y M Q A R T T L B C
L X Y S M K J N X K B X T V H R Z D F U O L
E D O J G W N K R K N N O S I L L A C A W K
Y R Y R W I K Z N R R T T N Q F L L D A Y
R N T Y N W Q M Z Z J S C H I L L I N G C F
W B N G Q K R R X B R N L L L J Q V T B X D
N N X X H N J N T R M N M F M Q Q P F G K Q
```

Abreu	Carlton	McGraw
Alexander	Daulton	Roberts
Allen	Hamels	Rollins
Ashburn	Harper	Rose
Bowa	Howard	Schilling
Bunning	Kruk	Schmidt
Callison	Magee	Utley

Nationals/Expos Greats

```
G B C M W B R R F P W D Z H M R A I N E S Y
H R U M N R B G N R Z E L B R E Z R E H C S
V F L A R L O G T G N B R Q X X K F Z M M D
L M K N T N N V Z I R O W T F H V F D T L T
G Y H R Z S T V T L G E P L H B M M T P N Q
G M X A Q D K R N E B D P R Q L R J N G Z M
N B L B G L A L R O R E R R E U G E M T N H
R E P Q P M H S M Y F N W N A Q D N N B Q C
Z M P L O L M T M W K N Z Z M H Z P N D M H
T F C R Q G H R K M R I C E R L I T N N O P
Y L D B P H L G W T R S R D R J M X F R N N
K E B Y L B J G B N J M Y N T D M J E B G Y
P T W C X P F M L G G A B A N F E T B Q L R
N M H R D A W S O N R R F N V X R S T X G G
N W Y C Z V L C K C U T T R R A M G M R K R
K J Z Y B R J B C L B I X E C D A R N O E H
H P K E L B L F T P S N Q H B N N V K K N M
Y G V L L L L A W D A E G R Y L C R L B B D
H Y T I C M K I B R R Z K K W K T A R X Z C
K W W A P D M R N N T V T N Y K W C B F N Y
N G R B J Z G L F W S R W A L L A C H F F V
C T T D T G N Y B K N Y F D N N C L H L L T
```

Bailey	Guerrero	Scherzer
Carter	Harper	Staub
Dawson	Hernandez	Strasburg
Dennis Martinez	Pedro Martinez	Walker
Desmond	Raines	Wallach
Fairly	Rendon	Werth
Gonzalez	Rogers	Zimmerman

Chicago Cubs Greats

```
R Y Y V T Q P R L K T V V N R N M N A V K T
W W R E L B K N A M R E H F B G L M X S Z P
X L D I L D G G R P T J N F K P N Z V K O V
V T J V Z D R Y L L M A D D U X T R Q X H S
V V W T J Z N M N F Q B W I L S O N R Z P Y
H T D J G X O U Q V R D V B K H N N C D N G
C X T G L T Z P H C P C R R C W N S K R Z G J
T G R K Z T P M C G B K G L T M X V K T W V
Z N K B R O W N B V M X T N A L M T M S D G
V W M R T N P Z F W G H B I T L Y B K G G N
Z B Y T T N X K L P J N L Y P T N R S C S V
L L L G J T K V M C C L R M F N A M E A C T
T P V G T F Q G N J I M V F L B K T T N F W
F X Z R Z Q C M R W R G R W T W R D T D N X
L Z V A V B G T E B L D E D C G R Y U B B T
T A K C F N F E H V K P G C W H X T S E R W
K M M E B O L G D N D P N N C O A L K R N S
V B N Y Y S P V K D C C I X X M O N Q G A T
L R J J W B K M Y H T S G C J W D C N H R T
T A N L H A Q X Z A M T S K K M B D T E T R
N N G Q T D J F C M W Z E P T T Q O R R T K
C O L R M L Y K B N R Q K N Z M L H T I M S
```

Anson	Hundley	Smith
Banks	Kessinger	Sosa
Brown	Lee	Sutter
Chance	Maddux	Williams
Grace	Rizzo	Wilson
Hack	Sandberg	Wood
Herman	Santo	Zambrano

Cincinnati Reds Greats

```
P X N L K Q J X M M R M N L L M F N L L K P
E X V N G J X F P H O Y N E D N Y O Z B J Z
R N H O R G K R X R Y R S L M F Q S R H Q
E C O N C E P C I O N O G W N G N N Q L M Z
Z R V N K K B T R L R C I A L Q R I T P G W
J L N R H D W D N R J Q K Y N J Y B F H Z A
L R O U S H X I A K G W S T B N L O O K C L
B N B K M Z K K C V T N W R N P P R S W G T
P M D T F R O J I R I F E M Z H G K T P L E
Z B C R A Z D R Q T M S Z B T X A P E H P R
Q V T L C R Z M W N R H S J V C H H R I T S
R M D N T T W Q J J K C U M K L J V N V T M
C B Y V W Q Y T B M R N L H L H B S O M R G
B R J W M V X T C G F E K F N O V Z T X K
M L J K Z P F D T V H B W Q R N N F Q L T T
P X F P L L K M Q X C K K P N D Y V L L G O
L O M B A R D I X M C R Q N R K L H R Y T
N K N Y F F N S N A R Q Q P L C L T I M F M
M Q N M E M T D L X M N X J T Q Z F D J X K
N G C Z T N B X K M K R D C F X F N Q V
Z F R V X N I B M K R J F N J E G B C V K K
N T R V F L P R G M M L G P Y Q R K P H G D
```

Bench
Blackwell
Concepcion
Davis
Foster
Griffey
Groh
Hahn
Kluszewski
Larkin
Lombardi
Morgan
Perez
Pinson
Rijo
Rixey
Robinson
Rose
Roush
Votto
Walters

Milwaukee Brewers Greats

```
G Z V M Q C R B K R M C D H G R N X K R H
D V W N O S X E S M T T L G Z D Q N J W Y S
L W J R N R T L Y N R E N T N A G M J K H
X H R V J J Y E M E R L C I R I L L O G M I
R R V T Q T C C E O L T T F H N L V V R K
M X R C R T H K T H X I N G L K J J K T N
Z K B H F G H I T B S T C L B Y X V Q J B E
N Y R K V K L P L N F K M H C O C F W Z W J
U X R W N O T M R J M O N E Y U I B F Z M G
A P F M M D Z B Q K P Q A O Z N K P R L Y Y
R H C T H J N Q T J Y W Z R G T R G M N D T
B V A U G H N K G H N T C E E L N F Y Z P N
K L X R Q F R T H F I M R Q J U I H H M L H
D H M L K I X H T N Y S X C N X G V N C E T
N B G P C E T Q R X J F Y B K R T I I V S C
N G D C G L C U N N T Q H Q V K K X H E A B
O F C D W D B O J R M Y H D H H R Q S Q C C
T L B K N E F Y O Y J R Y S G Q R A C T C
A W H N T R B R K P R F C T G X M L C F T K
L Z B P W K X N M K E O Z T L O F F D K F C
S M C W B H K V T K T R N D H K N M B C H M
P R C K B M B R N T W T K T J J T M K R C Z
```

Braun	Higuera	Sexson
Burnitz	Jenkins	Sheets
Cirillo	Molitor	Slaton
Cooper	Money	Thomas
Fielder	Oglivie	Vaughn
Fingers	Plesac	Yelich
Gantner	Scott	Yount

Pittsburgh Pirates Greats

```
W K Q Y N G P G L Z N P Q H Y B R N L N W F
P G C Q P H P Z J V D G M B G L G L M M G B
K R H D L L M B S M C C U T C H E N K Z P F
N X J L N Z N D K L N K T R E K R A P W R N
Q C T X G D N R P F I J M F M F M Y M A O N
N N B Q N O R T K T V R G Z Y Q S Z Q N N M
J T C Z B C A R E Y L N T B W J M N K E Y C
R L P N K K M L V P A Z R Z H N A B L R A L
F H M K T L W T T H G K K C F R D R G G R E
V F A Y J Z T Z G X T Z N M L N A Y C N T M
T T Z J D N Z U K K R L T K Y A N Q Q J R E
N Z E C K N A Y M G D Z L L H L R P N J K N
Z N R P W V K E B A R D M R P F K K G W W T
K C O Q K A Z J N L K R W T P Z Z B C V W E
M M S Q Q P G R L Q L W B Q D W Z G K V L N
L M K L G D Y N J M C L T R J N Q H R B R J
K L I F X H V H E O A N E B T J E O X M Y S
L L L Q T Z W Y O R N D K G G K L I L T E H
G K I N E R T P J P T L L N R I T R R L L B
F X L M K R E Q R P M T F O V A L M I F G N
N R C C T R L V N Y T T V E C L T G N V B T
R J Q N N M K W C B X Z R X M K G S X G M K
```

Adams	Friend	Oliver
Bonds	Galvin	Parker
Carey	Giles	Stargell
Clarke	Kiner	Traynor
Clemente	Madlock	Vaughan
Cooper	Mazeroski	Wagner
Drabek	McCutchen	Waner

St Louis Cardinals Greats

```
G V M B M R R F D Y M B M T M D C K H R L Z
M M W Y W G H N C R R E K N W K W K Q R C T
G Y K V K R K Z G M T Z D W H C S I R F Q H
F R P V F C N Q S M I T H W K L M B D F R G
J M C L R B R O C K V K N W I L M H F P H I
Z X O V M W Q L W Y N B Y L Y C J D N L K R
M O L M N E C C Q G W B H P R V K N M Y R W
D T C N Z D T Q N N S N N M D T H M T M Y N
Q P Z N F M W L P N N K L O R W N M O T K I
Z M T R K O B J R W O L A I S U M L G P W A
R P H K Z N W O V F M P R Q H B I R R Z P W
T M J T Y D H S T J M H M W P N I R R M H C
T T R T E S H W L B I N D Z A N R G W L W B
X Y Q R L N G M L O S K T Q R R M M D R Y Z
T T H X M G Z G M N J K G E R Q Q W V E C E
M K Q B O R W P L L Z U T D R P R W M Z A D
P M N N T Y D D R K W H P E V L L L M W T N
H X X W T W R F T P G C Y H C P K C F B J A
X K M L O T F R T U M O N M X T W M P Z F N
V V I B B T N X A V B J C Q L V Q B B H G H
K L Z W R M L L T T S N E I D N E O H C S E
J Z E P X L S L B X M M C G W I R E L R F H
```

Bottomley	Gibson	Musial
Boyer	Hernandez	Pujols
Brock	Hornsby	Schoendienst
Dean	McGwire	Simmons
Edmonds	Medwick	Slaughter
Flood	Mize	Smith
Frisch	Molina	Wainwright

Arizona Diamondbacks Greats

```
V T M N M G Y K M Z D C C B H L T C Z W W K
T J Z D L M F C O R B I N O C J P Y F K C V
K K F E G W W P N B X T T W U C T T T Q N N
P D C G L T R M M D T C T H T N R C K D Y
T J Q V R A G Y K C O L L O P M S Z R R R C
T H M L P F Z D G X R J D F Q K Z E N L E M
F N R B I T W N W L P K M R K Z M N L J W Z
H P R N J L T Q O R K X Y H T C V L H L L N
R Y L Y H T L G P G N H V F R T T Z C R W H
T E D P N V L X N L X T D I M H C S D L O G
Y V C R O M G C L I T K T T E V D W D R V M
F P J J T O M Z T C L Z R K J B D N R Z P M
T L L N P N K W T C J L N V K V O H F K H G M
D W F M U T D R T M G I I W V L H T A W K X
W E B B V E N K L E E L P H I V L N T N G B
H A R E N R B G D R L E P R C L K F S K T K
Y D K C K O X R G L R V X L E S L W I O J T
O N H A L Q E Q F A K B L B H Y X I T R N B
U X N E R B V Y Z L C R M W L N P N K A C N
N J Y G L W K T H L M K L F K W M C B M T Z
G T Q A K L A V C X N M W H N W Z N J T S K
K V V Q T R Q V G R K R B W C M P G Z W Z K
```

Batista	Gonzalez	Pollock
Bell	Grace	Schilling
Corbin	Greinke	Upton
Counsell	Haren	Valverde
Drew	Johnson	Webb
Finley	Montero	Williams
Goldschmidt	Peralta	Young

Colorado Rockies Greats

```
W K Q R B W L V S T Z T P Q G C Z T K P J T
R A D Y Q B X E M L V C V Z D O E X L B Q T
K V L B C Z T T B O N W Q V L E N V M F L C
K N L K Y N M N L D G F N N R Z P Z V V W B
T U L B E Q N T R A D K M T Z N H R A E Q M
Y R E U U R W X K N N L S R N C X M T L M M
W J F I Z R L T B E A M H F K M X T Y N E K
L M H T H M K T N R L J N K E X Q C N Z Y
K L C D R A D S Z A E W C Z H H O D L F N Y
Q P C M B M M W W M E B T T C T L O M Y W R
H T R N R P X E F N R R J I Q D B R C Z E O
D O O W T A H C L G F R B V H N M H Q C I T
X K R C F K K R C D G L T R H K R Y K Q S S
N T U L O W I T Z K I H M O L T C G F L S Z
Z C N G T R M X K K R C L Z J Q A H F V M T
H G A L A R R A G A H L J X M R S M H K D C
M N N K Y F G H Y A I N T X J N T G E H D Y
R M M F X X F P C D T F K M Z Q I G L N N
D J H M P P K I A T T K L L R Z L M T P Y H
J N N Y R X N Y X Q W R K M B M L R O G T P
C F G H R B L A C K M O N M Y C A N N X P R
W L L J M M G T H X W H R G V Z E N E M I J
```

Arenado	Cook	Jimenez
Bichette	Freeland	LeMahieu
Blackmon	Fuentes	Story
Burks	Galarraga	Street
Castilla	Gonzalez	Tulowitzki
Chacin	Helton	Walker
Chatwood	Holliday	Weiss

Los Angeles Dodgers Greats

```
B Z Q X N T N L L Q C B D H K V J T W W R N
J Z Y K K D J N N O S N I B O R K L I Q M F
R K G C X P R B Y F P G B V M Y Z H L H C L
N M G V A U G H A N Z E M X M W C B S M B X
Y G K A T F H K T T M M Z Z N L C L O H L T
N R L R R N A M R E H Y L L I B J L N N M P
E I R H E V Z K E R S K I N E T C T C V M M
W M G A M S E B X M W H T C W R R C Y L B N
C E R L T F I Y M W W X K Q K Z J L R A R C
O S K L L S L H D L K H Y G V C R E B X N N
M H T E N E C L S X K O U F A X E E D G T O
B H F N N G V L N R Z B N N Z S H L E N T T
E R X A W D Q P M K E X G F E E Z L Q N M T
R L T P H O F T L E N H R N R W A W G R Z U
R V T M C H N C C H X T K M W D T Q Z G C S
D X C A X G G N H W R M A X S I R P M F M K
Q B M C F S A R Y N N N Y Y L W L E L K T L
G F K P O V V T C Z C Q R B T Z H D M Z M B
R N F R W T X F R Q W D M K L F R L S I H T
C T R G L R D G J X B J J Y T R T W K M H C
L A J P Q Q Y L N L R D M M W X M D X P D S
K R B K T G G N J B H L G L G F M F Y H H G
```

Babe Herman	Hershiser	Robinson
Billy Herman	Hodges	Snider
Campanella	Karros	Sutton
Drysdale	Koufax	Vance
Erskine	Lopez	Vaughan
Garvey	Newcombe	Wills
Grimes	Reese	Wilson

San Diego Padres Greats

```
F Q W N K H L X M D N N D V R V T C C M J C
H N G M N Q Z M X C N T Q C L Y O L P C L K
T T V Q R Z L R S Y Z I J R B L B G M A V P
T V P P T C K T W M N Y V H B Y L Q T M B B
C Y M R F E R G C N G L S E H V R N B I F B
Q Y Y N N E N Y X X Q A R Q N Z R P T N J W
D V D V B Y M A K X C T F G T K N F D I L C
W V G O B V M C C K H R Y C G C B N D T C R
I Z R X Q A R N K E H L H O F F M A N I D X
N K Y B Z E Z G Y L J N N Z N B C P M T R
F Q N K E P N Q O Q N N R E Z B E L L C K J
I V C C L N H R Q V N D H L M L W L L R Q H
E D N M N H E U S A N T I A G O Z V Y A X R
L R D D L T V S R L K L B Z N R R L M M F W
D S X R T K R K X S T T F N F H R Y H O V X
M F E A R T B E G B T F T O T G Q T P L K Q
Z M H L M D T N R M K Q L G N D C B Y A M X
R V W T I P N N F R K N T P F H K L N Z F P
H N L K K G M E K E V O R G S U M N X K M L
N X V W N K X D K R P G H T D C V P K M N M
Z M N N T J Y Y B B T C L M F M N Y X D N X
C N G N G G L G N D P X B Y K C E V A R D N
```

Alomar	Giles	Musgrove
Ashby	Gonzalez	Nevin
Bell	Gwynn	Peavy
Benes	Hoffman	Roberts
Caminiti	Hurst	Santiago
Colbert	Kennedy	Tenace
Dravecky	Loretta	Winfield

San Francisco Giants Greats

```
Q Q R G N L H K C Q K K N V X S V B R W H K
Z Q J N M A T H E W S O N Z D L X X B N T R
F M L Z L Y X C C P M W T N B C T W W H B K
C N L T E J C L K G C L O T L K E T Q C J K
R V G S X M A T D N M B L V L R H P P B F R
T N O N T R B R P B Y C P B J R R L E M L B
N P J G K Z Y K V B T B L T Q L Q J J D V F
E K N W P R L T B V R R G L B M T R K Z A Z
K Z X N R K F O M K P J N L E L R B V J J P
H Y D K K R B T L S D N W Q H B B W P C D D
C R D N T W H Z L D P D M I R R B Q M L G Q
Y R J F D M W W N N K Z M A L J T U G A K J
Y E R G W R B Y M O W M J A Y L R T H P K Y
H P N Z R X Q M T B W C H G N S I R O K K M
C Y P F M N Z T C Y J C R H X T J A T Y C T
D O M G C B R R C R I O D H D F R B M G H B
G U N L N C R D W R Y V Q X V H B X I S R B
N N L L Q J J W A A N E R R Z V N L L X M
L G P N Y K L M N B R Y F Z N R N T E R R Y
L S V T T W Z H C S I R F E Z I M K G W F L
F H Q R V B U R N S R N X H T L Y T B K M V
H M Z L J G B P K W L M D Y L M W Y R T P Q
```

Barry Bonds	Hubbell	Mize
Bobby Bonds	Kent	Ott
Burns	Marichal	Perry
Cepeda	Mathewson	Posey
Clark	Mays	Terry
Clark	McCovey	Williams
Frisch	McGinnity	Youngs

MLB Player Nicknames

```
Z R E P P I L C E E K N A Y B T W L W L N H
F O T O Y C A N N O N T N L T Z H D T X L K
K H T Z H F P K L L O I L C A N T X M Y T G
K T V R W L N Q B I G P A P I V V K K R M L
R T K X F R T N Z T Q N L Z M B W B U L N K
G R H M T Q K R Y V R H K B N P N H L M L K
L E O J N I T L O J A O H W Y T G N Q V P K
T G Y M Q Y Y W P M K N C V H I K L G C D B
V B G T T V X A M P R I Y K B N Q Z E N M Z
K H K P R T C E Z E Y B R T E P L L O L L R
X P H T H W R H B W C M Y J L T M K R G N B
K K N C L I K O X I X A A X B P K P G F H N
K R T A N D T Q F N S B N T P L M M I B K G
B F O H M C Z I G A H G E T G T B W A T F K
W I A I O E R Q Y X Z I X F Y Y Y R V P L F Z
L N G R N R H H T Z J B P B L P D B E H F F
K N M U E U E T C K L Z R U R K K X A D T P
N W L T N Y J Z N Q J Z E C V M T T C Q R L
V L M V K I M L G A L N S R Z C P P H T T K
C O T I L J T Z W Z T N S M N K P X Q T T P
T P D M L M C L Z M K S N W C X N R L R Y T
W V D C L K H B C G M F N A M E C A P S N Z
```

Big Bambino	Junior	Spaceman
Big Hurt	Mr Cub	Stan The Man
Big Papi	Mr October	Thor
Big Unit	Oil Can	Tom Terrific
Georgia Peach	Rocket	Toy Cannon
Hammerin Hank	Ryan Express	Yankee Clipper
Joltin Joe	Say Hey Kid	Yaz

Pitching Terms

```
Q L H C R E G N A H C K G L N J N K G C P R
N H K X R K G R M L V N K G X K T N W R R C
L P C F T P K F E V R U L S M L R L F E J U
T S H T N H T R K H N C M Q L A K O M M Y T
L A C J E Q G Y J R G T R W R B R A Z D L T
H V R P Y R K L R L V P Y N F K E R H N L E
F E C R D P T K G C R N Y Q B S Q M L P A R
W R T K R N X S T L K B W A O K L V H H B N
R C N D P I T C H O U T L W M Z T L L Y E J
W E H H C X H W G V H L T Q M G X R Z K L L
I G T I W L N Z T X B T T J V M B L L L K Z
N P N A N C H A N G E U P N H N X L H S C G
D P U N E M L H H T E P Q Y X N A R L V U N
U D L N H H U D L M N Z Z W T B M I T L N K
P M K L C T K S W F I R K W T N D R M N K J
T N M K B H Q K I N R X J A L E X N B D R F
G G T H W Z O C B C A F E T R L T R C E P T
R L C M K R M U W J M M M M N T R K D X T K
M W P N L M X T T B B M F N R T Z N D J J F
B T A M C L Q L G R U N T N R H E T T C X L
B N T L V L G W J L S T G V J B C J Z L L T
N Y K L K D P F P U N C L E C H A R L I E R
```

Balk	Heater	Slurve
Bender	Knuckleball	Stretch
Changeup	Meatball	Submarine
Chin Music	Pitch Out	Two Seamer
Cutter	Punch Out	Uncle Charlie
Forkball	Save	Walk
Hanger	Slider	Windup

Hitting Terms

```
P R D H Y N R E N I L A Z O D N E M Q Q B T
P L R I B B I E V Q T C M R H X T F R N N T
U H B U N T B L P H H Q C D L A L F R C B T
T K D T M M K G G P B W H G L J T G T L T V
I K Y K C V V I L L A U N H V H V T L P M D
L R Q M P D L N R I H G T V G Q G J R J C V
E M E W K N B L T N L G L C N K T L M I G L
R L Z T E M O P G E R M C V H L P D J L C T
R F X E T C T R G R E P O R N E Z O R F T K
A V R R K I N B T C L F R R D M R M P H D L
B G R E N L H Y P F M P E E L C L B D Z V M
L B D H Q W N H I K B W R U F O H B O V H K
H U K T R F M S C T L V B G C R E F K Y D G
P P H K Z M H R G N E K M A J K S P R F C L
J H Y J G I Z B R K I R O E V E U C A X P N
Y B M M N Z T E A K J P S L R D O N T B N R
Y Y X G R P P R W T C L N S Q B H R E C N G
G P K M P O L W F D N H E A F A L T N M F T
G M X T O B X Y R L P K D X H T E R I T T R
C N X L J Y H A C K Z T L E Y R E M P K D P
R Q B P M K K G T H M R O T J T H N W F Q T
T Q Z T V T K Q X Z Q D G R V R W N B D J K
```

- Barrel It Up
- Blooper
- Bunt
- Butcher Boy
- Corked Bat
- Fishing
- Frozen Rope
- Gapper
- Golden Sombrero
- Green Light
- Hack
- Hat Trick
- Liner
- Locked Up
- Mendoza Line
- Pinch Hitter
- Pine Tar
- Rake
- Ribbie
- Texas Leaguer
- Wheelhouse

Fielding Terms

```
K T K E M I T P O P M Y A L P E L B U O D R
K H N C N T N X T R P R P Y C K T L K H P X
Y L B I P S T M Z Z N Y Z I P W L W R L L M
R V W O T I M T L P N R R H I B M L C D P L
H Y H H X S L K D P Q C M C C N C M W R L D
V L M C K S L R H P U K W A K L T L V L K L
H J G S T A B C P S H G Z N O T Y M T K T B
C Q D R B K H F C C N D K N F L W Y F M P B
T N D E O M M A V I H R M O F L L N R O X Q
A W K D B R T K L R Y W T N H X N D P Q N N
C O R L K C R L M Q N V W W F M T F N G F Z
G D W E H D I E O K I B R J F Y L U N J R F
N N R I M K Z W K R Q N K K R Y L B O R N T
I U M F N T T B T B P K F W E B G E M T X K
R R G I M N M U G R T B G I J C V M P T U W
T W W N R T O Z Z K J F O T E Y N U M N V P
S T Y U V D K T M Q X W R O C L M M C K M L
E B T R N P M N H L T T R Q T E D Q N L J K
O J M U V R C T Y C D F G V E E N F K V R T
H K O P W Y B A D H O P L T M Y D B L F T N
S R C K H K T V Z T N C A T H L D M Z Y F N
G H C Y N M L X H O T C O R N E R N M L X L
```

- Assist
- Ate Em Up
- Bad Hop
- Booted
- Cannon
- Circus Catch
- Double Play
- Error
- Fielders Choice
- Groundout
- Hot Corner
- Infield Fly
- Pickoff
- Pop Fly
- Pop Time
- Putout
- Run Down
- Shoestring Catch
- Turn Two
- Twin Killing
- Web Gem

Homerun Nicknames

```
R E T B U O D O N L M Y L V K M K H V W H Z
P G L L N T B I P L P X X L M C M Y B Q P J
G M Z H W R G J N X K G T R T V Z L L M L M
L P O L L A W L Z G T A T E R Y R K K T N L
G L J L L N R V D G E Y Z K F B R P Q R G Z
T T A D Z L W F R B N R D R M G Z G U M T R
X K G B R W A C A X C P C O O N X T F D N V
N T R T R F R B Y V X T B N K G H Y T N L
Q Z A H G E H D G B P W E L Q I T M O M F N
T L N Y B W H W N N G R E W A Q Z H X C R
K X D Y T G M P I M O K G N J Y S Z N J W E
P G S B P R H L O J K L S H T N R M Y Z G P
M K A K G B C H G G W H T Z O D C J K N G P
V Q L C R N Y O L T O T Z O M L E M W K H I
N P A A M L R M X T P Z M D T K V E M L Y R
Z J M J F K G E G L L W L R T N B K P K Z T
T N I G F T V R V H T Y M K R Y Z R Y Y Y D
N T I X P Z N L Y B D F G P Z J Y K J J Z N
C B D W D M M H H C K M J J Y D W C T C T U
J B L L M K D X P K L P Q N M N C X T X Z O
L M P N R M Y X N J N K R W K D T V B Y L R
Q T P T Y K Y Y N N V W D X F G B L A S T G
```

Big Fly   Gopher Ball   No Doubter

Blast   Grand Salami   Round Tripper

Bomb   Homer   Ruthian Shot

Dinger   Jack   Tater

Going Yard   Long Ball   Wallop

Goner   Moon Shot   Went Deep

NFL AFC Teams

```
D H F B B Y T V J Z L Z R K T T K H J K L F
V K K P N D B B L S W K S N W O R B N G Z H
K D K R R E R F K L H W V B F L M T T K M L
Y X G L N N B P M L H L J Z X K K R Q N W T
T R K G D T X Q C I P B F E Z F M P W R Q G
L L A S K Y M Y B B N R C V T G K L N T T L
J L T T R N B S T G B O H R N S N D X N R D
S X K P H E N V Q N R N Z M R M F D M R L V
D W W Y N I D R M K Z C Q Y A J A G U A R S
W M G B H T X I W F Z O X V V F B F Q T R T
N L N P T W X Q A Z W S T G E K M L J P R R
M F L R Q F W D N R S K R T N F T C H W G R
J O P T X F F R D M N C F E S L H I H K L X
D S R E G R A H C G A T J L L I N B T L V
H G H Y G M R Z X K X K R M E E M B J A T Z
N T J K X T J V K T E M K F R X E M F S N Y
B C C Y V N L W X J T Q S F P D F T T B J S
H Z L K T M J L R L D D L T V T H L S N V
W N R H M Q K V Y D Z Q R M P M O C R N P K
X M J N K Z M X P R Y K B L T C Q M N Y G C
D N T G R Q P A T R I O T S X K Q W C T R Z
L F X J K L B B B R K K Y L V F G W D Z F G Z
```

Bengals   Colts   Ravens

Bills   Dolphins   Steelers

Broncos   Jaguars   Texans

Browns   Jets   Titans

Chargers   Patriots

Chiefs   Raiders

NFL NFC Teams

```
Y R H Y V L T J L B C Q R B K Q P T V G V R
Z R T G S H J D G K V P H E A G L E S R Z J
Y C C F Y K Z Z R J J P D P Z C R L P P D J
M A C R O Y V J P Z B Z B N J M S N D Y K D
F R N G B N P R L W G T K T M R X Q L T J W
M D J L W P V F K S L K C M E Q K R K K D W
X I K B O N L X F R G H M H Q T M M X G G K
F N X R C M K Z A Q R N T M B K T G Q M J G
Y A R V P F M M S M Q N I F H R R S W R R Q
X L R R N G S B Y K A K P K N H T R N F L M
S S L N T L F C U P W T H V I N L B L M P M
N L Y N K L B N Y C R A G Z A V K X K N L F
O W Q N T T T W Z R C C H I M H H Q T R M K
C K S R E K C A P K E A G A Z K X L N K T J
L Q X S A I N T S M G D N G E Q G L P L Y P
A P B T T D N W K N M L S E G S V T N R D T
F W T R P X H D V C I H D K E R R M G Z Z B
D T K C G B K V M O D R X R I R L B Y K T E
N B J Z K M H N D Y L Y L X N S T F X T A
M L K N T T M S N G R G T R M Z S N G C R
G Q K G S R E 9 4 K D Q J M J P R N L X V S
B V H R N L Y H L R K M Y N Q N Q X F P F L
```

49ers	Falcons	Redskins
Bears	Giants	Saints
Buccaneers	Lions	Seahawks
Cardinals	Packers	Vikings
Cowboys	Panthers	
Eagles	Rams	

Buffalo Bills Greats

```
X L Z M Z W R R H N H K K N P M E K R K M
G F X N L K N Y W W N T C C W M N C G P L R
J C E Y T R B O V S C R I L P G T P Z K G Y
L Z M R K N R D I X Z C P M L N L L R H E K
Y H T F G B Z M V L T V T A S K E R V L Z M
D K N Z Y U P C R G T P J L K P G T L T M T
R N Z F Y S S A L R E M S Q R D N A N L W
M W N L O Q J O C G B P M F F N T N P P D I
Q T W N W N W Q N W N J L K P R G N L N D L
C T Z M B V R V Y K B R P V N L J D S O H L
M L H X D E L A M I E L L E U R E S D T U I
T T G O W L N M W Q T G R F K D F H L T L A
K Q H Q M B N N X N T Y T M K P R A U A L M
C L C W K A N M Q W E Y D C B Z H W O R T S
L M M B M M S K L L N I V S K N J F M T D F
J K B M L D R K V K N M Z V E W L Y D S F M
X Z Z R E C H R N Z E H W N Z S T T F X G K
F R H E F M T D K K B F D E C T Q T L N T H
M F R M B Z K M E T P K D R R K M A Y T T G
L G T P K P Y L J M R R V C T Y C L K N R T
X Q X H N V L F C X K F B G T X M M J C N N
D F N G V Y P F R I T C H E R F P G G G N L
```

Bennett	McKenzie	Smerlas
Brown	Moulds	Smith
Delamielleure	Reed	Stratton
Ferguson	Ritcher	Talley
Hull	Sestak	Tasker
Kelly	Shaw	Thomas
Kemp	Simpson	Williams

Miami Dolphins Greats

```
K Q N J T R M V D R R M Z L V K K L K B F B
S I R R O M K T M B N N J Q D M Q L M H R R
T M Z L R M W L C J M J W M D N R W V R K G
J M Y F T L B U O N I C O N T I D M L Q J R
R A W X L R P M F J R O C D K B K T G L Z E
T R E S E I R G H E R R R G L M R X M L Q P
N Q T Y T L L M W E V N L Z Q E C T L B D N
M N Y H N T M O B Q W T Y H G L K Z Q V R E
A O X W R J H A R D F T W N P L I T T L E H
R S C L Z M M Q D R Q Y A X R J T G C K Z Z
I R N Y U N W Q Y I L L H W W X Z V X N N E
N E G A T R M C R R S H H Y P N Q L Q R J U
O D B F M T B N L R R O J R M R K W W T R K
Z N K N L C O D W A T N N R K L H J E N G R
L A H D L S H C K A Y H N G D M R L B M V G
T F T L I O M M S G R T N K T K P R B Q X W
D M R H F N H T D T G F O R F P C V W D P D
H Y L K N K Z B M D P K I N N F K I M W W L
H T F L A A G X U R H R R E T G H Z I T L V
W K Y G T L C P K R F Q M T L T W B R K R N
B K L K S Y E N C F L K Y T T D B Z Y M X M
K W K F Z R Q T T H O M A S M J M L Y R J K
```

Anderson	Kiick	Morris
Baumhower	Kuechenberg	Scott
Buoniconti	Langer	Stanfill
Clayton	Little	Taylor
Csonka	Madison	Thomas
Duper	Marino	Warfield
Griese	Moore	Webb

New England Patriots Greats

```
R K W R K N D V X Q S K K R G H K Q J Y H D
R V I N A T I E R I R S J N T B Q F M K R M
C K L X N Q B T M Y R B O T W G V L R L M K
L N F D T C S E T A O C E M K P C G M C A N
Y N O P Z T T Y H G E P Y N F K T Z G G D W
D R R Z L G F P M O P D B R K R P I M L C X
M N K V W K Q W S I C Q R Y R L N N W J V C
Q T V B V Q L D T K H X U M H E W J Y P A K
R R W P L R E U W Q D L S C S T L H K P M P
B R N H K L A V A W F W C T T K K X P M D X
C R Y Y B N Q B K F T H H W C R Y E J H D K
R X O K Y L Z R E P T L I R Q W L Y Z Y R V
M L N W R C K M G L L K Y R N L H A Y N E S
K M K X N Z G L V R K F N O E Y B R A D Y D
F W C K W Q N Q C R K R S T L L K P N P N C
L V N V M N O W V W B I T W R F R R R J G B
Y W M L R H R Z W K R I L G T N U J J C W M
V W J P K A T T J R R M R F M P O R L W W A
X N K T M N S T A W L V L Q L R M V K P L R
M X R N V N M H F G N A G R O M Y B M C Q T
M W T C D A R M Y F Y X B K H D E N R Y T I
R K M V C H A D J R J B R M X M S N N G T N
```

Armstrong	Faulk	Morgan
Bledsoe	Hannah	Moss
Brady	Harrison	Seymour
Brown	Haynes	Tippett
Bruschi	Law	Vinatieri
Cappelletti	Martin	Vrabel
Coates	McGinest	Wilfork

New York Jets Greats

```
G W M D R A N Y A M B T N K J C R R N M W T
M Y K M M T F F T R N J K H K E D W T G P K
E L L I S W R F B M B L Z M L W F H H W T B
M Z K N N R J F T M F T A U H L N W R Z T M
K B R M F Y T H E T M W H L K T C K H R W T
V B N N D Z Q F P R A S R V Q R A M H T T N
C J K Y Y N L K M E G M J P Z M H M H Q T C
M M K Q H L F R M A H U M Z N Z J M A L Y M
K K P V A M L R T I N N S T H B V P D N W H
K W M N E P M K L G L G Y O O L Y O N S W L
L C A N L R W L M A L R O L N O R P F S A N
M M R Z G M Z L G S K K K M L B M N K G I L
Y T T T T T T Z Y T B B T J D B H G N V N P
G G I F K E Q K Q I R D N O S N H O J E E Z
W F N T B N K Q T N D R Z B M Z T P K R R T
R G F E M L D W D E R M Z S Y C T F M N Y Y
K B R L R N R O N A H W I V H R Z T R C R T
D H M J Q H E K K U Z W Q S N E L L J N C N
C L K R V W Z N T C E D R Q B L X B L Z W Y
Y N V P D L O Y Z L E Y D M V R V R W N K Z
W M Y D V F O L K K Q L R P L K Q P B X N Q
R J K Y R L B Z G L G Y K G N Q M Y L N V X
```

Boozer	Klecko	Maynard
Chrebet	Leahy	Namath
Ellis	Lewis	Revis
Ferguson	Lyons	Shuler
Gastineau	Mangold	Snell
Hill	Martin	Toon
Johnson	Mawae	Walker

Baltimore Ravens Greats

```
H J T Y K T W R N D T G T L L L D Y N G R Z
N T B W D T Y N X T D V X V Z P Y R V R T C
X C M R C Q Q N W F N B R H G K A Q S U H M
X Q L E L F L Y N N R O Y V N R N L I B K N
Q J W V F G J V S H R G Z B M D Q W B R F
F M H O N N M K H N T D W D V D A V E S Q L
W Z V T Z P Q A F D W M X T E M W J L B R P
S R V S L Q R L T P Z F L G V N Y X Y M G M
M I T B T P O R E P R A H S M T Q C A Q R R
D R W R E C W M B M E H B B X H B K R B Q F
N L L E C T L L F T E F W A N P R C H P T J
N N Q A L Z W J N A D F K O S N T D S L G R
X Q L N Y L G O P R L G S T K U W G M R C T
N F J H M X A R O F W A K E N X G T J Q Z Y
P R P Q X N M M E D M G B R Y U M A G K T V
W J Z K G D T M A G S B C A S K Q K R R K J
L Q T H O M A S R J G O H W X L Q Y H I N K
R C N L K L P R F L P T N L M K B Q F M S M
K J N Q Q M D V N Y Z F L U X Q Z F F R R L
F X M N G A T A F H N C N O P K X Q G F D H
P N F Z N O S K C A J R T B R L T Z P P G G
Q B V N K G R K Z M T L N F G P B V X C X R
```

Boulware	Jamal Lewis	Sharper
Flacco	Mason	Siragusa
Flynn	Ngata	Stover
Gregg	Ogden	Suggs
Grubbs	Ray Lewis	Thomas
Heap	Reed	Woodson
Jackson	Sharpe	Yanda

Cincinnati Bengals Greats

L K B K Z R Q K L M K X X K M L W D J K R L
R W M R C X W D J Z K K J V W N Z W M C L V
L R F N M M L J M F Y F P H O Q T Y F B L W
K R O O F U L C H E R T H S M T F K W R K P
R I C S W M M R D B F C R M P K R Y P O K K
T L N R N Z N T W P V E J M W I P P G O K K
X E I E R O Y X N T D K D D C Z C Y B K J J
Z Y C D D A T K I N S F Q O X G X K B S J P
H M O N K X T L A W F X L N M T R R E O R H
K T H A D K K E A K M L L O X M B E H N M M
T H C N T Y I X P D I H N L Y C Q N E F S K
M Z O E D L R Y P N F O B L P J S V T N T K
Q J Y K L M F C S R S R M I F O B K D Z H L
P T K I X Q H W X A Q R G D N E I R M U R K
H N W P P K O R I M T R F F F M E N Y T L T
O V R X M R B S P A R R I S H M V J T G L V
L Y X N T E B E R W V L Y R F L V B T J B M G
M T Q H V M Z F E Z T D V A G V T T D C L M
A Y H N R Z J F C E O Y P T W S I T R U C N
N X N M K P D P F K D N M N C D L X T F N L
G N V G R G R Y Q T D E U R G J R M L K L V
K P K L R N T K M P Y T N M X M R T P T P K

Atkins	Esiason	Munoz
Breeden	Fulcher	Ochocinco
Brooks	Green	Palmer
Collinsworth	Holman	Parrish
Curtis	Johnson	Pickens
Dalton	Ken Anderson	Riley
Dillon	Krumrie	Willie Anderson

Cleveland Browns Greats

```
L V X L C L P F M F Y X J L V N R R N X D K
W L T Y T H K G Z R H L D G I L G N J D J Z
G J L S P E E D I E W W V L K T L A M W Z Y
Z F T R L F O R D K R T L C V N M D T H N T
J M L Q K C N F P T V E T C L L O R N S R D
M A T T H E W S J R V Q W L G N T H T K K X
P Y M T Q L B N N A T R J G V P L F K N N I
V M K B K Y O J L J J V Z L L Z E Y K X K L
H W M D L S F T T I U R P L T M Y V L M D W
V C M M W L J H R L M B M G R K R N E L X N
H M N A Z K M D T J T R L N P D E P R M E L
T M D K X N G A D W N T L Q Y W I L C W K K
A P N T K W T R Y G K H H P S S N D D M B G
R G T C H O W G C F C W N O S R E K C I H G
F R R Y T R W R M Q I T M N M M T G N D T L
A A M R D B A A N G P E O K J A M B N Y R D
H H M V L M S B F C G L R V V S H B L N K T
C A D W J M F O C Q R K R D F R J H B C B Y
S M B B V T I K H O D X K R R N G N C M M T
Z W K T K R E Z Z V T P H T V N E Y H K X R
H M Q T R T L A M Z V K Q P M L J R B L K R
V J W H N K D Y K P T C P L Z N J C C N V P
```

Brown	Kelly	Pruitt
Dawson	Kosar	Renfro
Ford	Lavelli	Schafrath
Gatski	Matthews Jr	Sipe
Graham	Mayfield	Speedie
Groza	Motley	Thomas
Hickerson	Newsome	Warfield

Pittsburgh Steelers Greats

```
R K W D B F R B X W L R D Z X M M V P N C C
N D G N W J V Q K P B W Z Q L C L L E H S M
Q X L N K M Y T N T F C Z T G N G N L D L R
N D W L T J T X C W T F N R M Q O R P W O R
D O O W N E E R G W D K E H F S B T H E M M
F Y P K J L F N V Z C E D M I M R U T T X N
J C Z J Q N T R C F N K M R F G N H T R R L
J L Q G F M M B S E K Y R V R W L L L L D P
T K W B K P P H I D K A H M P I Q K T H E Z
M C C E T Z Y M R N H J J X S N Q C Z R R R
Y V H Q B B K B R X R R M B B N F T R E L R
P T K X Y S L K A F W L E G Y M K D F N N D
L Y K J H N T R H A M R Q R D J T C R T J P
N L H K M T E N N G V W V W M N G P U K F
F T O H R A R L R E M Y W P Q N R Y O A R G
C H P Y H L H O R C J T F R T F S N L T M W
C B R A D S H A W A Z Y J N G B I J A S L O
N Q C Y G N M C P L M T U K N X T T M L V O
D K T T X M F K Y T L O Q N M T T R A Q P D
V H R F J Q X R W P L A A F K Z E J L C T S
Y W A R D M D H D B B B W T M T J B K U J W O
N F L A M B E R T T S V L S L N Q M J N M N
```

Bettis	Ham	Shell
Blount	Harris	Stallworth
Bradshaw	Harrison	Stautner
Butler	Lambert	Swann
Faneca	Lloyd	Ward
Greene	Polamalu	Webster
Greenwood	Roethlisberger	Woodson

Houston Texans Greats

```
M D T X J J F W A T S O N P G R G T C G J L
L M Q M Y L F T V T G K T K N W N K U G Z B
R V S M R N K N N J G W N X L M N J S C R Q
Y Z N Q V O K L N M T R Y Q P X C M H R J Z
R L A L R S N E W K N K Y M V F M N I W Z V
T Z Y V Y K M A O D K C A R R T X W N D R L
W J R R G C M C R F R Z F K B T T G N H Q
K M L Z B A Q H B M J O N E S M D M W F F V
M T L L Y J K D E F K V R Z I B C O M D J T
L R B L K M W M N D L Z N L T F R N K G G L
B L W H Q X K N A Z C C L N G B K T R Q T Y
B K I K L J P J U L T E B N S K J T W Q J D
B K L R Y F H N D N R R O I C J L S R E Y M
K N L L Y Y C B O R M S R J F L O T P P F L
Z P I F H T N S Z S N K W N Z Y O S J T L F
R M A T W J L D N H N L M X R N N W E B U L
M J M T Q B A P O I L I X C P R L C N P T J
F R S Q U N K J N K K L B C B Y K P V N E H
T G Q A I T G K W M G P T O D K C L R K Y T
T L H E M Y N T V A T N O C R T B D T J M
M C L L R K M K Z G T B Y H G N F N H R L T
S S X M J Y H T G D L T K R Q R E T S O F P
```

Carr	Jackson	Myers
Clowney	Johnson	Robinson
Cushing	Jones	Ryans
Daniels	Joseph	Schaub
Duane Brown	Kris Brown	Watson
Foster	Leach	Watt
Hopkins	Miller	Williams

Indianapolis Colts Greats

```
Q Y Z X L Y M L M T Y V C Q G J T P D D B B
S K B K J W N A B L Y F R R J O N E S C H F
Q I F K Z V N C Y N J L G F V Q R N L N H N
M Z H Q C N L T M X Z P V R R L C L A R K S
A H P T I I T T E H C R A M X K F N N H R L
C L D N A E W J D N G D D Z W C V V V E Y Z
K F G J K M W W O Z R X P F Y J W H D R N K
E V T C T P K D N L Q M A N K Y E N E E R F
Y W A K T N K K O K K U U D Q C A T R T K R
M R R P L C C M V K L D P N I S B K B C N M
B W P N X D N N A K T J R P I C W T M L P J
G C G P O V M R N L B K R L L T K Y Y H V Y
Z G K W Q S Y W B J U V M K W X A E V N R Y
G Q K R S P I X K B M C R Z R T L S R F K R
R V D E G J H R M M V F K N B H R N Y S D E
M N M N V V N R R V J D M G L N T Z R K O B
J A H Q V M R M H A V R Q F C O W E L R T N
J J F C N C Y J W K H R G N L T A R D M L H
F J L K Z W Y G C C M L Q F L Y O X M C L
X M N Y Q B T Y D Y Y P X M M I N O N M F B
T M Z Y T B B T Q X M D M Q Y H E M H K K N
W V V Y N R K B S A T U R D A Y R H K X X X
```

Berry	Harrison	Marchetti
Brackett	Hilton	Mathis
Clark	James	Moore
Dickerson	Jones	Sanders
Donovan	Luck	Saturday
Faulk	Mackey	Unitas
Freeney	Manning	Wayne

Jacksonville Jaguars Greats

```
F R D Y X M G H D V C R Q M N T G M L Z J T
J R B J K Z B Y W L P H X F R M F N K M N G
L N Q L L T Q T N C T Z L Q R B R M Q R W P
R M N K S G X D T I J I M M Y S M I T H F R
C R K M R T A D M B R A C K E N S L H L N Y
H L X Z L R R S R C B K Y T M M P M L Q N C
M J T X I B L O T K W Q E Y E K M M B N H R
K W X U N Y R Z U E V W L E F N Y G B O C A
M G S Q R Y X J R D B D S G P V W Z B S Y E
C K M A P J D D C F L T A M W R Z F P R W S
M B D L T L S Z B L E N E K M M X N J E G F
T R P B T E M Z T R C Z B M R A M T F D D N
K U J R N J C T N L P T D V J F T D V N Z X
N N C O Y G C G F M G J D W Y T E H K E C G
M E J B D R A R R A G R N M P T L E I H L K
T L L V L M R M A N U W A I X T K L B S Z R
A L Y N B G D D N M Q L X G M J L K V O R N
Y Z J W G G E B M X Y Y K N E Y M C J C L
L N M Q X D L J R W C D Y T S D M G G D B S
O K Y H Z V L G M A R P R O R Z N Y K C N Q
R L Z Y Y R Y M J C D L B A V H C M T Z V J
N V Y N Z S U L S O P Y T L H N K M L L K N
```

Beasley	Garrard	McCardell
Boselli	Hardy	Meester
Brackens	Henderson	Posluszny
Brady	Jimmy Smith	Scobee
Brunell	Jones Drew	Searcy
Darius	Manuwai	Stroud
Daryl Smith	Mathis	Taylor

Tennessee Titans Greats

```
Z R R R N N M H B J W J F R R T M N Q B D E
B L H H E N R Y M C N A I R H M K W F K A X
C R R T C R Q C C P M C T T Q K V B R W P W
L B R A Z I L E X C A K M G H Z T G A V Q W
K R V W L H H J N M F R F R O T H M B Y D J
K T M S T M T V P O M Z P W U T M P N L O T
Y R X W W H M B L T S J Z K S Z B R Q H G H
B B Z E V K E O R K K A Z G T Q T Q N R L D
C T M H G L G M O L K C M D O W J S F N N X
R T V T L Z L P D N R T P S N P O Z K N R L
D H C T H M P Q P W X H J K S N E S R A E K
H Z G A M V V F C R A X Y C Y E R Y Q R N K
B Z M M B D R T C J E L V B L H R T M W P Y
U V U M J U M M Z M H K N Y R V O D K K D L
R N N M C N L Q V H T N T T P J T P L K D Q
R K C V N X E L H N E L T H V B Z P K I T X
O L H Z T J G L U V B L B Y S K O M J I H C
U M A L D R R L H C W C L N H H K K X Z N C
G J K L B L O R F C K T I K S G G X T N J S
H P N X L V E G Q V B V M I Y F P H H B G M
T F K Z M B G V H J I K B P R Q K M N L K J
H B N Y E S A C K G R M K D M N R R Q Z D T
```

Bethea	Childress	Kearse
Bishop	George	Mason
Brazile	Givins	Matthews
Bulluck	Henry	Mawae
Burrough	Hopkins	McNair
Campbell	Houston	Moon
Casey	Johnson	Munchak

Denver Broncos Greats

```
J P T K B L T L K Q Q R H R C P R J Q N R M
W L T N R T E M M X Z T T Y Q M L V R B E K
N C H G F L K H H H I M M V W T N R C Y T K
T B N C T T V N T M N V L R N C R K P T A W
M D V T D A V I S B Z N X M B M P P P B M W
Z D I W T B V D Q J M C C A F F E R Y X T Z
B L L R N F O L R N W R C L B K C X H G A I
N M L F B R K C F E C R E T H D Z V Q K M Z
T J Z M F K N P M X P T I N N E L A N H T M
Z V B O M D L O Y I C R M G R F Q M N Y I E
M K N R M W M J S H L F A J H G V K E Z M R
Q M M T N X B E K N L K H J T B L H F S M
T R M O L Z M R T T C N E T S R I N R Y S A
K K K N H H X W V M G A C R G A Z O M Z I N
R A H S I D A R G C E G J V B B L S K H N K
W T G P V L N M Y B L K K K M T K K J M N N
X X E R J K M L T W R Z O R Y R C D G E C
M B M L M F T H Q P A K S G V A R A B G D L
Q H R K A C Z K C H Y E R L G F M J T Y G R
T H G P N M L M L K S R K L D K Y M R G M
G X J M T T H H H W B R L R X P W O F L T H
T F J M V J T U R N E R R W P K Z T Q M H K
```

Atwater	Gradishar	Nalen
Bailey	Little	Rod Smith
Davis	Mark Jackson	Sharpe
Dennis Smith	McCaffery	Tom Jackson
Elam	Miller	Turner
Elway	Morton	Wright
Fletcher	Moses	Zimmerman

Kansas City Chiefs Greats

```
W L L O W E R Y V J H N M R L T H G X K G R
J K F T S D L E I H S B C K L W O T V V F L
T T K S T P X T C H A R L E S N M T I N T T
N C M V E G L C M N N P B K Z D J L Z M V T
H M G B R M R R O Y G V L A R T G Y R H S R
V R J M M B L H W L T L L L R V G B P N D N
D M N Q E R L O B K Q E M O M R M D H R A V
U R X Z M M Q T H R Z U B M X A R R N F W P
R J H N M V M L K G J I I V R O H B J C S R
E L D R E P Z I L F N Q L T L R W O C B O Y
N L D D C Q L B T S M N B Y T Y L V M W N N
E E Y F L T F P O T T W A M Z K F D R E A K
T B R K E L O N K M T T W G C M N E C N S R
S T D R K Z K G G F D H R L H M I M A R H M
T X N T Y V O T T M R W O K F N L H T M L T
W J Q Z Z L Y X K P R F Z M A N C M B M F B
A M H R P L E K T Y X G T L A U C D X W R M
T C K X D W R Q R Q X T D F B S N M R R N K
E H X L N D E R R I C K T H O M A S C N Q V
R K N M M R K Q V N E E R G K G K W L Y V F F
S N K L M L W M T N K B N H K N B Y Q H K
T M D X T N H K Q H T R H T N K T T N G J M
```

Bell	Gonzalez	Okoye
Buchanan	Green	Robinson
Charles	Holmes	Shields
Colquitt	Kelce	Smith
Dawson	Lanier	Stenerud
Derrick Thomas	Lowery	Taylor
Emmitt Thomas	Mahomes	Waters

Los Angeles Chargers Greats

```
M N V H F W A S H I N G T O N W M C L L M
D W Q Y B L H G D R T N M V K Z Q T Q F F Z
D I N W Y F F J X Q T W Y M H H M N R O C F
N N M A C E K R N B V G P K X W H J U V H Y
J S N R V K J C R L M N F P R W X T R T Q C
T L P P H R P S L F Q L F P T C S N R V M D
C O N N E V L N E F R F B B Z G Y O V C N N
G W Z N T F L B P T G L L N P R W P T T O P
F B I F M M P R X Z A Q G E M L J Z J S J L
B O B V M R N D D N H G C L A N B H N B F M
J G T X U P Y W M Y C T Z L T M L I K R X V
W F V Q N L Z Z X N Z H C A F R L N M L J V
X I L K C M P M N M H V A M T M Z T X D Y F
Q J L J I J G R N P M V D N O N C Q T A T R
T Y Q L E N V G C C J M V T D T X L N H J H
T E N R I V C M Z G N F W W V L J V K L D C
K N F R R A M F S R E V I R V K E D T X E V
C E K N Z K M I X Z J Q D B Y R D R O P A M
M E F R R L K S X U W Z H J N Y L N G P N N
K W N O S I R R A G A K N R H E Q V X Y N
Q S D M Z B M Z R W T E N Z T A Y B G M B P
F B T F F H M N Q K D D S Z L T X R K R G D
```

Allen	Gates	Rivers
Alworth	Hadl	Seau
Byrd	Joiner	Sweeney
Chandler	Macek	Tomlinson
Dean	Mix	Washington
Fouts	Muncie	Williams
Garrison	ONeal	Winslow

Las Vegas Raiders Greats

```
Q M B V P L W R W D T N F R V R W F Y J L Z
K A J C Z K I E G D J F W T O I G L R M M Y
B R K K K H L L H N Y N V T S U P S H A W H
J T L N J M L B T V B K T N H F L N N N F M
Q I M Y G L I A V K M O I K F J T O K M S B
T N D Y B D E T J Z R E Q O M X V T N P E T
H I L L H H B S K N W H K M X M B P K G N R
H X M N W N R M G S D I T R C V K N R Q Y Z
Y W H B W R O R K M N L R A Y L K T Q D A N
S M V W R N W I W T K J S F N H L B F D H P
F E T W Q O N M E Z X P X N J A C K S O N R
Q T Y Q H L W L H S E X T W R V G C W V W R
J Q T A C N I N K R D B L L C B Y K X R Q M
H W C P H B R C J W T T E K N U L P N W U Z
F P B V T Y I Y U G O T Z M J P N R D T F M
H P M X L R L N T N Y O Z J J M V D A M V V
L T G W D H B L X M K D D N H R F T J C J W
K W M N X D X Q E N V T N S J L R P D Y C L
V V E N X T L G R H K W E L O W R K N F L F
Y H B B R A N C H W S R L C H N Q C L J W M
Q B Z Z L V M Z G M W Z L N C P L L T G Y T
T G L V K K R Q M N K R A R B K Z R N B F C
```

Allen	Hendricks	Stabler
Biletnikoff	Jackson	Tatum
Branch	Long	Tim Brown
Casper	Martin	Upshaw
Guy	Otto	Willie Brown
Hayes	Plunkett	Wisniewski
Haynes	Shell	Woodson

Dallas Cowboys Greats

```
P K T M C G Z R K T N H T I M S N H G K H
Q Q M V F D O R S E T T M M M Z T V N N N P
H N D V K Z T W R A N D Y W H I T E I W G K
T A K F H R J Y M D N P R J R D L T M R V C
K M J D K L M C L D M N D T T L R C G I L S
M K L T Q L T B R M W H W V A A F Q R G G R
D I Z W B N L M Y T N D C B M E K G K H M E
M A Y S E N O J L Y G K F B T L H T D T V T
K L Y K K C R X I W B M N I D L O Z J K C A
B H J W B F Z R L J V M H L K R W C M L I W
Z G K T D P Z N J X F W Z P R K L L J R V L
V F T H K E Y N L R Y L L E C Q E Q V C N K
M N Z Q Z A B X L N F R N F N C Y I J G M R
R T C G Z R Q P N T F T W R M N Y R D L B
P N Q T J S L A C V R H D X I J Y Q N Y N T
X X L G M O D R T O M F C W N T N R V N D K
T R H Y R N M J L L T F M A N A T E G W Q X
D D J A Z K C K M Q B Y R L B R D E E N P V
R Q B X Y K M E R E D I T H T U T R N L R V
M Q Z B F E N K B T M W D K Z W A P O R Y T
B M M L V T S K N B H L T H T B H T Q J K L
K Q B J M V K W M N B F N L J H J M S N Z W
```

Aikman	Jones	Randy White
Allen	Jordan	Renfro
Danny White	Lily	Smith
Dorsett	Martin	Staubach
Hayes	Meredith	Waters
Howley	Neely	Witten
Irvin	Pearson	Wright

New York Giants Greats

```
F T J D T Q Q R T N K X T G N D R G B V H X
B R O W N M E E N S K M M V B O X N V C T R
X K K W D W Z Y W D J R W A L J N O H Z T X
N X B W F L Y T X T M T T Y R K W R W V M T
R G R D C N M P M Q X V A Z Q T K T J K R G
J B K P Z C N B Y F T T F R L C I S Q K I Q
Z F R C N B A I P F T G L G C S X N V F J F
G Z T T D M P R E U V Q P D N X Z N F R Z F
T F Q M R C N N S H K R R A T S V O Z T Y C
Z R Z Z E N X K T O Q N M T I T R D V R K G
K M B T B Y K H U N N E A M N D P X X W N N
M B L L R M Y W M F E M M H X M A N N I N G
N R M K A H V D M L M S B Y A P T J Z R D R
K G L K B J Z Y E R Q K K H C R N R B O T R
Z X K L T W M L L V V J N M O W T R Z B Q T
P L Q Z R P F T R H T G P R N M N S G U K Y
T J M L B Q H C P M D K A V E K J Q G S G T
B O P R R T I T T L E V D H R N C Z T T N D
R M O W M R E I R G A Y F G L P R M M E G R
H L J M N Z L K L B G N C Y N P Z Q L V T
J Y F R E Y Y M T L Z L C K M J L P C L J C
N Y K M K R J V Q G K M K K M T M R Y I N T
```

Barber	Hein	Snee
Bavaro	Huff	Strahan
Brown	Leemans	Strong
Carson	Manning	Taylor
Conerly	Martin	Tittle
Gifford	Robustelli	Toomer
Grier	Simms	Tummel

Philadelphia Eagles Greats

```
K K G T L V I N C E N T H J Q V F F J T F W
B O Y G Y L J R K P G M W D R V K N K T L C
T O V B Y C U C H M C P N D L W P K M R A K
M R K T E N R H C P H W G Q G D C G K R Z Z
D B W P Y R Y R M N B L Y Q M I N K M C K R
G T L A C L G Y R C I K Y R V V R I H T E L
L S N B P L F E K L K L F Z P X C C K N D K
Z E W B R L B B Y T S M K C L H T Q Y K V P
Z W G H C B R T N K R M L C A N M O B M V B
P J W Y I T V F P N O B O E O N J X G F W T
K W D R W T T H E P W R L N W R C J V R C L
W P N R V R E L V I A O F R T F B F G H S Q
F R V M Q Z L R C H J W X P J G T N M K R L
F H R F K A R H K O S N T J M B O F A K E L
L V N M L E U M A S Y N K X C B Y M N V K J
B G F N V T G M L T M B I D R J M B E R A B
T M A H G N I N N U C P P K B M Y N R R R R
R L L R M G L G B D X X N R D W F V M U K Y D
Q N V R L K K F L M Z R F H B A V M B T X K
L D P L P P L C J G T R R B M H D F N T R P
M C N A B B Y Z R B E D N A R I K B A T R V
D T L F X W H H Q N B P V W M N N Z V T X H
```

Akers	Dawkins	Samuel
Allen	Jaworski	Van Brocklin
Bednarik	Joyner	Van Buren
Bergey	McNabb	Vick
Brown	Montgomery	Vincent
Carmichael	Pihos	Westbrook
Cunningham	Runyan	White

Washington Football Team Greats

```
W Q J U R G E N S O N V G M Y J Z N J M T Y
V K L B N K X V T V C X M G G W T K P H B B
Y F X N Q O Z F B M X M V Y L I R M Q O T M
T Z Z C Y G T D R R Q A T N P L L D C P K R
K M Z L O R C S L J R N T T D L R A W T L K
J T D Q N L L D U T X L P X T I J H V F D N
K R N W K N E R Y O G E M B L A R J J C D C
S V L N G I X M Y M H Y G H B M M H T P Y G
N M N W T N L L A L X R M W D S P C G Q J H
I D L G T H N M Z N L L T L K X M X K N O M
G T J R C Y K L E G K R E G R U B N A H F N
G G H E J L E G L R K W J K G C T M L B V D
I C N E B M G L M V D B M W I C N C K C G G
R K K N I P C C E P M C C T G K R K G Z H H
D L K D Y S B L T S N G S C F Q C R F K F X
C L A R K H M C T H O O F X M P I S H M F M
K G D R R G X A T C B M N K V M R F A N U G
M L P J K U F D N J L H W T M E N N F R H K
N L T G K A L F M N W H Q K D P N P D K Q R
R N L L R B Z J T M L L T D V V M M K L M
J K L P N C L N C J M T A K G M R J K L T K
Q L T P T A Y L O R Y S L Z P G C J B Q T J
```

Baugh	Houston	Monk
Bostic	Huff	Moseley
Clark	Jacoby	Riggins
Coleman	Jurgenson	Sanders
Green	Kilmer	Taylor
Grimm	Manley	Theismann
Hanburger	Mann	Williams

Chicago Bears Greats

```
Z C N K N K D X Y G T G M S R R T L P V N U
H C M O S S U M R T T M G B U T K U S H O R
Q P E G R O E G B X T G M C K N D S Z K T L
R Q M Z C C T Q Y M I D D X Q J R D Z D Y A
M L S H R B G W L R D Y V L G E Q M R K A C
T N N N D T T M B I V Y W K Y L N V Z B P H
Q R I D E K F B T C K R R A F B R L X J V E
L N K H N M Z K M L O T S C J K Q K V D K R
Z H T K T M A T F R N V U D H E S T E R N V
P M A P X M F C N O T R E R N R Z L L R Z V
V C N L L I Q H T D H J X R N N B M N J V L
K M F V Z M K P L N D D R T T E C W L G T N
Y A T X Y V M S J L J M H M M M R H L Z B Q
Q H L P K A L M R V V V H R I L Q D N T E X
M O R L H K P K J U B T W C L G L P P L G Y
K N W L R T W Z N R G M H M N L Y Z M C N T
H K C T K P X M D R H A X L X V U Z Q P A W
X V X P R H G W L L E N N Z L L D C P H R P
R M Y P L K H T N L U V L R R N T L K T G L
S I N G L E T A R Y T O W R Q F C Q Z M Z V
M G K W N G K F H L R T G G K X K N X F A N
T M T L B V F L D C Q R P D D Y J L T X C N
```

Atkins	Gould	Musso
Briggs	Grange	Nagurski
Butkus	Hampton	Payton
Covert	Hester	Sayers
Dent	Luckman	Singletary
Ditka	McMahon	Turner
George	McMichael	Urlacher

Detroit Lions Greats

```
T K Y N O T R O M P P V T C Y V Z K P Q R W
L S I M S W J F P C T G N R Q M Q P Y G J N
H N M L T F R X C Q C N V F K V X L N C Y G
L L N W G L E K T L G L L Q T V M X C N E R
V V H X C N A L C H R I S T I A N S E N N S
V Z W H A H T Y Z S L S T W Y P K M L G R R
D K B L K Z M N T R J A V K B M W F L A E
R F K C K Z L D J E X E J R T K G J M K B D
L L K Y F Z D T C N R B D T R L A R Y B V N
F H V F R N H D B R V Q K N J A C N P R M A
Z Y N M D B M L F L E N H V A R K M Z T L S
K R M M F B P T T T R E F Z W S J N B K M E
K D K B K K D K W B T X K H P R Y W N Y Y I
V N L L R I N M A R L T L M S L L R V W L L
F A F F M M Y N L M Q T E M U P W V R T L R
Q L J H P P W R K X K P B J M R I L D A G A
B M C L Y O Q B E Q V C E L M X H E R J B H
M S F R R M J M R R K L A T W A D V L B P C
M R V B T K O R J Q F G U L N D K G Q M L P
P M C N K O N O S N H O J S L T V R K L A C
W C N F R M X K W T D M O W T M N A N R L N
P V M E B B N K N D L N C F H D B Y K M K M
```

Barney	Hanson	LeBeau
Barry Sanders	Johnson	Moore
Brown	Karras	Morton
Charlie Sanders	Landry	Schmidt
Christiansen	Lane	Sims
Creekmur	Lary	Spielman
Gray	Layne	Walker

Green Bay Packers Greats

```
L K O G N I R R R N S L X M L H Z W L F K B
J T D K J G V M O Y K R X B G T L T M C K X
D J N N B G X S Q N C P E D D A V I S X R X
R M L Y N P T P K T L M N G L L G K R L H Y
N N C K M U M Y Z X L R K B D R M R C R L K
F P N N H T G M P Y B Y T E E O A N C V D R
G A C J H J O R D A N E X G L T R L L L Z T
N T V G X N C L T R L G Y S K G K T L Q R
U W L R J T P K D L C R K K T B N G G L X V
N B B E E C J T R K N E Q G Z K T I N M K R
R F Q E K G K T H L Z D L C D N M I H K B L
O D D N G R E B R E H D T K M K T Y E D L X
H H Q F R X Y R M C C A C M L S H L P W J J
P K C F N P M P O P N N Q W C K N O R P K H
L L P G M V M E T R N C D H X G K F A F M T
K W M Z G K D K T L T N K Z T Y G T H D N M
Y T W V G A Y W R G Z E G W L R V O S L G Z
K H Z D N Q B O Z A D M K N H L X N R Y L V
T H P A W N H O M T M T G J B I T K V R G Y
R Q C F M T Q D M L M E K Z N C T H M C T L
N D T Z V T V Y B M T F R G Q M C E R R N T
M B T W N N C Y T A Y L O R N W N K D V C K
```

Adderley	Hinkle	Ringo
Canadeo	Hornung	Rodgers
Davis	Hutson	Sharpe
Favre	Jordan	Starr
Green	Kramer	Taylor
Gregg	Lofton	White
Herber	Nitschke	Wood

Minnesota Vikings Greats

```
H J G H R H F N O S R E T E P M L L N T N H
N J V X F F V N J W W L Y V M D D C P N G L
X T F M Q C B N R V D L Z N W M J N T N J H
L H X D Z F A R B G C R K D L F N G K Q K T
N F E X T N C R T N B P G Z K B E P X N T Y
N Y Y L T T B B T Q M P D F Z M L M M D H A
N N X H D L Q T Q E K A A K N R L Q O M B R
Z K R V J N X Z P V R K H M T R A L Y W Z Y
W T M X L R A A T P W P S W R J E M R H N L
L I X H V N G R N Y J H A K N M V K M B R M
G Y N K M E K F Y L M N R X A M N R B E R M
Q B K F Z R W K V N W L B N D O M V S J F B
L L R N I B R O W N E R B M T M M U G K M Q
T M F B A E Z N Q Y R L R N F T A Z D G O Z
N Q C F H M L N G T K G E L C R Q C L G S N
R N R D K Y E D Z F C K M R K R K R V D S R
Q B B V A J Y R H D R T B Q X L T M N N C X
H N C B T N L W O A M L X N L D C R L M B W
Z W L R Q C I J T F V R E L L E T D R Y K H
X M Y P L O T E D Q B L N F V N K J Y Z X W
P D N Q F X Y P L Q B B B K B Q W R R T M N
M A R S H A L L T W M P T I N G E L H O F F
```

Allen	Foreman	Peterson
Birk	Kapp	Randle
Browner	Krause	Rashad
Carter	Marshall	Tarkenton
Cox	McDaniel	Tingelhoff
Doleman	Moss	Winfield
Eller	Page	Yary

Atlanta Falcons Greats

```
B R L M H V L Z B M G K H N M T W K Q R N
L L D X T F A K R L F V B J C X N M R F N
M M T V F D W V I C K N G C Z Q R H G M C M
Y T D T Z D C K M Y P L T T S I B O N E H
H R W K W L E I B L Z U Z K F H X M R T L T
B H F Z X H N L T P R R C F L S V X P F G X
L N X X G G C A V E Y B B N W K T M V H G G
A V P N W T E R K M R V M E N K T X K K U F
L Y Q M A R Q F T E Z F R F L V L B Z F T Z
O T M N W Y H K Z B M D Y B A B I N E A U X
C X B X T L R I J Z N W B C B V P M T D N W
K M Q A N G N T P A C K N W Y M F M Z G K H
H Q G K R A T L V L L K R T Q W X W M K X I
J G L N L T E T N T X Y N Y Z F A H H T
J X Z N N T K J O N E S H W K Y D H H D J F
M V N P O U L O H K T T G G E E F H A P D I
R J W N M Q D M W Y N J Q R Q F N J R M W E
G F N H Z N L Z T S L Z H H M C T N B P R L
P A D Z I V N Q K X P H Z L Y K X A M N D
V P X X T T J F N R M I J F P T P P K R L G
H Q B Q L L E N V U J N R N G N I K O O R B
P T Y Y H D X L H K T X V T Q L D C L J L P
```

Abraham	Dunn	Nobis
Andrews	Fralic	Ryan
Babineaux	Humphrey	Tuggle
Bartkowski	Jones	Van Note
Blalock	Kenn	Vick
Brezina	Lawrence	White
Brooking	McClure	Whitfield

Carolina Panthers Greats

```
N E S L O K F L M R D D Z T Z V T K F N R T
D R T N Q F K J K Z V J R Q Y N R K Z R G C
R R L T R V M F R G Y M T Z Q Q D J M V V S
K M P Y D C L D Z H Z P K T L F O N N T F Y
J S L L N M I N T E R L K X L H Z K Q Y G T
E I K H V G C S T E W A R T N H F W W C G B
N V P C X X R R Q G G S N S C D Q F L D J K
K A H E H Q L O N W L W O R L I L A K N M
I D Q U T F C M S L R N D N Q M M T Q P M F
N M C K F V M G I S D K S K P T B C R M T X
S M W Y R R R M D H T M R R T K R R Y U T K
K D D C A F J X H Y T Z P T E M F J P H F F
W H W K R S W R P R J M Y E N P Q Z P A K H
G A M B L E A E M D T M M C T Q P X L M P X
W L L M W G T K C K J M O Z J T G E T M R W
I X B L G D B C C Q O N P R F W T J P A R B
L M B N S J N U K H V M B K G X V Q K D V L
L R G T M E M R L J F Y K M W A W F Z H L N
I D T F W V B E R D P T X L E P G P N W T M D G
A B W T K N D K D N K T W Z L J N I R M W R
M Z O L Y X C G Z T K N G B G L M K V M C N
S N K M V J B L R R H Y V G V S R Z B V F F
```

Davis	Kasay	Olsen
Delhomme	Kuechly	Peppers
Gamble	Mills	Rucker
Gross	Minter	Smith
Jenkins	Morgan	Stewart
Johnson	Muhammad	Walls
Kalil	Newton	Williams

New Orleans Saints Greats

```
W A Y N E M A R T I N J M D B Z B Y F C L W
W Z V D T R V N R L N K Z L F E P G K Q K Q
A M M B R V L L Z H P T L W G R M P L R R J
Y R B N T L N R M J K N C K F I L H T V C T
M N Z B F D K B R O C K K K Q C N R X Y O X
E A V N H H H C W C R G N V X M M C Y R L K
R V H B J M X P C T Q C B N F A Q C K G S K
K B L A W R F Z Z T W J W N G R P Y L G T Q
V Z M N R N L L J O H N S O N T J P G T O M
K X L A M G D Z S X W D G N F I M T M C N R
K K R Z N R M E T K C G F A W N B B D T Y T
F N Z D Y N E N K N B Y O L P M D D D L M D
S C G N R R I B R E G R B G C T F O G I T W
K K M P B L L N L S B H D U B R M L L L K W
C T S N A V E K G R W M T N S B T L T L L W
I M M L C X K N L E T I K J R H S Y Y N N
N Q T L E R O O M D R M L O N B J N T H N N
M M S K Y S Y Q N Y W L W L D V Q F R T
P N K R K W X Z T A N S V N I G Z P M L T F
R F G C E Y P C K H K Q Y R M N M V P K Y M
T H A P Z Y T M F I X T L O N M G R T C F N
N J M C N Q M P Q K Y Z M H K Y R J T C M L
```

Andersen	Evans	Moore
Brees	Graham	Myers
Brock	Horn	Nicks
Bush	Jackson	Roaf
Colston	Johnson	Swilling
Dombrowski	Manning	Waymer
Eric Martin	Mills	Wayne Martin

Tampa Bay Buccaneers Greats

```
C A D I L L A C W I L L I A M S L C R N H Z
G Z N L M C Z M N T A Y T T H P X R T Y L W
W Y N I T Q R R R L V E W P M W B T N X M L
Y N H Q C W L R F R X M V M K R S L L M R R
L O X Q F K J F Q Q Z T K R E J M H C M H P
Z N U K M K E T R J F N R B Z M A Q K C H L
R J G N X K T R V P P M R R G J I D N L N Q
D W N M G N T Q S M C A I G X B L Y Q R B M
M M Z L B E L L R O B N C L M G L B B L N Z
F J T R B X C E N V N R E L X F I R H M M X
J N M F C X D N Z N O M L E S R W O W D V R
C R P V W L D M K T F K C T C L G O Q E Q K
N K G P I R Z D Q R Q N L T W M U K W T Z N
V S L W D V G Z M G N G Y O C C O S D I W K
H J E V C T V R H Y N K R T G R D T C H M D
N R N L B V N F J D Q L E S W N T D R W R V
T B M Y I R M Y B M Q V B L Z S N A V E P R
J M R G G G A R P G G R U A R M M M N T G Y R
T G T M V K Y D G M N N R K T M M C C O Y S
G X Q X J A B K Y C B B G W T N R N T K A Z
G X B N N T K K G D B D L K M G T K L P B T
J K M T C C N R K D W V N G Q K N H P F C K
```

Alstott	Doug Williams	Rice
Barber	Evans	Sapp
Bell	Giles	Selmon
Brady	Gruber	Vea
Brooks	Lynch	White
Bryant	McCoy	Wilder
Cadillac Williams	Nickerson	Young

Arizona Cardinals Greats

```
L A R R Y W I L S O N N D T P M M N R V G Q
F K V Z V X K R B L M R I L D Z J P P Q M R
T Z H V T X Z M B X Z M E C B B Z N W K I R
T L B K B K M I R N M K R T B X N Y N C F T
B K N R Q P L A R M R X D N Q N C W E N G G
M T N Z M R R N T F C R O K F H Y T M X C N
N V L N H J M Y S Q Y R N N E X R T R Q O
F N N E T O P K J O D F D V E L A H R N S
J K W K I R S E G L M N O R Y M E H T Q G L
K C N D Q L R T D Q C B A L G P R R T C M I
T D L F X Q E E Y A L H R V N M B C G N M W
T O Q D R T D R Y E N C N H K A M Y M T T N
B M K D T L N S R M T S R K Z Z M V L H C A
P M J G Z N A O N J J T B M R M B L C P V I
R R B T P L P N H T I M S Y K V R M L K J R
Z L Y M L A N E K C R J J H R T K Q R I H D
T C E N T E R S M D L A R E G Z T I F T T A
J W I L L I A M S C N H E R L B C Y W P V
L H P N Y N K N J C V Q Z N Y B L R K F L K J
W W T L Z C D W C M Z F R N K R T D N R Q R
K T N C R D M M R M N B A G M C K Y F W R N
F H C Y K D X D L B M N W N N F C W L L C M
```

Adrian Wilson	Fitzgerald	Peterson
Anderson	Green	Rice
Boldin	Hart	Smith
Centers	Harvey	Tillman
Dansby	Lane	Warner
Dierdorf	Larry Wilson	Wehrli
Dobler	Matson	Williams

Los Angeles Rams Greats

```
Q Y V B T C N X Y J R K V T P C P T K D Y N
W X X K G T M L P M A M M R V X M J L T P L
V T H N X Q F M M M J C T H D B V N E S L O
G F R L L P N V L R K P K T B R S E R L T Y
L F M G P D X T T E V B L S M T L R T B Y O
M N R N V Z F H G T Y Z L M O L C K A L L U
N D L J R T C W E A K C Q N A N N G D E W N
P Y I Z R P T C G L Y N M R W W T H G J F G
Y C T C K T U V J S G B D F K K C B D D T B
F W C D K R N M O L Q G N L H S N L K R C L
W H A W B E N M N L K N G V R I G T N Y N O
L L W T K K R K E C T D R I L V F V D E M O
V Y D W E Z F S S T V Z H K D M H Y R R W D
W T D X G R G L O W P B C N J Z T L D B K N
N M V M T H F E R N B O F O W C H B R N N W
M M A K C T Y I M N R F N S H N V Y E D L B
C C H M X W T R E B M R F R V Q R N J C Q B
K M L R N K D B N L Z M B E B Q D X Z Z A C
L M Q F Q N Y A N L D B V D W A R N E R K P
F P B T D X V G K L U A F N L F X H C Q B W
T F D N H O L T K T W T F A H Z G B F P N K
T L X K Z K P G L N R M L C R O M W E L L L
```

Anderson	Fears	Olsen
Bruce	Gabriel	Pace
Cromwell	Hirsch	Slater
Dickerson	Holt	Van Brocklin
Dryer	Jackson	Warner
Ellard	Jones	Waterfield
Faulk	Mack	Youngblood

San Francisco 49ers Greats

```
W K G V Y V K C V T M P Y M W T V K Q H L D
D P M R M L N R K H H G E P V Z P R R F M
B R P L J L Y R N P H C S R V N J T L N H J
R Y R Y R K A E K J Y T Y T R K Q D H W R B
Y N F K J L L B L M Y G X Q E Y X J L P T N
A N Y M C L G N T A R T J L F V B J K H M
N E Y L V N E E K T K T J Z C E X K K L Y
T H D R L L I L K G D S O O C Y R Y C B N K
Y L H X Y L D T P M M H T X L H Y O O N N R
O E K N F V O T J B N Q L P M M M L S U Y K
U C M T L D R I J S J N W R I A L C T S N K
N M Y P R M B T O N O L L D H D T M F A R G
G X F B Z B B N Y T K D R B J E Y P N Y A Z
T V M M Z L P P G R B B C Z G A L A W Z T F
R K Y T K J V N I T T J M M R N T R P J H J
B Y W C R K I C P L R C N R J N J Z N T M Z
C R A I G H E D N T Z Q L L O T W N P L A Q
L L L Q S L T F R T V K N M Z H M N X L N T
D K M A X Z J W V B L L K K M G W J G K B H
M G W N H K J Z N R W I L C O X X L W K H H
K Y Z P R G K K R M S E N O J B Y B R Y V H
Q M L N R L N O M E L L I N I B X B F H D N
```

Brodie	Jones	Rice
Bryant Young	Lott	Staley
Clark	McElhenny	St Clair
Craig	Montana	Steve Young
Cross	Nomellini	Tittle
Dean	Perry	Washington
Johnson	Rathman	Wilcox

Seattle Seahawks Greats

```
L B R Q L L Z M K B N L T R W G M V Z G K M
L Z Q K L H X V M K V P L W I M K F Z H L
L N K N R P D N P G H M V R L S L V K R R K
J N W B Q M M N E T B Y L N H P Q S E W L L
R Y L Z T J Q I R Q N T S E N R M N O L T V
O D M X T M R T E B X M R E L B G K C N M F
B E N X S K M V D D G M T V N A Y R B J R V
I N K X A H Z W N G A L G L W O T V N Z K G
N N R L M J H Y A N V Z R K F D J G T O X L
S E V K O Q Z F X Z K Y B F Z W F R R R H V
O K K K H L P L E G Z H T R R G Y L P N Y P
N T R M T V B Z L C D P M E T Y K Y V B G D
K R H G H H F J A H R K R J A L R C V F G G
N P L V K C E B L E S S A H K S B R M R V A
N W H W N H V H U T L K D N V Y L B E Q G L
W J N Z Q W B N N P N C R W P N M E G G Y L
X K Y K D K R W B U N L T F P N M Y L L O
J T L L L K O P N N V T N J K D M P M P D W
F Z G T Y R W M D Q M Y A B Q J K M K X R A
N Q X T B N W A R N E R M T R G N O R T S Y
T J F R L T C B W M R L K Z V P H B L B R T
L A R G E N T H T J F C H A N C E L L O R V
```

Alexander	Jones	Strong
Brown	Kennedy	Tatupu
Chancellor	Krieg	Thomas
Easley	Largent	Wagner
Galloway	Lynch	Warner
Green	Robinson	Wilson
Hasselbeck	Sherman	Zorn

NFL Player Nicknames

```
N N D B Y H B T H E A S S A S S I N T C M N
R R O T A R E G I R F E R H N C V N C R M K
Z Z K T R D P B S K N K L N A P K N J V B H
L M G R L G A R K E N B V G Z T H N L V Z L
K Z M N O D P M I T O M R J T H E P Y W R D
X Z M M O Z A M Q M F H G O F F N E F Y O R
L C Y Y C L B L Y V E N S Z A X W I H O N M
M T B H E R E C Y S Y T P E D D T C W C L N
I W P C O K A Y F S D B I F T Z W Y Q K J O
Y R L T J R R J Y E J R W M M I L A A K G R
L P O R R N L J Z N L Q V A E L H N Y F D T
L Z N C H K K T T K T G X O Q S W H J B A
V T G Z H G X P R E F I N H J A T X Q L O G
N C T C M E X T M E C T L L S N L R W T T E
G R N L Y C A K C W Y K C C J L T L X N Y M
T A K X Y K N D W S W N O C A L G D E B L N
H Z V M M N K T Y T J M Y T M T T B D P E M
T Y X C T H E B U S E N O R V R G N M R R B
R L D T K D R V B T M O N X T I W R F M R W
H E M M M Q P J C K T M R R B U L L E T O K
M G N V M T V R F N F C K T S O H G L F S C
K S L F R V K K Y M R M T B G N Z J R G E T
```

Big Ben	Hollywood	Refrigerator
Broadway Joe	Iron Head	Sweetness
Bullet	Joe Cool	The Assassin
Cheetah	Kansas Comet	The Bus
Crazy Legs	Megatron	Too Tall
Fitzmagic	Papa Bear	Tyler Rose
Ghost	Prime Time	White Shoes

NFL Teams & Units Nicknames

```
G Q L L C J D C B T L N J T L L L G Q Y Q P
R L N K T L M F H D Q K E C V J H K T Y Q K
M M P C M L K K Q B T B Y M V Y M J M Z Y A
P P F P V E F T R W Q R P N G H M N Q N Q R
J L J M J Y D X W G R O U N D C H U C K D D
W Z W K P R V P L V T Z J T Y T R S K D N I
M M W R Y O L G Z T T T J W V K O I I N I A
B P M R W C L T G I B X M V T G L R T E A C
Z R C H L R K C L D B S C M I L T T J E T K
N K U L N I G B F A K C F M E Y M R M R R I
Z M Q I T A Z L C B V R A R B W M R F G U D
N N Q N S T C M J E P E B I U A D M K G C S
G Z G N I E R K K A E E R X E M K Y R N L M
Z C M R M X B D R R E D N T K L S G C A E F
J Q G K K G M R H S S T S F L Z V C Z G E X
Z K M P P Y G T O N V A R X L T Y L C C T Q
T D M B L R T H Q T C T R I P L E T S G S R
Z Z Z Y Q X B V O I H D L O R T A P E M O D
L B L I T Z B U R G H E Y K C A P K C A S G
D Z V K K K L E R H S U R C E G N A R O P Q
K N K N V D M M W G N C N S P D M N R Q Y Y
W W T L R A K D N E L L I V N O S K C A S T
```

Air Coryell	Gang Green	Orange Crush
Americas Team	G Men	Sack Pack
Blitzburgh	Gritz Blitz	Sacksonville
Bruise Brothers	Ground Chuck	Smurfs
Da Bears	Hogs	Steel Curtain
Dirty Birds	Kardiac Kids	Three Amigos
Dome Patrol	Killer Bees	Triplets

Offense Football Terms

```
D R A W P L A Y C K T N V R G M L N M Y D M
L X L J T T R M R Z R W L G V B B Z T H X G
B Y T R E B I L F O E U T A T S Z F Y K F E
R Y Q G M S J J M K G T X Y R W P P N L K L
J M Q R L S N N K T D B T Q Y E A N E X N T
R V F A N C Y R A M L I A H B N T A M Q T O
P V N J Z R R N P M K W M N S H F A P G X O
K T B R N E R Y L B Z N R T Q L C K L T T B
P X M D O E F X D N C D C L I F T H N Y P N
E T B X I N J W F N M E D C N K W L G Q G D
T E X C T P L Q N W R G K R N J Q Y P D H L
U N R C C A Y Z X I V E E D M V M W J B L L
O D K Y A S F D D J R T M G C K Y Z L K H V
R A B G Y S G V Y C T R E C E P T I O N Q K
L R J L A G J Y W A C N S R N W Q K G K X D
E O T V L X J R P J J Q J C E H Y W K Q X R
E U H Y P M L T Z H H N K K R V D X K Z V F
H N G R F N S N M M X N T Q C A E Z D N F Y
W D R G T O Y T E L B M U F L G M R T L Z R
R X M Q P M G C D K N N N D N Z N B S R C M
N L L Q R G C H M P M L N K T M N J L E N M
Q Q R Q K N O I T P O S S A P N U R T E K H
```

Bootleg	Hail Mary	Run Pass Option
Direct Snap	Lateral	Scramble
Draw Play	Play Action	Screen Pass
End Around	Post Pattern	Slant
Flea Flicker	Reception	Statue Of Liberty
Fumble	Reverse	Wheel Route

Defense Football Terms

```
H Z J R V R K N P T K R W M C R R X R W G D
C R O Q D L N T F K C B K J G T K M R K P Z
M J X N N C P L P X K N R Y H N F R L R Y B
V Y F N E H M H W M Y W T R E N C H E S N T
F H V K U B R H D L T P K J W F C V F N D F
T B M Q R R L P R E K C O N K R E B B O L S
C V Q Y G K D I K B M F N Q R N N M Y D R T
M L P Z M N P N T Q F C T T T K W Q B T L G
E H L G F W I R A Z Z T H D R X P I X N E L
G N N W M N F R R P K Q E W O D Z N L U S G
X C C N V T E R A S M F G B H W T T K T N W
K N R R Y V T P W E E U E W Y R I E G S E Y
R V H K O G M I N N P L B K Q B L R G K F F
T D L N X A M N S N K S M J K U B C M P E L
Y Z R V J M C E C C P W R N K L L E T Y D K
V U M X O R N H A X Q W T L K L Q P Y G L R
T D V V X Q W T M H K D R M D R Q T X N E N
N K E Y J T K Y M E R H T M M U W I B R K R
D K D P N C Y R A D N O C E S S K O Y Z C N
T D R T A Z R B M J J T K T T H K N K R I V
B R J S L X F R X P T L X Q B T V K G N N D
F Y P M B X X S A F E T Y P M T P N X F Z K
```

Blitz	Prevent Defense	Stunt
Bull Rush	Sack	Swim Move
Bump And Run	Safety	Tackle Box
Encroachment	Secondary	Trenches
Interception	Slobberknocker	Turnover
Nickel Defense	Spearing	Zone Blitz

Special Teams Terms

```
H N Q P A T R H R B W W C T C N L T Y K W D
X E Q D T K N Q R T K R P B K F N L J L F N
C X J Z T Q L K P R N R W C N U F R T N W H
K T J P K K M Z Y K P T I F P P G B M L Y G
N R W R R F I P V Q R K P L N L X L X D Y F
D A T T M E N C U R E N A O M J J Y H R D B
T P Z O N M K I K D R N A Z O T Z T B P L F
Q O K H K M C C I O O C Y M M C F Q L L A K
P I Q S Q K B S I I F C H B N Z H P R I L T
F N P P K V N T T K R F J C D R L K R F L N
D T F I J O R C P D E M V R Z A U C I T V U
G W C H V K E N F L T H W L O Q A T V C Y P
L K R C J R T M X Q G M T G K T F T E P K D
K P L R I J C D X T C P D E C W S J T R R E
K C H D L J J N C F J L H H C K Q G T B M F
C C K N P U N T R D E L N K P I U W M G C F
I J Q G M T Q H K I N M M J X Y I L F N X U
K Z M R Y N Y K F T R L F Q F B R D R X N M
P T D V C R R M H K L X J Q W K N H M G M
O R J X R K R L G K Y Z X B M K I C K J T F
R E N R O C N I F F O C P M M X C L G K L Y
D D M H K Y M W K C I K E E R F K N V R M Q
```

Chip Shot	Field Goal	PAT
Coffin Corner	Free Kick	Pooch Kick
Directional Punt	Ice The Kicker	Punt
Drop Kick	Kickoff	Quick Kick
Extra Point	Muffed Punt	Return Man
Fair Catch	Onside Kick	Squib Kick

Canadian Football Teams

```
M V K R G L Z M P V Z C L D Q J X Y N X W S
G M K V R V M K K T T L K K G Q N L Q R M R
K B R J L C P M P T E R E D B L A C K S T E
F T M L N W K X M R W D P N M D N V J T C B
M T F R X X A O X N K F M W O R M V J D C M
A R Q G C W N K J G V B T O T T W L W M M O
R N M J A T G L G F E M X T N Y L W M D C B
G C K T R L R K N Y T P M X R T T I P K T E
O W T E M E N L T D Z T I A N V O J M S T U
N O A D M S T X S H M R G N K F M N A A J L
A L D T F K J Q N W Z L J K N D Y S T S H B
U B P T X I F K O N A T Y R L I K G K T W P
T D M W G M D Y I C N C O R L A W L N A N G
S R T L M O D L L N T R K R T V Y L G C P H
T X N Y M S T R C L F T M C O M H T N R Y V
F N H L C H X R B R T Y H V R N R L Y E V N
K S T A M P E D E R S E L K T V T Q Q G X H
G L Z P K Q P W D L W C N T M Z C O F I V V
L R M T H W C R X A N T B G X J L P F T M J
L L R M L N W K N Z M K W J L T Y T M N V D
X S E T T E U O L A H T V M F F P R B R Z P
P L K D D Q K D S R E D I R H G U O R L Y L
```

Alouettes	Eskimos	Saskatchewan
Argonauts	Hamilton	Stampeders
BC Lions	Montreal	Tiger Cats
Blue Bombers	Ottawa	Toronto
Calgary	Redblacks	Winnipeg
Edmonton	Roughriders	

Offensive Positions

```
M D R D W L M N G D H V B M N W J J G T T V
N C V B M I N K C Y F R B W B K W C D Y P
Y G F K R T N Z N K C A B T A C S F S L T R
K W T K L N N G Y X T L Z R R Y H P T G C M
P L D F F R P L B R R T R R Z N L Q R L Z N
R T R K V U T R M A E H T K E I V N T M H H
M Z E T H V L W Q L C R F B T T D C Z N L L
G K V N L M F L K D R K Q E P M N W Z S G T
D K I G M L R C B R Y P N H M Z K E L K Z B
X R E M Y Y A N L A C D F B L H K O C G Q Z
L Q C L G T R M F U C D K L M R T M X W D T
K F E N L C H K X G J K D M Z R K D W N N I
L X R X D X T K M N Z Y N K E C D D P Y T G
Q J E B Y R E K N A L F C C A M R W F G K H
N R D P N M M M T Q R R E B M T N L H N R T
B T I Z G B V C G V D I R H M B T T A T T E
T M W R F W N L M T V E R M M Z F Q L R T E
V N P K Y J K K P E T L V Q T L G W F C K D
D R M M N M K Y R R Z D B T W M L D B M C X
R T M C B N V T A I L B A C K X R Z A F T C
F W T B M K L U L L Q H P J H K H K C X R Y
N N P L P K Q R U N N I N G B A C K K K G N
```

Center   Quarterback   Tackle

Flanker   Running Back   Tailback

Fullback   Scatback   Tight End

Guard   Slot Receiver   Wide Receiver

Halfback   Split End   Wingback

Defense & Special Teams Positions

```
C G H R W D E F E N S I V E B A C K K F Y Q
W Y T W M M N D E F E N S I V E E N D K V N
Q B Z J D J R L Q W T L P Q N Y R M Q J C I
V F K V Z K T K F D W R D N T M N J M J N C
K Q Z R E K C A B E N I L E D I S T U O R K
B K Y C C D R F M P M Q F R V K W L J F L E
M R R B R P K Q R E P A B E J Z Y Z R M Y L
K I M T Z R T C B L S D E N C T R P K R T B
X W D Z R K K A A G K X L R M K X M I H E A
M L T D P X C C N B T G K U H Y N T C O F C
Z F O T L K W O G D P N C T D T T X K L A K
C V L N P E R T K N V U A E J R R Y R D S Q
L C K N G T L R M Q W H T R Z W R T E E E N
M P Q C S S M I R R K K E T P T Q G T R E F
X B K Q A L N K N M M K S N V G M K U K R M
Y N R Q R B G A M E P J O U H F L J R N F K
J G N T D U R C P G B N N P Z K N E N M C Y
P B N L N M M E Q P T A M M L D L W E Z N P
D Y P N L T L W N J E M C T H K M D R P L Z
N B E N R M L P K R T R Z K C R Q N N J T D
N R C C R T N M D R O C Y A E Y R E M M A J
G J L J V X K N N T R C T C R R P V Y H K G
```

Cornerback	Holder	Nose Tackle
Defensive Back	Jammer	Outside Linebacker
Defensive End	Kick Returner	Punt Returner
Dimeback	Long Snapper	Strong Safety
Free Safety	Middle Linebacker	Tackle
Gunner	Nickelback	Upback

NFL Penalties

```
H I C R G M K H K T L V C V H L K B G V N V
D B N F I N E C D E L A Y O F G A M E R L K
Z X H E L M I N G I L L E G A L M O T I O N
R B P G L M P D C V V R K D Z M Y T W R Y R
G J L X E I V G L R K G N I D N U O R G X J
D N Y K G Z G J G O O Q T P C C Q H F N B N
C R B C A H X I W L H A K C K K K X G D O P
V G T O L G G R B L L Q C J Z N Y F F I Q N
T L R L S P N A H L T N B H H G A G T G X N
L F N B H E I L W W E X C L M L Y A C R G X
N A Q P I R T L X V Y M K V S E M V T N N L
D C N O F S E O P X P T A E M R N W I B G Y
R E D H T O G C L Z H V S N O O B T D N N L
L M J C R N R E V L C T T F F N N D I X M R
N A Y R N A A S R R A R L F G U L P N N R C
P S K Z Q L T R W R I A S R A N P L C J K N
F K W R Z F F O T P G I F T V I I V R C L L
F D M Y C O G H P E D N M M L X J R N N P Y
P M K M D U N I L E L B L C Q R L X A C B M
D N G V L L N L H F R O U G H I N G K E W M
R B L Q M G I W T D N G W T T R F K R N P P
X T R E C N E R E F R E T N I S S A P J Z S
```

Chop Block	Holding	Pass Interference
Clipping	Horse Collar	Personal Foul
Delay Of Game	Illegal Formation	Roughing
Encroachment	Illegal Motion	Spearing
Face Mask	Illegal Shift	Targeting
False Start	Ineligible Man	Taunting
Grounding	Offside	Tripping

NBA Eastern Conference Teams

```
N C R T G B Q K C K X T S D R A Z I W N Q P
R T T T M B B P G L N C F K R J T K K R W W
P Z Q T C M U Z K C A M K S N O T S I P T Y
W G V P T C L H L V R G F K H M W T T P W D
G L C J Q T L T A W P Q L K K X V C N C Q K
S J F V R J S L N T X L K K C K T N L H F T
B R G H N M I R K F K N I C K S A C K L X L
N M E W M E K M G X T N T L J F E P N C W Z
M M G C R N R Q L W T K C H D L H B N C T P
P Z D S A K N K W N W K V G O L P K T Q V S
C P Y G Y P L C T R W M R J V R R C R J R E
T M L W T B P K K W V A A F C N N P N C N V
H R G M B Q Z K T Q P T F G Z H R E B P B E
Y N K J L P Y S M T Q Z B X I M N N T T C N
M K M R M M C K O H V S F R L C T G Z S R T
D T W J B I N R N N C K H L T Z Y S Y R M Y
P N C B T H S D N M H W D Q R T K L M C K S
W N T L K L L V D M T A P G C Z D Q T X D I
Q T E L D B G H X M C H Y F U X Q R N D T X
L C C D N T W X R N T P R B Y N H B G K C E
Z X R J F N Z G N E T S X H L F X Y Y M L R
M H C T L K J L N H T Y W Y Z L M X B M B S
```

Bucks	Heat	Pacers
Bulls	Hornets	Pistons
Cavaliers	Knicks	Raptors
Celtics	Magic	Seventy Sixers
Hawks	Nets	Wizards

NBA Western Conference Teams

```
M M H N C L F N Q D S R E Z A L B L I A R T
P D N V P Q F T M S B E N N D M D P R M T M
W A R R I O R S C K R W V R N L P R Y D Z X
M Q Q P R B T T D C B K J L Z K M N M Y T F
D Z G L J E J D G I T W M L O K W X R Z R Z
P R Y T G G C R M R N W P N Z W N F K M L C
X Q R G T C W Z D E K L M N Y D R P D A F M
D D U B F Z X W K V R T J T R N D E K N M N
D N M V J H N M R A T R X K S P T E B V K V
L R P B C R K W M N T Y M N C R N M M M N
T N T Y T E R W F X C L D H A S G F T J I Q
T R W P D L C F K L N Y X P C N C R A Z L T
H H B N R T F J S E I L Z Z I R G Z T K J F
V H U J Z H Z P H W X N L W Z L V Z S J
N H F D K K Z Y T C O M M R E F V B M W P C
T Q V Q Z T R N T L L C W C P F K M H T U G
R K D T T M B J M I T B K W N R T I M D R R
Q L K M V N R K J P T R X E S U N S N Q S M
X G L L M N K W Q P M G H B T N N P J G H H
R G M C W J R R R E V J T Y N S T M X D S N
P D C L J W H T W R R N Z T W N F L M F N R
T H L L P K T G C S P R F N D R P M Z M B M
```

Clippers	Mavericks	Suns
Grizzlies	Nuggets	Thunder
Jazz	Pelicans	Timberwolves
Kings	Rockets	Trail Blazers
Lakers	Spurs	Warriors

Milwaukee Bucks Greats

```
F D R M P F P G M K P H C H Y V X M G N R
N V T X H N F I L A R T T N L D W K F M T D
Y D W X K M D R W E N Y Z R W J O H N S O N
B F J G L D R F Z M N T L A L L E N Y R X D
Z P G Q L B T R T N B N E E M D H T V B G L
K N G E C K T T E R Y M R T C L D L K A Y K
L L T X F P V L I D Z K T O O R L F K K E T
F O X C Y R L D R B D J E F B K E C W E S C
N R Y M F A G N M H T G Z P K I O I M R S N
T A J C R E C N V C D M D N N Z N U P P E T
L B Z T M P K W I P C J F T L D S N C R Z
F B B A T F Q G R L M H N M N K G L O M P T
L A N T T M P D W X C F E I R C N O M N P N
R J Z G K M N N R T G L P Q J Q V B C M P O
S L Q G R A R R D D L T A R E N K C U B Q T
G U T L D B X K G W O B B N L G H W X M T M
N D N X Z D T J K V C G R Z I L R H T P M H
I B P M M Q N T K R K R R C R E E M H V N D
M A F R R N Y H T B L N F L G R S W D R
M P D T L Y T Q G R I X W B X T C G S E M H
U R O B E R T S O N N D N R T Y B L R A T D
C X L C B N N O S N I B O R N N Y L F B C M
```

Abdul Jabbar	Dandridge	Middleton
Antetokounmpo	Flynn Robinson	Moncrief
Baker	Glenn Robinson	Pierce
Bridgeman	Johnson	Pressey
Buckner	L Allen	R Allen
Cassell	Lanier	Redd
Cummings	McGlocklin	Robertson

Boston Celtics Greats

```
R J D W K T J P K C M K M X N N B Q X G N L
K Q N H K F H M B N N C Z J O N E S V M D Z
W W M I P M M Y G C N R U S S E L L C Y L J
N G T T E K K A R M F Z P P F K M Q O M G L
T H C E P C R P Y R T R T P K M D J W W J N
C T O N C N R Q K P X T Z T E L R C E T W N
K O T S E M S E G L V M V M G R P G N K F W
W M U T N J N H I M F R J X N W P D S P W Z
M A T S L I R A P G G D D I L R L F L K N
C X T J Y D E L N R F T L G A W N Q R W Z L
V W K T F K V H M J M A W V W Y X P D F M W
Z E N W H Y R K W M B A N R Q T L Z G Q W B
C L R C R D X M M I G M N K Y R N B T F C G
M L L Q N M H W H D M D J N K E C I L V A H
R A X F C B J C N Y H J L L Z V J L L R L L
V X C H Q M R O L B I R D Q T T Y Y L R H T
N M A A G A S X G Z O Z T Y T N E N L G C Q
K L P R U N Y C L D T F Z M V F S C E G V G
E M R K H L L N N N Y T Z N T L M R W Q Y L
R F C O R Y E O C X V Z X P T G A M O H P X
R V J C J R R Y R Q L D K R T F R L H W J H
N N P H S I R A P L F C R V V W N C B J P R
```

Ainge	Heinsohn	Parish
Archibald	Howell	Pierce
Bird	Johnson	Ramsey
Cousy	Jones	Rondo
Cowens	Macauley	Russell
Garnett	Maxwell	Sharman
Havlicek	McHale	White

Miami Heat Greats

```
T T L Q X C L T F N D C Q G M N X X T L T J
K T Q R V J D D Z T B W R N B Y T W B L B T
Z Y H X G M M N M L L N C H L A E N O L N N
Z T W Y J H L L T X K M R C Y J O N E S M K
B C Y M N J J M M K O R L L Q N P N F T D L
Y H X A Y R L J Q U B L M J L B O S H B H Z
N A M S T E C T R Q K Q J M N Y E Z R R G Z
M L E H Q X S N B Q P D G M F M V M L T X F
P M L B K M I O C P B R D R A T R P B X P K
Z E S U N N F J P L M G X J R R H F G N G M
K R A R G B K K D K Y V K K D H Q R N R X O
L S H N N V X D W L C V P O K P K X K V H Y
N Y W L M Z K D A M R P U N K S M I T H Z A
Y V T P O P J K R C G T N X N W W Q M C B
W K J M M N I D W Y L D Z Y F X D W Q K C E
I N L M E E G N H A A C K B R C L M J J Q D
L L B L S B B J S Z B W D J G V C W Q W C A
L C L C W K N R D M X M A X W N B R A L T R
I A E L T R W R O L N Q T D L L M Z V N N N
A L C L M R G Z Q W T D H T R N P T X D E H
M P I M L R R K Y G N L N L G A G N R K M R
S V R D L K C I G A R D K L Q Y H B P K V G
```

Adebayo	Hardaway	ONeal
Allen	Haslem	Posey
Bosh	James	Rice
Brown	Jones	Seikaly
Chalmers	Long	Smith
Douglas	Mashburn	Wade
Dragic	Mourning	Williams

Toronto Raptor Greats

```
C T A M V A L A N C I U N A S W F J T Y R B
F Q K K K X Y Q D V Q M L C M K M G B L Z H
Y N A C H T Z R B O Z K N D R E K R A P T H
T W B M K B M G A M E P L Y P M M N B K Z Z
L R I C B X T K L R Y N A Z O R E D N G T N
R V L N K K L X I C B L Q M L D K F F J V M
N L A C K E Y M B Q R G P T T N H D M K T Q
H O J N Y L A M R T L B V N P T Q K A Z Y C
R J S H V D O X T R J C B X Q M N Y K L W K
L V K R U L V W T J L M A D L O R L A R K M
V H B O E R E R R N R M D R S L H Z I B D V
D R T P I T W E X Y M M H N T M P T S A W V
G S B B N V E F T H T S H G H E W R V R G R
Y B Z X A M W P C R O O X K X N R I J P B K
M W N D N C I R K B J N K L Z R S R X L C N
K X R W G G L R C A L D E R O N R C Z P H P
L J Y G R R L L N H K K V X C L E O N A R D
R X G D A A I V H N K V J N H J K X P I C
M W K V B D A W Z P M E D R V L K N W J S Z
K T R F R Y M P L Z F D E L X X R J V D T C
M M N Q K T S R D D L G M R M Y N B B T I Q
M C L V W M Q V Z J K F V D G N J M M N E L
```

Bargnani	Green	Parker
Bosh	Ibaka	Peterson
Calderon	Johnson	Siakam
Carter	Leonard	Stoudamire
Christie	Lowry	Valanciunas
Davis	McGrady	VanVleet
DeRozan	Oakley	Williams

Philadelphia 76ers Greats

```
T M F J Y W B I M C G N V G X N V N C N N L
G R E E R A T V W C H A M B E R L A I N L N
S V V Y N L Z E K R N Q L R B T L X K W W F
I J J X K K T R K Y T D T R D T J K S L T L
N L D G V E G S H E C I V C Q Y M E J T Y W
N X K K Q R J O V L G I H H T Q Y O J Y G B
I K F L D M R N T K D B J B W A N H X T N V
G B L H G V M M H R X M Z R H E Q K F T H N
C S B R L K T T G A R E E C S V M H K X D X
M C N X J Q Y Z H B P T S G X X P R B V Z
X O D I Q R B Q J K R B K F R Z K Y K R R Q G
Q L N W K M L K E A D F M A H G N I N N U C
M L I N M W Y T C N L C M N F T X Z C T W B
F I M G N N A R N L O W H L L V T O F B V C
G N R Y U Q N D G Q N L F E C Y S K J T G F
H S K X N O Q C L K F Z A N E T V F F N N X
M N N T B P D K L D Y N G M E K F D I K M N
R R T W D T G A Z M B V N L P F S V D T Y Y
R D T V R T O R L H Y L L F B M R K J G G T
F K K Q V F K N L A H O V J X E L K G R P N
R D M H M R L B E L Q C B G P S I M M O N S
J H R R E K T F R Y K R Z C M N K K Z R M K
```

Barkley	Dawkins	Kerr
Carter	Embiid	Malone
Chamberlain	Erving	McGinnis
Cheeks	Greer	Schayes
Collins	Iguodala	Simmons
Costello	Iverson	Toney
Cunningham	Jones	Walker

Indiana Pacers Greats

```
G N D C S M I T S C J R L K B L V H N D T W
M C O V M Y N N X R H W M W N Z K W W T T M
U K R S V R Y G V Y F F G G R G S C O K G V
L G Q L R Z E K V Y X N R R I M N R T L W
L H D D X E B G V N H J C N N Y D I B J Z B
I W X A L T P C N P L L T O N G R P L G B B
N Y E J L C R T N A H T B J F Z T R L L L Z
L P S Y P E L B F R R A B G L V C M H R E T
G C O D Q D D W T K S G T K E Q F N X D L R
Y C R Y N K L A E N O N T M M T V K P K H Y
X Y F Z B P Y H V Q G H M P I M U X M K R M
G W R T T L F K K I K N N R N R F R C T B Z
Y J N H F L Z Z T T S L P J G O G M N R K N
N Q A N T O N I O D A V I S S J S T O E R O
M R X R R R T T F K N W K T D I V L T P R S
W T B V H K L T S V K K E C W R A P X M C K
E T M M M T X L L F X R H E Z D M L Y J N C
S N Z B H F E T Y T J F L C I P F F M T N A
T M L H V I K M G R L J D P M H L L N M C J
C B L X L N R X D D T O C G L K Q R F Q F
H Z F A R R M N L B M Y M K M C G I N N I S
Q T D G B M N B T K J R J X E G R O E G M N
```

Antonio Davis
Brown
Dale Davis
Daniels
Fleming
Foster
George
Granger
Jackson
Lewis
McGinnis
Miller
Mullin
Oladipo
ONeal
Person
Rose
Sabonis
Smits
Turner
West

Brooklyn Nets Greats

```
M M K H X N G P G J R Y D N M J L R X Y B M
N M F T M O B D D N H M V G M Y V B W D M C
D L P P R S R J P O Y G N I V R E N G M T T
M C B Z H R M K L S F V A N H O R N H D N G
D G A R V E B N Y R L V N J P D L N M T H M
T P L R J F R K X E K F J Q Y B C M Q R M P
G M W F T F C B W D I K I D D F Y L Z R X C
M P I T L E R N T N T X F B B I R D S O N G
M T L C W J R Q Y A T X M W N Z Q W J G X F
P R L L K R T N Y L L H T K T V K L C N R Q
M V I N I R W R M T E T M T J X D F O C Z R
D C A R J N R I R I S H D W K R N T L I K B
H K M K R A N T L R K A Y G M O K R E V N T
V F S B B J R O F L W S Q K S C O M M O F D
T B O N W H L T I K I D N N W L N R A R M M
M H N P N M L F I H G A H I Y L H Q N T Y M
H G K J K N N N H L C O M A M X B B W E M R
N L Y I Z R S X R Q J L T S M G X H Z P Q D
M N C W N M R W Y W O N E C N T K Z Q N T
T R R C X G L Z J P N Z S M N M N I T R A M
T Z F H W K T M E T X W V D V P K N V L Q F
W K L M W N R Z Y Z Z W J D W W X V G G B X
```

Anderson	Gminski	Martin
Barry	Jefferson	Melchionni
Birdsong	Johnson	Petrovic
Carter	Kidd	Taylor
Coleman	King	Van Horn
Dawkins	Kittles	Williams
Erving	Lopez	Williamson

Orlando Magic Greats

```
Q X L R W K C N K F L N F V N D N T X L L Y
N Z B N J G T M M O L L T Z K T N W L L V N
C P P J W L V L L U I B F V X E N Q Q R K R
R T C W N K V R N R H Y P G L K R Y K Q G Y
P X N A C M N F M N N P Y S L Q K C N M N C
A R M S T R O N G I N M O A O P I D A L O K
L P R T B L C Z N E H N C N W Q Y K K H R T
K A V V R J E P R R K Q R G G Q A T K L B N
Y T E M U V K D W M J H T C R G D N T Z K M
U R N N W C H C G B K N R F V A M R W K C D
L R M X O L E F W E Y N R G N L D T A N I L
G W L Z X G R V F C M O T O K N N Y L H D T
O Y R R G A S K I L E S S L K Q N B H G E T
K L R L N G V F L C T R N B P F B D W H R D
R N Z C L E W I S G E E P C N W R T N A R G
U L I M Y K W T M D Y D D R V A R N M M C K
T S L X K D J T N M R N Y L W Z B Z W I C C
H F B N R W T A W H T A L O C K D R Y L N L
H L K P W O N N M K R K H L N N T L M L L X
L R Q J C A K K N B Y C L X T F D W K E K J
W F T S Y N M Q D K N I G W V K L M R R V W
T V N R T W L M K R L N Z R X B D L M R B B
```

Armstrong
Catledge
Fournier
Francis
Grant
Hardaway
Hill
Howard
Lewis
McGrady
Miller
Nelson
Nick Anderson
Oladipo
ONeal
Redick
Ryan Anderson
Scott
Skiles
Turkoglu
Vucevic

Charlotte Hornets Greats

```
Q V M W N P P L R M Z G P Y P M P L J X L X
N Y M R Z M K V A T G N I N R U O M R N N C
P L J J R N L S M C G R X L L N M N J Q D Y
W W R D D R O Y T N W V X C F R V G Y P N V
G M B C R N S N V P V A K W R R O K M L R Z
J T T F B L E X N M H W L B D M R F Q P N M
M R F L Z F U K Y X W F N L C Y M N A O P L
T G Y V Z T G N H Y L Q J O A X D Z S K F N
C U R R Y J O H N S O N D K S C Q R D F O Y
H N J T R K B J B M M D I G T R E P Y Y D X
Z N F O K R J B G V W M V M R F E P D N L G
K K N M N X Z I N C T L A B F C S D O Q G D
W T K P N E L Q O R K B C E G E W S N R X T
E J K C K L S J S J R D J L G D D K T E M H
S G C J Y P K Y K P Z K X D Y R V X V M H F
L Y X R X K C W C N G R I T A L M N F A K L
E K Z F V R K M A H A R G H D F H F K S W L
Y M K K P Y K T J W B W C K H A W N N H T C
W A L K E R G X Y Y L I V J E K V M L B P C
R Q V R C V R M G N R T W N C T Z I R U T N
L D K B M H M L M R Q K R M I N R P S R T K
Q F W T T P L M N T Z R Q H R J R B C N M F
```

Bogues	Henderson	Mourning
Bridges	Jackson	Okafor
Curry	Jefferson	Rice
Davis	Johnson	Richardson
Divac	Jones	Walker
Gill	Mashburn	Wallace
Graham	Mason	Wesley

Chicago Bulls Greats

```
W R N L K Z P Q Q Z L T K K M G K X T M K R
A B D K V T B B N G H W T N V I M D G Z Y R
L N L H N B T R R N L X N D R L F W V K R T
K H C T X H N N B O M G N R X M W W L Q M N
E P C L T P X V G R W N E Y L O K R H C M T
R J F I L M R R N T R K L N J R K G P K Q N
K L R Z R G A K K S V L N O A E M M V D N T
H K N Q X N N L M M Y T L Z V M H Z K V N Y
E N O N T K I R Q R V B K K B E D J B B T R
S L A T K Q L H A C H N D R B T O Q G V C
O H H M J J Q Y M F N M A L C K X R P Q Z
R D G G L V T M J K W V D F R E P R A H B Z
V M E X L N E P P I P R R Z Y A W Y K W B E
X A R N Q T H E U S X G O M X N P T P T L T
L C N F G D L K L C W X J O M K C K Q K T J
Z T N L F N J W L J K B N R R T K N H N D R
N V W B I N C A R T W R I G H T M I Z L M W
H W X L N E Z K X W G L Y K B W B H G W F L
P H N A D B R R T L R G M K R R V F F D R
F V O R L B K H K U K O C J E R R K D R X R
X L Y K J R R N Y M T L N O J Q Z W L B W M
S F N Y R C C B Y T D R B Y Q P W J T Q R C
```

Armstrong	Hinrich	Pippen
Boerwinkle	Jordan	Rodman
Cartwright	Kerr	Rose
Deng	Kukoc	Sloan
Gilmore	Love	Theus
Grant	Noah	Van Lier
Harper	Paxon	Walker

Detroit Pistons Greats

```
X D H M P M F Y Z L R M E C N I R P L M L L
K D X Q T N F B J L K G V B T R M N L F V W
F B Z M M N W D M K N L L I H M P M V C R L
L R B L Z B F C L I M C G T K F D L R M B G
Z L R L T C G G B W K P D N J V T D Y N X W
G L E V C U W F K L A I M B E E R T T M C R
M R P W I T N B P D A V I D S O N J D D B C
T M K R O G X L N T P T J N Y T F G H R R D
M K E T X H D O H T M K Z Q G W Q A T D B X
W L G K W L S X L T A V D Q T L M G K X Q Y
M N R L R N A D J K H G P M K I V K D K W A
F L Z N H H A N G F O K T W L T F B U T R R
D N G O K B T M I Q R W M T A K Q N M L V D
X R J B R R S D D E N Z O L T L Z Z A Z V L
R M D X G E P W U O R N N N G L L L R Q D E
C W N K C T U F J K R K K Q N F L A S K S Y
R C T N R N L L G X E F M H D L J T C A K C
Q N C T L U L N R L L S B W N T E X M E N L
L X N L N H I B M D F M R Z D G U O P R K K
B T M D N J B C L K L T Y J L Y H N R V H T
R R M Q K K N W B B B T M T J L T S L W X Q B
R V K Q Q V N K Z N J G T R I P U C K A Q T
```

Billups	Howell	Prince
Bing	Hunter	Rodman
Davidson	Johnson	Shue
Dukes	Laimbeer	Thomas
Dumars	Lanier	Tripucka
Hamilton	Mahorn	Wallace
Hill	McGuire	Yardley

Washington Wizards Greats

```
F L K M E M W Z H D N J V N P N X X N M L F
Q N Z X X N J L H S E Y A H L L R K M M B G
H N Y T H J O M R F W L W D M H Q T B L N L
C R T B V Y Q L F H J B N R C F L V A K W Z
G K L K J Z R M A T N A N L H Q N E N T T R
R R N W G J A D K M L L M N E Z B X K Z G P
B W R N R L K Z R K S K R W N V N R F N T T
T J L W O N L K C A K E D W I R U N S E L D
P W T N M C T I V P W A S P E V M R R W X D
X J E K Z V R E O R N O M O R N R M T G N R
G N M G I T H V P D K L H L M W K G S G L T
V M N F S N Y M R F N P B F L E J R A M E U
V R K B K X G I H D R T R K T B M L N K S D
V V G T M R D K J H M K J Z X B K O E X U K
C B N M M G R J R F Q M X X N E X U R N O V
R D U K E P R L L L R L L O T R V G A N H R
W F L T B E L L A M Y Y S F R G D H L O K H
R A B R L T W R K H D N T N G T V E Z S C N
Y T L B F E R L N T H Q T N M M N R K I A T
F T Y L X R R M V O Q R N L H H P Y Q M T X
R N R B T N F B J Y V D B V N B N T F A S Z
K M L H Y K P M K J O R D A N W L K N J T L
```

Arenas	Howard	Monroe
Beal	Jamison	Moses Malone
Bellamy	Jeff Malone	Stackhouse
Butler	Johnson	Strickland
Chenier	Jordan	Unseld
Dandridge	King	Wall
Hayes	Loughery	Webber

Cleveland Cavaliers Greats

```
K M Y W N T T Q W T D D M T W Y C X X H N L
P I V D F M L C X Q T I B Z Y I M K N T F Q
Z L V G V T M Q D K T R N T M E L F J K C V
V L W I L K E N S C Y R H Y M F C L T J W W
V E X N T D B K H L X B J T D L Q I I M H T
Q R Z X V R A E C T C G Z B K G N L R A T J
B D N K W Q L U H X T V B X P Q D C V P M G
M P C M G L P T G B Q T D R A B B U H F K S
H C R T W X I W C H O N E S M F V Y K T B L
M J F N K M L D V P E Y S R M Z T D X B W D
G C C R S T N X L D J R D A M J G V H R K K
N T N M Z T Y N L F E W T L K R Z D J N J S
I H R L X N L T E C H O Y Y O S X X X M E Y
V T N H K B J H S N R N W M V U G T M G N
R L J B D R A J S N O L J M N R E A A D F F
I T B L Z R T V U X N D L T K Z Q J G P B D
V Y L R P C X T R R O B L P J N N D B L W R
K F R E Q L F R F D F L V T V N G Z K I G
N A R D K E M P C D N R K D M M E C N A N W
C Z M N R N M H T Q A E T G N M M P F Q L H
P F B H F F P N M L R E W B T G T R V W F D
B N G M R X J T R K B F X W D L T K R K P Q
```

Brandon	Ilgauskas	Nance
Carr	Irving	Price
Chones	James	Russell
Daugherty	Kemp	Smith
Ehlo	Love	Wilkens
Harper	Miller	Williams
Hubbard	Mitchell	World B Free

New York Knicks Greats

```
Q K M L J L Y T T B W K H N C T L T N Z L G
N M L C K Z G Z R E I Z A R F W T P Y R G B
F I K P J M V M G T W H L P B F Y D K P L B
N G T N C S N M X R I C H A R D S O N R L N
N N T A T T P Q B X K M L K E J M P H C M X
Z K D V L R X R D M P I J D T O X L L H F P
K O Z Q T L N V E L P H N V W G R W J L B V
O P K H N O A H B W P P V G W L Y N F L R T
G V F K T F S G U Y E B R A D L E Y O R D T
T B T S R H T K S F C L X V L K B L Y M X L
L T U F L G A C S L T R L D T F H T N Y Z Y
G O H N Z K R R C K Y J A C K S O N O K L E
H H H B R L K R H Z X R L R M Y W F H G H L
L P J K R D S Y E X N Z M J T M H P T M H L
Z V Y N E A R H R R L G R Q T P X Y N G K A
N D C W F M U Q E K Z J R T D L J V A Z C O
T K I L L Y N N Y T N X E E R T T Y Y T W G
Y N G L D T N L F R I N E T E R I U G C M C
G X L B C M M U R N R R F Y L N R F Q K D H
Y P B J R X Z C N A E J J V B W K K F F T R
D B M C F L V A B R U K W L L K H F X F T V
K R N K M C G S K G G K H R H K Z P T D X W
```

Anthony
Barnett
Bradley
Braun
DeBusschere
Ewing
Frazier
Gallatin
Guerin
Houston
Jackson
King
Lucas
McAdoo
McGuire
Monroe
Oakley
Reed
Richardson
Sprewell
Starks

Atlanta Hawks Greats

```
N W M H C L X W I L K I N S W M W K F H P P
K N L N V R M G M V M N R J M A R A V I C H
J B G W O K K N K V M I R S N I L L O R H Y
V G T C Q S L C G L M C L T J Y M P H Z K L
X D N P P R N Q B W T H R L M K P Q Q C M J
R M L D H D H H E J N W L A S V N Q T K C M
N H K R Z B L N O Q T M I R W A X Z K V D B
Y T B E V D O E L J L P V L L F P P W K L M
R I Q W T L J M I V C L X P L J O N M G H B
K M H D A C N L G F K T R W V I P R M H G M
J S X M Q R N N N Y D Z D Y T E S M D G K T
M M J R X E M L O T R N H M T N N N F C Y R
M N N L W N U L M Z P F U T L K G L O P Q K
R P Q H L T T J G Q N W I O R N G L H N X H
Z Y F N Y T U W U M Q T L Y R N Y J W B O G
Z M H P O E M T A K L T R W T A V T R R J X
N D L N U A B N F J C R R L L T Y K F G G D
N T Q M N L O X K K E T Q B G L W O D Q N K
X P Y R G R R D Q T Z G B X R L R H F N G Y
R M D N O S D U H P N L N Y K D C V H C L L
B D R N Y R J D T B R I D G E S J G R G T M
Z V N F N F C C P L T K M N G D L C P P M L
```

Augmon	Johnson	Rollins
Blaylock	Laettner	Roundfield
Bridges	Malone	Smith
Crawford	Maravich	Terry
Drew	Millsap	Wilkins
Horford	Mutumbo	Willis
Hudson	Pettit	Young

Los Angeles Lakers Greats

```
Z Q Y N O X I N G G Y P Y P N C Z D C Q L N
M N R M R X L K G D Z M L W R D Z I C K R G
R L F H L H T B Q K R K C A D D J V C R Y Q
V Z T Z W V C K L L F N T Y E G L A R N N Y
T R G M K C L I K K A W C J N N D C O J T V
L V Y T T R M H R P F R I R F T O D L W G K
C V N T M C K T F D R F U L L M R R Y L T J
M O O Q R D N R L G O R Y S K T K B A T Z M
J C O G L A M J Q Z K O M V S E X N B L I W
S H R P Y T T Z R B R K G D J O S N C K P T
G M Y R E T B N L W K L N K N R E K T P R
B R B K G R R P N C M Q B M R M J E W Q K T
H N W R F J O H N S O N Q I G F L R R L T N
C H A M B E R L A I N H R K R S P G T Y R R
C H K T Y P F B F Y N V N A E B R L K L W K
L O S A G M N M T Z B N L N B F Z J G G O M
T W J H V S B T F D F T M K T W V K G R K
F N R M B I X N N I K L T M M D N J L A T T
L L N Q X B B G S K R Y R X X Y M D B P H X
L Q K M K M K H L M C N T R N C B B P Q Y T
Q J M Y Q A E L C R W E S T C W A K N N G H
L Y Q C V R N Y Z P W T N W N J D R K V R Z
```

Baylor	Goodrich	Nixon
Bryant	Green	ONeal
Chamberlain	Jabbar	Rambis
Cooper	Johnson	Scott
Divac	LaRusso	West
Fisher	Mikan	Wilkes
Gasol	Mikkelsen	Worthy

Denver Nuggets Greats

```
T L T R L C T C M L A R R Y J O N E S Q K Y
M H E T J M K L R W H W Z V Q X F C R V Z V
C Z T S K W F M J J R K R D Y K N Z Z A N D
G T P Q S K Z K V K B Q B M K T L C N N N J
J L P P R I F Q C V M H N Z C T X L S D D H
L F A H T X K E T Q D O Y G K J R E T E R T
P X R W M T B F L Q S F C C H E N L Z W M L
T Z K C S J K W Q P Y T L M L O Q E C E W C
K C N C F O R S M I T H Y L J T R V M G L R
N G B K T Y N I T J M C I Y T L N E G H X K
M F G G P W S C L J K S B N N H P R T E T K
T P Y K F K L T A W P B R G N T O F P D B T
W P M M M H D R Y M O V K O J X C M W Z M I
Y A R R U M U N N B B M R Z B R J F P K M X
H L C D C V N W O P T Y T H R M Z T K S H Z
L M I Z T Q N B H S I L G N E K O N C P O Q
Y L K R K Y Y K T M K J H T R F L T D C M N
T C O R Z Q L L N C R C V D G M G M Y U A W
K R J T F Z L V A K N N M F L C B R M L Z T
J K B I L L U P S H K K T V U F H T P V L R
D T N K P X H C K R T M N N A M I J T J Q Y
W F M R L X Y T N M P V G F R N Z L D W L Z
```

Anthony	English	Murray
Beck	Issel	Mutombo
Billups	Jokic	Rauf
Bobby Jones	Larry Jones	Simpson
Camby	Lawson	Smith
Dunn	Lever	Thompson
Ellis	Martin	Vandeweghe

Houston Rockets Greats

```
P L H V K W R Y P X G N R Z J R B D G R R V
T D G T B T J Z S E Y A H R T S M I T H M D
K H M F L Y C N G R G V J N R B O M W L M M
K H O K Z Q G Y T R R G G B L T B K T F U D
G R C R X B F N L N D G T T Z Y L H R R N R
G L B F P N N L N T H K N L M H E T P N X R
B K P Q N E C M O C B N L M A J Y H K H K L
M K X X K O H K I Y B Q K R L T Y R D L F L
Z P J V M C W V L N D R D X Z W H K R P L U
X Z T N J R O U L K G E F Y M B H P V O J A
V Z X B B N M K J R N V Z C D R N L B T H P
E L I E A N P T T A F K Y L E L P Y N V F M
M L Z J F W J Q M M L R N L Q M Q E P M C R
Q J M T R K G Q B K T O X T V V N N K K V N
K O N B A L V D P K L E N Q K O L O R M K F
T Y D J N Z K R Q L R Y H W S P X L T F L R
N E K F C N R G E D T L T P Y B G A N W Q N
B L N L I N F W Y Q M M M R T Y D M G Y F K
X K T L S L X M H W C A G P M K F X M Y M M
Z R K Y D A D X B D S P V K M T W C Y J K R
N A M B M D R D M G M C G R A D Y T Y G Z C
H B F M H R N B N I L W E N C N N J K X M Z
```

Barkley	Horry	Newlin
Drexler	Malone	Olajuwon
Elie	Maxwell	Paul
Floyd	McGrady	Sampson
Francis	Ming	Smith
Harden	Mobley	Thorpe
Hayes	Murphy	Tomjanovich

Los Angeles Clippers Greats

```
N M F L B J B L L N G D Y K B R N L R Q K N
P J Q V L T N Y W D H R B N Q L I C X T K Q
F M C J R O D X Q F A G N V J X M V K Y H Z
N T R C R C L M R K R D A Y K R A F N T W K
W K M M J G R A N T P Y M R G F J T M W N J
O M A T F W K F Q M E L F L M A N N I N G J
R N G X N Q R Y H N R E F Q T G E V M H Q H
L K L L N B Z Q R M T F U M T D B D M X T T
D W M R C X X Z K T W Z A Z N N D T Z B J I
B L K G B N P Z E L V L K A V B Z M Z N D M
F T K H R K G G I H G P R N F W K K Q T X S
R T M H K I G T T K N B X A T N A D R O J S
E N Y M L A F I K Y S B T T Y N D J T H J E
E J K T M H M F X Z T W V E V A U G H T N L
K L M D J S X F I T T G O R L W T G F B Q R
L U A P Y K K Q M N R N R K M T A G K R R A
M M T D L B V N N R K H R N T K M L T D P H
M M N G K T W H L A E C C R T A N C T G C C
N A W K G L D A M Y H K G P I L A O Z N
R G K W R C W N R D Q A M Z T J T P Z D N Y
W C V L W T T D C X M N K R L B J C Q C O Z
Q D B P H T L T W R V K G P L K N D Q G K O
```

Benjamin	Jordan	Norman
Brand	Kaman	Paul
Charles Smith	Kauffman	Piatkowski
Grant	Maggette	Randy Smith
Griffin	Manning	Vaught
Harper	McAdoo	Walton
Heard	Nater	World B Free

Utah Jazz Greats

```
R G X B T L M D R M C N R T H T I F F I R G
T C H P V F C K K N S B K R J P C V L G L Q
N M T Z R U S S E L L T U I L B H K G J H Y
L G X R J P G X B W Z K O D R W V G X D F G
V K D L P R L M V P O K C C K I V F K C R H
Z L G T E K L N Z N P J K C K J L R R M R T
D L R E X O E P N T N Q L T V T D E H L K B
P R N N B R H T Z C M X D J V Y O M N N P G
R M A V L V C D A N T L E Y L D G N F K Z N
X K T W J E T L Y E N O L A M L R A K C O B
L Q G K Y R I L B C J E F F E R S O N N D F
B P T L L A M R G M V N T K Y G K T N L D
V R R H K L H N O W Y N L E N E L D M K J C
N P L W Y N T Y B N N Y X C Y Q A N H E D R
L W H K E H D V E T L H H A F V N T F R E G
K I C C L Y R B R M V C J N P F V F O Z M R
R L W M I B Y Y T T K T F R M D M L O N P S
J L M C A V K J P W R Z T O T A H O X J E Y
M I T Z B R A W F N Z K T H L B B Q H J L T M
L A R N L N Z R K F J M F O F Z L Y G R K N
J M B H F M T H A X J B N T T Q F N T R Y G
K S R G T G K M X M H E W B C Y I M M X Q P
```

Bailey	Hayward	Korver
Boozer	Hornacek	Maravich
Dantley	Ingles	Mitchell
Eaton	Jefferson	Okur
Gobert	Jeff Malone	Russell
Green	Karl Malone	Stockton
Griffith	Kirilenko	Williams

Dallas Mavericks Greats

```
Y R K K V W K H T K W N B J R R G Q L N M P
C H I L R M D O B L G Z Y M N D X L P K B L
L D A N R K G W X G M L G F Y R V L P R H H
D R L R F P K A R W M D V C F T N O I R A M
M T K T R N M R K H S T C H N Y V N J H W R
M K L R C I O D M N L Q M A P C I T L H F C
L J F R R X S S I D B R F N R L N J E T T C
Z K C F V X K K D N M D L D N T C R R Q T I
T B L P G Y R G A L A J B L M I E T R J M C
L Y K N E E Q M Q M A P L E D K N R I T Y N
Z N Y L P J K K L H N T R D Z T P U L K O
K L N Z N C M I Y V W J O M Z T M M G L V D
R I X J A X E G M T T K V D Z I N R A B Z M
F Z R L Y R C P J N R V R V G R W C N M L T B
Z T B N N Y T R F L Q N K N V O T C V F F K
T K N Q P H P R V N L R N L T N K T X M D D
J P P L K H K R X P B N T Y B R A D L E Y T
T H Q C H R H A R P E R C E S I V A D H N P
B L R R W S Z R J R Z T M M R R K Q J H Y K
N M C W T W A D Q V F T V H J R L R D H T N
T F J N K W C N T R L B N R W X Y P J T L B
T A R P L E Y C Y D N M J B R P H K Z V D W
```

Aguirre	Donaldson	Marion
Blackman	Doncic	Nash
Bradley	Finley	Nowitzki
Carter	Harper	Perkins
Chandler	Harris	Tarpley
Dampier	Howard	Terry
Davis	Kidd	Vincent

Oklahoma City Thunder Greats

```
J X P K A K X M Y M Q V F M D L L K H D P G
N M W M G F M N O T Y A P W U H W M C K M L
D F K E M P G M K W M K M T R M M K X R N F
K I R K S G Z K B N N M T M A M D H X C N P
S J R M M T B C C N G L C K N T L R G H L M
P K Y G K N B V H V V M B O T T N E W N V E
L G H G C N R R T A I Z S M Z L M R W D J R
T X Z M H K Y T O L M N X M C W J L T I Y H
K W B R O W N B L O H B F K B D K M K N S C
T T F F Q Y D A K O K Y E B J N E D R A H S
T M B X H E N O J T M N R R C N F H R M P
Y Z N L L D H H O M Y K K M S R M M P N R
M V Z L W A T T S W N Z T B E W C R W W N L
H M I C W R N W K P Y M J K T K D M N I E G
K S F N B G B L F F M A A P N L A L M L L D
Y N Z M G F L L A X K B H L Y M N T N L L N
H F E R Z N W G K L C L K R V T I R C I A V
N Y N L B J P C A N Y M C N M K E J N A F X
D P G N U X Q R C R N V K L D L V T M H X
R T T T L R T K I K W R M X W N K H C S N K
T V F K F K Y T T B H G W K D C T R Z M Y V
L H W D Y Z Z H L M K Z T Z Q F J M C N N H
```

Allen	Haywood	Payton
Baker	Ibaka	Rule
Brown	Johnson	Schrempf
Chambers	Kemp	Sikma
Durant	Lewis	Watts
Ellis	McDaniel	Westbrook
Harden	McMillan	Williams

San Antonio Spurs Greats

```
J Z L M Z G V N B J L S L B R J D C D X N N
Y M L H T C F N L J P I E R H M H I X R R X
H H D V L L D X M L R L O H R M N M A L P P
Y F D D U K V Y C L D A N V N E Z K T W C G
M R Z M A K Z M M L N S A Z Q K K V Y K R D
K Y M V P V P M P J R M R R L Q C R H D B D
X T Z Q N M X T V M M D X G E Y X A V R V L
X N K L C R V R K E R O O M T G P M N P F B
Y R C U M M I N G S L E M M R D D L Q N R M
K F M Q K M R F C V L G Q G V I V R T I V D
T L D D K D B G Q L Y X M M V R J N G L M V
G V P U Z E K K I B B B Y C C D O Q Y I P Q
J O H N S O N O L C T R T Q M L M S T B Q G
Z Z C C X M T O M C R N N F N A C C E O N G
R M V A L T P K N O Y O L T G B H W K R G G
H F M N V E L T H J S N F P L E X P T I F H
V L C X M L R N M T Y G T Q L W Y N R G F M
R J F M W C E O R X K G J L M X N B J H N W
L R K F K W T E M N I V R E G M D V T D K X
M W N R O N B K M L M X R O B I N S O N T T
G M K B T O M K J C I J C L P R W C R N X X
J Q V C R K H H T P L G Z F Z Q J Z P R N D
```

Aldridge   Gilmore   Moore
Bowen   Ginobili   Parker
Cummings   Horry   Paultz
Diaw   Johnson   Robertson
Duncan   Kenon   Robinson
Elliott   Leonard   Rose
Gervin   Mitchell   Silas

Memphis Grizzlies Greats

```
W R T L T W K V G W Y E S O P B Z R G Y R D
R H M V R T I Q K P G R N T R T A M K U M M
I L N L E E N L N R R P P R N Q Q T H R O K
G K N V R R C Z L X W C Q M N X J T T R T V
H B Z A T K I N S I O M Z M N K R W A I S D
T P W Y X H L L J N A V Q D N A K N J E E B
W N V K L L B N L M K M H X F N T X V Y N R
T N G L T N J E B B A D S H M W M E M L K B
B Z L L O P Y K N Z G Y M B X X E N I G L C
T T C L V S P G G J M X O L P R J R L K L H
N T D C G G A L O S A G C R A M R K L C Y P
T K Z H R J R G R H X H P P L K F P E P F L
H B V M G M N N U R N K N B W J Q C R C R O
W T D N L W J C R A T W E R N T R W F J M D
L Y K W M Z F Z B Q P F L Q F Z M Z N C K N
Y T Y J T I W T M L P B L D K K X O D H F A
A T N P K N H M C H F I A Q C R S C F N X R
G M J L R Z N A L M M B R T K N K L P G H G
N C Y H K G T H R W N B T Q C T G W Y F L K
V A L A N C I U N A S Y M A J R J M X T J T
T J L X X Q Z L N R R K J V F T F W H P Q K
G J Y J J M T X F K W N V K D J V F N W Z Q
```

Allen	Jackson Jr	Posey
Arthur	Lee	Rahim
Atkins	Marc Gasol	Randolph
Battier	Mayo	Reeves
Bibby	Miller	Valanciunas
Conley	Morant	Williams
Gay	Pau Gasol	Wright

Portland Trail Blazers Greats

```
H R W X M V V L N V D N A L K C I R T S R Y
G Z N H M B Z W L L F W R K N L L K L R R N
P M F H N O S X A P G I W R M H Y H Z X T L
T R L M V F D T D T V L V K Z K R W M N Y L
C X N F L K K M Y D L L K B E Y R Y Q Q L V
Q T K T N M W Y K R R I T Z G K W A L T O N
G R A N T O L P R E F A D N D Z C R M X Z C
M Y W T N Z S E N F R M M N I R R H M G Y T
H F L R O Y L P M N D S K N R L Q K Y Y P K
Y B H G J X K T M Q G S E M D T R R R K N C
W X M V E C E Q M O Z M A Y L N Y S X O W L
T M N R F L W I N T H B L B A N T D S M F P
E T D C K Y L I R L M T T Y O O R N R V R R
H W M G T Y I Z C T N Q K J U N I B E T R C
G R D K R S L Y R K E Q D D W B I Q T V Y X
E H L J N C L N N T S P A N O K N S R N Q E
W Q G W T H A F B P Y M Z R M M P H O L C L
E G D P P O R M W J I K M K Y R V B P A U Q
D F Q D L N D R D R G F L R C M Y L L C T T
N L L R R E C H E P M T L K G L H L A T T P
A L C L T L V F F L T N B V C Q A S R K D Y
V W F Z B Y N F N T P B D B R W J P W K K V
```

Aldridge	Petrie	Strickland
Drexler	Porter	Thompson
Grant	Robinson	Vandeweghe
Kersey	Roy	Wallace
Lillard	Sabonis	Walton
Lucas	Schonely	Wicks
Paxson	Stoudamire	Williams

Minnesota Timberwolves Greats

```
K C C M N B L K X S Y J P T L F N Q M J R R
K H T A L J M R N K L J J T V M W L L V R C
B R K N S X P W V Q R Y H T T N Z F Q X K D
X L T L Z S O K W V N O S R E F F E J Z G M
F L T D H T E M I T C H E L L R Q K N U N M
L J R V P K G L X H Y P Z T R Z X J G N N M
S W L Z Q Y G C L C C B N L Q R M L Y W M N
R Z M L T V Z G P T F C T B T Q I R L T L P
G E C J N V V C A M P B E L L O U D B L Z Z
G R N Z H E X W N V R M G N T B K Q H K M M
M Z R T E N S G B O M Q W T R P G J W E S T
T T J C T R V T H V S X A A J E F M X Y D N
Y G Z L W E B T E D T D M L L K Q R E P D O
Y G P L I B A I T R C H R L R O J L V L T D
J A X E G Z L L A N O T T A Y V H Q O R F N
L R P W G Q X Y W K R V M K H I M K L T P A
C N C E I C M R K E T X I N T C K L K L W R
X E D R N N J L L N C Y C R Q I T W W V B
C T H P S R J T I L T T N M Q R M R R V P F
R T Y S M H U D F M R K O I B U R V Z K B L
B J W X N B E M C X G B T L T R N N D D F M
B B W D T R W N X Z D H X G N C Q K M T B R
```

Brandon	Laettner	Rider
Butler	Love	Rubio
Campbell	Marbury	Sprewell
Cassell	Mitchell	Szczerbiak
Garnett	Nesterovic	Towns
Gugliotta	Pekovic	West
Jefferson	Richardson	Wiggins

Phoenix Suns Greats

```
L W K W D V H V D K N P T M R Q K I D D K W
L N T T P D M Z Y C W B F L R V B B D B W E
Y M X X Z N K P L H L G K M K M N K U N L S
Y T T G L M K M W A L T B N C T T M T S T T
X M D F K N J Y Z M L L N T H C L A L Q E P
T C T M H R Y N K B L R G N P V B R D X X H
R M L S K T D M N E C T Q T F M W B C H A A
V N M M R R L B A R K L E Y Y G K U J L Y L
N A G A B Y K L R S G L Q R G R Z R J Z N R
Q F N D H T Q Y H Y G H Q T N Y P Y G M O B
K R Y A B D N C N C Q G K S N I K W A H S T
L M K B R Z V S T O U D E M I R E L R J N R
K D N T K S K X J Z P R L Z N N Z N X Q H D
E C N A N M D E G V Z T P N O M M T Z K O T
L F M C J L A A C F X N W S F Z R T K K J M
N T Q R M M D J L A M M N V D P A O C W K T
M X K T A A Z T E E N H L B S L C L X M M
H J N R V T C Z D R O R H W O M N S S K K D
P K I I K H Z Z W J L G O B H N W A M X F M
T O S G T R S H D D P E R H L J L B T K V K
N R D N V Q W A X G M A X Z M I T K M R T L
M N H J K R M F N L B V Y G S J Z X R N W Q
```

Adams	Hawkins	Nance
Barbosa	Hornacek	Nash
Barkley	Kidd	Scott
Buse	K Johnson	Silas
Chambers	Majerle	Stoudemire
Davis	Marbury	Van Arsdale
D Johnson	Marion	Westphal

Sacramento Kings Greats

```
N J Y L L K Y T W E B B E R Q T W K M H N K
C T V T B Q Y N W T T Q H B C X T H T L Z N
V T N W P M N H Z G T B I B B Y O B D K E L
Q J C V W M H T B F C Z T N Y H X F L L H M
Y Z P I R I K G G T M H T R L J X Z A W M V
N F L D V D L R D R C F R N R T V D B B L W
M G T M I O F L T T T V Z I M N S C I C F I
T B R V R D K T I T B J T N S I K K H P C L
F W A T T C L A D A Q L O P T T W D C M O L
Q C T Q F T Z Y J Y M S B T O V I L R T U I
Z S N A V E K K B O N S F G H L K E A B S A
V Y N F N T V H Z H T Z G D D R L M J N I M
N R K R X Z M X O Q R S J R W T P A Q N N S
O R G B L V D J B O L W T I K P M Q R K S O
S F K K W F T R B N B S K C N N L V Y D F N
K M N J R T B E M K E M R H S N L T T M N J
C V V N P H R N P T K T V M U B L M M L C L
A K M Q V T X F R M K R F O E D R R H K D Y
J Q W C S K N A L H Z R N H G K P Y Z R P
R X F O K H N H R K N K D T H M X X T V
N N M I L L E R N N Q H K S N O M M I S X
F Y T C H K Z T J R X L G H D F K L Q T P M
```

Archibald
Artest
Bibby
Christie
Cousins
Divac
Evans
Fox
Jackson
Johnson
Miller
Pollard
Richmond
Robertson
Simmons
Stojakovic
Theus
Tisdale
Webber
Williams
Williamson

New Orleans Pelicans Greats

```
M D Y Q K P K V R X W P R N T K I N G R A M
Z T K W G T T K K R I R N B T H G T L H M Z
N L K M T M J X V R L V F V F T O J D T J K
D D W F N T T M K Q L N P M X I T D C J L N
D L Z W P C X L Y B I Q N R N M T Q N Q N L
X X O J P Z Z N C L A Z O C N S L B G O H B
C R D X T R M R O M M C S Z L B T M M M R Y
B J C C B R V K U D S T R J E L D N A R R T
L W K C Z L W R S Y O C E R T L C K J M L D
K D E M H D K L I T N L D A H I T L W K K M
R M P S B A L X N V P M N K G V Y K K K K K
Y Q Y F T B N R S A K T A O L D H M N K N Y
N M Y N M G K D U M H X K D B U T L E R A J
F N M O R Z B L L O A A K Q Y M V X J D X Q
Z D T D F X R Y N E J S L M P J D N I T V K
F Z W R R R D Y K O R K H Q S X P L D T R M
M Y L O M J D K T M C Z L B K N O R V W P I
F X Y G J A N S N Q F T T T U H A C W Y C L
N D F Q V R W E S L E Y P C H R K V Z Z L L
Y N H I F F P R N W T D M T T L N Q E F P E
G K S W B H C L R K L S I V A D N O R A B R
Q B T Z K L P L N Q G R R R X C T Z Z V R P
```

Anderson	Evans	Randle
Anthony Davis	Gordon	Rondo
Baron Davis	Holiday	Smith
Brown	Ingram	Stojakovic
Butler	Mashburn	Wesley
Chandler	Miller	West
Cousins	Paul	Williamson

Golden State Warriors Greats

```
B R H V J D F C D N B V P M G T N N C J T T
Y D L J B N Z F H K V Y M J X M I Q W L Q F
M X L L H O L L G M F K R B Z M N Y C R
Z M G K Y M X S N I L L U M F T I P R V U K
T T T M F H Q Y R P N Y T L F G R R Q M R T
D V H X W C J C R M K P K C M R A P G R R
R Y Z T D I H X T B T J G Q J B Y L K O Y N
B K O C R R X V C M D O R M K V N G H T H H
P N T L C T F Z Z R W H P G T D B S N L K J
I W L F F H H M H T G N N V Z H T N A R U D
N G R K X Y A O K T R S Y O P D G T X G A H
F L U T D M N M M Y Y T R P S K Y K K T L B
T J R O G M K W B P B O K H N D Z Y C N O K
H X C X D B T L Q E S N T D V M R L D Q G F
U H T T B A L M G C R O N K X K B A X M N R
R Z L L J L L Z D C M L N X B M G V H M Z L
M N V N G K Z A D K T H A N G R M L U C W D
O N J Y M D V Z N M D M E I N H V L K M I M
N D C T K I L X T T J E H N N D L R Y R T R
D T T M S D T M P F R Y Q L F I Y J W Z K D
H A R D A W A Y Q G K R Y L N C A R R O L L
T F Q V K H X J S P R E W E L L Z V R C B G
```

Arizin	Floyd	Mullins
Barry	Gola	Richardson
Carroll	Green	Richmond
Chamberlain	Hardaway	Short
Curry	Iguodala	Sprewell
Davis	Johnston	Thompson
Durant	Mullin	Thurmond

NBA Player Nicknames

```
Q L T M R R E W S N A E H T R D F L A S H N
R E X F X M H K Q N E C L D M X C Y Y Z J G
M S M R M Y Z K N T M A B M A M K C A L B Y
H E P A N N X B E Y P Z Q N B K M Y B M R Z
M I L R E Q R P N M X T H E R I F L E M A N
Q D J K M R L N N Q C P Z J Z Y N L G Y H B
D K T F P O D P M K N L R G K K S Q M P G L
Z M R R T G L E I T H E J E T C C T L N D J
Q R R S K H L N H D G N X X B D F H E T C T
H R I C P N G P L T Y A M H J M M X X P L P
T P T N B J N L N Y B M W R S L P K H I H M
F Z R A A V T N T I Q L G H K L B R T N R P
Z F Y M W I D R R Y D I J J O K E S T R P B
P G E E C N F D D N D A R M C N E E N V L B
W S Q C K S M D Z Z D M L F G H D A P K V Z
V C T I P A C H H L K E K J T T D O N Y M T
K W K P N N J J J J Z H M T P R T M M N W Y
K L B Q J I K M Y M Z T L N O X G K T N F F
J N I M Z T T N K T D I X J K Q B N T K L F
P Q N S G Y I M Y R W L R J T J T Z T P N C X
M R G R J K N H W J L I X W M B L O G I B V
K P K G R Z Y M Y L A P P T N J L V B F N L
```

Air Jordan	Iceman	The Dream
Big O	King James	The Jet
Birdman	Pistol Pete	The Mailman
Black Mamba	Silk	The Rifleman
Diesel	Sleepy	Tiny
Flash	Steph	Vinsanity
Hondo	The Answer	Wilt The Stilt

Basketball Terms

```
D H N L R N P B V M F O U L V X Y B L T C B
T S I S S A N F D N U O B E R W C W O H P R
Y V H T N G T Q T L Q M X M W R K H K C C N
M N X P Q B M K M L V L R M R F S D M N Y N
J N W L H P J R L A M D K X B K M L M L U L
Z R D G T K K L R B T V L J N W J T N C C D
K T M G J Z L K T R T L T A O L N W L K L W
C R K K E Y F R F I P M B R T Y N W H K X J
M N B R B D N C B A R N H Z N T T Z Q C B T
T P X R T Z Q L D D B T K X P W K K Z H L R
Q K R T K J O L P W E H Q W F R E F R X A H E
M D H M J C Y A Q E R N W R B K A N M R L V
K Q J M K H I Z R G E T L W T M S R P G N O
K L L L N N T F A E W B P H T N T G U I K N
D Q K E T Q F N R L R R J K N B T Y N C R
D R F T V R L C W W L T Y F T T R D A G D U
K Y I P T A S W T R L E L K F B E N L D J T
Q W K B M C R J P Q K D Y T J T A L T K L Y
K W T P B K R T B K K K L O T V K P N F K L
N M V X B L P W Y P N Y F B O M N R Z M G L
X Z P N C K E G Z R Z P R R Z P N X N D Y K
B X M M R D N Y G G M M L B X T V W T V F H
```

Airball	Dribble	Layup
Alley Oop	Dunk	Paint
Assist	Fast Break	Rebound
Bank Shot	Foul	Screen
Block	Free Throw	Travel
Charging	Key	Turnover

NHL Central & West Teams

```
T G K T Y Y V M N Q Y F K H M X L H W S M L
X P V V N A V A L A N C H E M F H C E R T X
L H N T T T Z S W C R R P F X K T M N R L
V V H N L Y P K I C V W C T L R O P V J C X
T N N L B R X C L C M V M R Q Y J S E U L B
B H W T W F H U D C H G M M O B J X G T D F
J N Q G D R T D S N B B N C D T G O C M L K
P N N B N V D C E L P T X Q N P L Q T X Z S
G Q Z K H L L H N L V T T R N D R H K L K W
Z N H K G R R X A H P Z H T E V F P H W Z D
K K I C B L L F C G T M T N D P D R A Q L D
F R I N Q Z W H I D P K K V A F Z H L M H T
X Z T N T M S N R L F N R N M R K Q Q V N J
K X S K G H M V R C I F T X H C W W W Y Q W
W Q C T A S G L U G V H G P A P R R R F T G
Q G M R A N J I H J E W W L M W E Z M Q K V
J N K Q R R W T L R N M B K Y N D N W F M F
F S C N Q N S K S K R B V R P Z W N T X P Y
T P B M N X N Z B N M Y X W N C I J N M T Q
K Q Q B L U E J A C K E T S N T N Y R R Z D
Q M M T R K P Y B P K P N B J R G V Z J L F
G K S R O T A D E R P Z K X W Y S C L H K C
```

Avalanche	Golden Knights	Red Wings
Blackhawks	Hurricanes	Sharks
Blue Jackets	Kings	Stars
Blues	Lightning	Wild
Coyotes	Panthers	
Ducks	Predators	

NHL North & East Teams

```
B B V K R K H R T T B R Z S J V H H Q L M Q
T L P T C W S K Y X F J X W E X Z H B B K J
D Q N L R B E N W R Y Z T T F N N J K V W N
H T Q J B Y R L Y T A H N T L J A P K L X X
V K J R M N B C V N V N R B Q F E T H V N C
N J L N C M A L L M Y P G N T N T F O M C H
D Q F G X N S L L K K D C E G S V J Y R J K
J Z G C M P P B N S S A M U R M N V W Y S J
S L A T I P A C L E N F I V B S J I Q R R N
D M Q G V L L I M U K N F H Y M X M U Q R K
L M M D Y T V A C T S P L R B D Q K T R R W
T Y A L G E L K J G N T Y N Q K K P R L B L
T J P L D F S N D G E K E K N T M R M Z F M
Z W L G T H K M T N I G R F H D J L V L K Y
M Y E R N N Y C L L D R S N W Q G R Y B Y R
N D L L R L Q D J G A B L C K C F X L P L F
Z Y E V R L Y N Q T N P G O I L E R S M P V
R K A B Y K H N E D A N B H W B B M K W T K
M X F L X J M V Y K C I S L A N D E R S G K
X T S K P P R L J F A K G T V K T W T M T V
C B N N M P R L G R P R G X N K Q K P R N
W X K T F T Z D L H P G K R G L S T E J N F
```

Bruins	Flyers	Penguins
Canadiens	Islanders	Rangers
Canucks	Jets	Sabres
Capitals	Kraken	Senators
Devils	Maple Leafs	
Flames	Oilers	

Anaheim Ducks Greats

```
N G T H R L G M V J F M W N V H R Z Z V W X
N H L D P J I K S V E N H S I V E Y L G B R
H Z Q Q L P A R R O S L V C D Y Y Q Z M M H
M W W Y H A G R P F M Z R H C J A L K C F G
T M T W N F N R K T K A L R E J M M L F J F
V K T N K P V O G T K N K T T B R Q N Z K Y
E Y R M P T R K D E Y D G Y Q X E T N V J W
R R H V R C G P L C M N K D L H D R X K B M
D F G T O N H L L K M Q D T M B E Z T N F K
O W V M N L D N G H M L O H D N I L W T U Q
V M K O G Q Q T A M R R L M J T N P K N M Y
S H T N E M Z X M Y E Z N Z H N R K I L Q H
K V K A R K D D P Y R H C G E L P T N L M L
Y R K I R K M K A L G V N L K H Z E H X N R
M M Q L C K V M B I D K L T Y H T N R Y R L
T H K G M H R T N E V U N R C P M V R B M
L X Y O D E J B N L C K T K R L R Y T M Y R
G P M C D M N B A H A H B Q G E T Z L A F
N Y Q E M X A R C S L R Y D H C N R F R J
B X I M R L M N H M T I Z T G T M R R J V L
Y N F C E F T V R V W Y L N I H C C U R H L
S H K S P R M V K P N A W S Y K O R A L Y Z
```

Cogliano	McDonald	Ryan
Cullen	Parros	Salei
Getzlaf	Perry	Selanne
Hebert	Pronger	S Niedermayer
Kariya	Rakell	Sykora
Kunitz	R Niedermayer	Tverdovsky
Lindholm	Rucchin	Vishnevski

Arizona Coyotes Greats

```
N T Y H T N J T F J H J N M H M R N B N R T
X T C G N K R R K F L L R X N T Q W K P K I
Q N J M L R T V M L Z Q W D O A N N Y V R H
T V K Z Y M T B J F C N K B C H U R Q T X Q
W Y Z T H C E R P N I E R T Y M R P L L Q N
M Z I K S V O N A V O J G N M I C H A L E K
X R E Q C J B R P N N N N I X C G L Q F N Z
N B R N Q I T M N T V L N R C Y J M L V Y H
A N E N T P N L V H T E L D M D G M F F R X
G Y I G N G I E E Q N Q N K C O X Y N M R Z
Y D R G Z K L V O S C M R D R R X K L P M
L W B Z N J U T G R S X R R N N K R E Q F
K M N F M T B V D K D E H A P L T K I X T G
T X K T Y V I L R O G Y K K Y N R T R S F H
W Y M F H L B H X B M K L E T U N P T Y A M
Y Y D D R L A K L V A I N W B K R T P N K T
A J T X N W H W A R P T T J Q Q T F Z U P V
N L K N P C K L G H D V A L N K Z A H H K M
D J L R J L S M R N M P N M N K L C N T R T
L X R H H E G J N R X P K M X N A P T I M X
E R Q V L L V E R M E T T E L K J M T M G N
N L R H M Q X B K P D V T T R M M S P G
```

Briere	Kessel	Reinprecht
Burke	Khabibulin	Roenick
Doan	Klesla	Smith
Domi	Michalek	Tkachuk
Drake	Morris	Vermette
Hanzal	Nagy	Vrbata
Jovanovski	Numminen	Yandle

Boston Bruins Greats

```
K B W S G D Z R N N C R G Z H K Q N J G N K
T M N N H P G P D R D W R Q N I M N T J L M
N R M C V O K K M M K N X O C Q N Q D Q T L
A Z M H T N R P K M I L K J X C T L Y F V W
M N N E G N Q E M K T D E W E Z V N L L K G
H C K E L O L G K P M R D L X J K X V N T B
C V W V D R N N W Y K K L L M K N W V N F D
T V M E H E T H H V Z E K R E V T Z N K R V
I Y M R T G M Q M F T Q E V R T T G T M Y C
H Q C S H R J K B A H U F R R M O R L R L T
O W K Q O E V K R V Q J C M W K H N V A J R
N T R R R B J N L R N P H F L N L K P T T K
E B I H N R L J U B W Q C P F N N P G H Y W
E L N S T P Z O T P Q M K H M N E Z V L C D
L V T N O V B R Z L C L B V A R T N K R T J
Y N Y N N P Y L L I E R O M A R C H A N D Q
B U C Y K R S K S C H M I D T Q A Q Q H T K
M C T L W X N E Y E L W O C R K K O D Q N S
K H V F R L T R R Z X K L K Y Z A H L C P A
W T P M D B P X T P L N K L K T T B N L R R
B N N J R N P T F T L L M J E X F J Y K L R
L K X J T D T B R R W F T S G H L Q Z Q X K
```

Bergeron	Esposito	OReilly
Bourque	Hitchman	Orr
Bucyk	Krejci	Rask
Chara	Marchand	Ratelle
Cheevers	Middleton	Schmidt
Clapper	Neely	Shore
Cowley	Oates	Thornton

Buffalo Sabres Greats

```
W F D Q M V T V N M Q H L K H L V G L D Z M
Z T Y L Z W T L U A E R R E P E P T X F T M
V Q G G M K T L L D C P B G F T I V R H H N
Y D L M N R N W V K X N A V J Y C M Q F M
X G T R E P T T X W P K R R N M Q Z H N F J
Q H L B K U H C R E W A H E K L I M P E L V
R T O F Y C F B J K Z T L N Z Q H L T T L V
N R Y J W Z M L P N T Z U P O D G R L K J A
T N A Y M R R D V H R K N R H T R K F E L N
P T S Q B R D R U R Y P M Y G G R F Q R E E
K N M G H K N N F M B P Q K T E H O L M M K
Y N A Z Y U F D R H L E T K J R O V H T T W
M X R G R H N K W R R Z E E R T Y N T K M N
O T T N B C W P T E H D N L R F Y C D C L L
G G R L P Y F M I A K I Q K L B R T R Q R C
I T Y L B E N R S C A W Y L M I P C T K H Z
L K E L C R B E X T M R P T M N V T L D F T
N Y L W X D K J N W X B R M G L E N P R C J
Y N S K F N J O K M A R T I N M K E I K X T
D K U T V A F N M W R J P G K T C T P M K Z
R T O P G A J G G M Z G K K J A L N L K O D
R B H L L S C H O E N F E L D H M J J M K P
```

Andreychuk	Horton	Perreault
Briere	Housley	Pominville
Drury	LaFontaine	Ramsay
Eichel	Martin	Robert
Gare	Miller	Schoenfeld
Hasek	Mogilny	Turgeon
Hawerchuk	Peca	Vanek

Calgary Flames Greats

Bure	Kiprusoff	Otto
Conroy	MacInnis	Regehr
Fleury	McDonald	Roberts
Gaudreau	Monahan	Suter
Gilmour	Mullen	Tanguay
Giordano	Nieuwendyk	Tkachuk
Iginla	Nilsson	Vernon

Carolina Hurricanes Greats

```
M H W W L L R H M N M N E N I A V A R E T X
W R H L N H C L C J N F V Q G W Y C O L E Q
K T H W H I T N E Y T J N R L R Q X C H L J
D G C L N E N I K O J N T M B G U K Z L N C
V R R N B P L X K K T M N C N A M K T M L K
F L A Z H L H P D L V V X L E W B T M H M M
M B Z W B X N F M G X J M M D L V M N F B M
Z T K X N C H E Y G N W I V F H R T P J T Z
T K D L D O D R N R F R I D N X F R N K B B
H Y R T B K R P X A P F N L T L U F X H D F
R G A T N V W A K X P T K G L O F V B L H R
B D W M F M J W A L X A Z Y M I W A M R V A
M R M Y G S K I N N E R K A Y Y A D U N L N
P X A J M Q Z R S O R K D Y L C K M B L W C
Y M C C V Y H T D H L N D P V S K M S K K I
T L W L G J I P K A I R Z Y N B L L K T H S
V X C Z F L Y X Q R T C Y E Y M Y A T H L P
N K J N L D F L B G N E J L Z T S V V N I M
D M T M T Z T P F M L G I L J G T R N I E R
H T A P D F W N F S Q R C E R N A J K L N C
D N Q Q Z N C M E R B Y R R F N A R L K O R
V D G K T B F W L E M M Q K X M L W P R X F
```

Aaron Ward	Irbe	Staal
Aho	Jokinen	Stillman
BrindAmour	Kapanen	Teravainen
Cam Ward	ONeil	Wesley
Cole	Primeau	Whitney
Faulk	Skinner	Williams
Francis	Slavin	Yelle

Chicago Blackhawks Greats

```
M L K R H H J K K N Y L J K D L F T R N P
C K Z L A T T Y J D N Z M V C J J T K L R W
D M K P L I R P R Q L W C H E L I O S U Q X
Y F M N L E D W P M K F Z L G C L N O R D N
F X J W C K N M H K L T N T T N V F K Y T L
L S L R H R D L A R M E R I R G L Q L R V R
M G E L L U H S I N N E D C P E Q G N P H K
F K R C G Q X M Y M B W G M B P D R N F C C
Z M K M O P F S A V A R D V R L A N M I T K
K E K C A R B H F B D C K L B T L P N K L H
Q T N W N G D Y A R R U M T K C F E B T C P
R N R W Y R N V K V N Y A R R T O O N T N X
Z O M X T T H U R B Y Q R L T R B L X R L M
W M V Q F N N R S Q T D T Y M B M T X J Z L
P A H X L E L X M O D E I J Y H B K Q Z K T
K P K C N T S L H Z N X N H P T M L M M W M
M R N C R N E P M Q Q G U A R R L I J H I K
P M F N J M T J O Y K L Z Q K O K F G T L H
N H T T N T O Q W S L R K P R I D Q C T S N
Y Z L G T M L L X B I B B O T T Z R H D O X
Z K H N D R I M Q D K T K A W F D R T P N R
W Q N H C K P D T N Q M O F N Z Y Q T R K K
```

Amonte	Kane	Murray
Belfour	Keith	Pappin
Bobby Hull	Koroll	Pilote
Chelios	Larmer	Roenick
Dennis Hull	Magnuson	Savard
Esposito	Martin	Secord
Hall	Mikita	Wilson

Colorado Avalanche Greats

```
V N R Q X L F D P N J C W K R X F H L R R Z
Y N B P F L L M J V R K Z K H Y P N W Q K
E L K Z K N N P P T F D K N R T V L T Z L
L A K T R V M Y J D S T A S T N Y N N L L L
L N Z G N N R B K L F J N X B H Q Z X M N C
E D F H S N I L O Z O E B K R K Z G W N I L
L E E T O O F X Z X M K D I N R N P Y K E X
K S N P L N C N F A R R Y Q C Y Z R A M Z K
M K T Y R B L A K E U N G J D C T S I C R K
C O N A T T K F I R K O N N E R I E Y B Q N
C G J Y N W H R Y L M S L T A G U R M K N L
X K B B T G R M Z X B A M Z D X M W R B P M
V H C K O A U P N M Z N K T M K R G N N V Z
B W G V B U N A Q T X R M Z A W B N T K L H
P H G R R N R V Y M Y A J F R R Z N T R V K
V Y T H E Z Y Q K H O L X L S R D K E A N E
D G Y F K B Y R U C R P R W H Z J Z H E K D
B Y L J U K S Y F E L M N K N T T F D T Q Y
R K H K D L Q R W M T G V N R M Q J M D M Q
T M H L J J G C O Y K P K K Y U W L B Q R X
J C L G E J G V N F V M M T J Y P R R N V R
M K C X H J M T W V M X R R R B T P N G K M
```

Arnason	Forsberg	Ozolinsh
Barrie	Hejduk	Ricci
Blake	Kamensky	Roy
Bourque	Keane	Sakic
Deadmarsh	Krupp	Stastny
Drury	Landeskog	Tanguay
Foote	Lemieux	Yelle

Columbus Blue Jackets Greats

```
G G B V H Y N V J H K A K T Z B H Z Q H C N
Z J N C V J B O L L D G M T M R K M F K F D
H K W T P H S A N J J J V M G J Q H Y T M C
K M O J H T F R E U K F L W T K G K C K H R
Y M L N D N M H L Y M K N X Y R S N G R C R
N G R R G B B B M T G B V B K V T W J K P W
C R Y E N I V R C W B T E D O L M P M N W
P C J T V L L B A F R X R R T M G L M F J L
W T L O B M V O T S N G B N G H M N C G Q L
H R W O H Y W R F L S O X L I E K N V W H K
D T L F V A B N D D B A V Z Z R R M L X L V
R Z C V R Y N M T N K J R N B G A T W E R Y
A Q N T L L V S J O B Z D D R Y M N S T E K
V L K K V J K L E S K K H P Z M P L A L V J
A J J V S I L L I N G E R T T V A B L P Y O
S V V G N C Y G Y I C P P K L K B E N K B N
M K N V F H K D M K A P G W R B H X F L O E
T P R Q K M K N K T L Y R K Z S X G X D S R
Z R L L C M N Z R A V L G B X Y N N E N N M
P P H N K G M P T T E S R O D R M N Q G Y N
D K R L C J E N N E R K Q B Q W I M W Y L J
N F R M R T L Q B K T B H N N S K R X R G M
```

Atkinson	Foligno	Nash
Bobrovsky	Foote	Panarin
Boll	Hejda	Savard
Brassard	Jenner	Shelley
Calvert	Johansen	Sillinger
Denis	Jones	Umberger
Dorsett	Klesla	Vyborny

Dallas Stars Greats

```
L D J F K M V B J X V Q D P V N B L N M R M
C B N K M B M L N T B R J F T Q P V Y D X H
J X X R W H F P K H U L Q B T H P W K N N N
W R E H C T A H D Q K R H T X R C M G Q N R
Y K Y D N E W U E I N J C T B E N N C C L R
K H T D Y R L V Y M R L B O C G B F A N F R
M R X Q D E D X D D R L M R O F W L R N N V
Q U V M K N Z F X J R T H L O Y L Y B L N N
M O D S V N R K L U D W I G P T M D O N I P
P F T G D U V B C R L G M R P L E T N Q U T
H L G W L R N D K C O Y N A L B Z N N X G X
Y E T M Z B A K T S Y D O R T B H R E Z E R
K B M Q R N K H K T M F R D N V S X A U S Q
K T V K M E K I C M Y M N L L W I B U B R Y
R L N L C G G D N I O M D G O J H C N O J Q
R R L H M N P L J R R X J L C B K E H V B D
T L K U G A J R R M Q C L Y N Y N J N U Q L
V M W C H L C O T O R E Q X P I H J T B K H
G M J V M W W Y N D B N V J T C G L R K T G
K T T P F T C M T A T Y G H M C T K Q I M Z
H K B W K Y G M M N J L E V N M P H M X Z F
Y G M K Y W F D F O N L C V J T Z S N T K R
```

Belfour	Hull	Nieuwendyk
Bellows	Langenbrunner	Richards
Benn	Lehtinen	Seguin
Broten	Ludwig	Smith
Carbonneau	Matvichuk	Sydor
Goligoski	Modano	Turco
Hatcher	Morrow	Zubov

Detroit Red Wings Greats

```
R D J N X R N N P L H R K Q R R G Y Q L V F
V X J V R T G N L M B F F Z B L J L K M T Q
G L V K K B L K F H B Y Q G R W Y H R R J N
Q Z V L Z Z G R E D D V H G T D J L F N O N
G B D F T M C T D L L O M Q N Z M Q L S Q L
L K T E M N H K O J N N L T K T P R R E B K
M I Y S L M N G R R N O J E W O H A J Y K L
L N N Q O V R K O B F I W K U L L M A N X E
P P K D W V E H V T H R M G L M L Q O W C B
P M U P S K O C T P D A T S Y U K S H M T A
M Q H Z G A N N C R X L S T F R G B N M H R
R T C E K O Y L O H V O N R Q O X T H R L F
K L W T M G B Y C R I N Y K O R B C M J N D
R Z A T K R N R Z L P O V D Y F M V H A C F
M C S E Q O V M E E T R E B O R P N H T N R
G C T R T D L H H J R N L B T F R A N F R V
Q M N B L N C N C J M M T D K D N K E L V K
M P M E K I N H K R H P A Q Z A L T M G H H
D V L R R C L C G L G W B M N H L I H R R N M
R G Q G L K H V T F L L T S V S G N G G J Q
G M Q Q N B X J M T K Q O K Y D L W X Y
L I D S T R O M Z M R M Z V Z V R Z K H Z K
```

Abel	Kelly	Probert
Chelios	Larionov	Pronovost
Datsyuk	Larson	Sawchuk
Delvecchio	Lidstrom	Shanahan
Fedorov	Lindsay	Ullman
Fetisov	Ogrodnick	Yzerman
Howe	Osgood	Zetterberg

Edmonton Oilers Greats

```
T M N N J X C C R X N P F T R E I S S E M G
Y P M M H H C R M Q W C K D K M K N N R R Z
C P M N N P W W N I R E U G C M M O W F Z C
Z J V M C M V E G M Q M Q L K M S Y N X B M
Z R H C N K Z I L L K N H M C P W V O D G C
T C Z F N R K G H V X W F D M R P F S F L D
J N K B J T B H R G J D A I Q T Z M R U N K
L L K C Q F J T F Z Y V S Y N Z Q M E H R W
L X Y N M Q T Y N M I L W C N P B L D R E G
M M K J O S E P H D R O H T C F P N N D G J
V K S N K C J P R Z Y W W K Z J R L A R N L
T K M K T H F T K E G E M P U N L N W L O B
B M E C F N G T F H B O B V G R C P V V R T
T B H M Y G L F W X Q P O E Z N R V L P F
P X T T M N O P F V V Q G M R N T I Y L N C
G B M K I C P M N Z D R D Y N L T M T N A P
K Q H L R K J K C X E B D W L H E T W B L H
S M Y T H M K P R T N D Y L N T Z N Q H V Y
R R D G R L N A Z G U Q D D R A I S A I T L
R J T B C H C K N H R Z T R M G W X Q N K
P P Q L L F Y R T E D T R J Q B N C F G T V
M Q M T P K N M C C N D M M K M L X L Q T G
```

Anderson	Hall	Messier
Coffey	Hemsky	Moog
Draisaitl	Huddy	Pronger
Eberle	Joseph	Simpson
Fuhr	Kurri	Smyth
Gretzky	Lowe	Tikkanen
Guerin	McDavid	Weight

Florida Panthers Greats

```
X Q V N T Z C N K O Z L O V R X L N B R T C
P C O R E Y A M R E D E I N K E H L D F B G
K L K Y L B K Q T Q D K R N X K F T M W R M
F V R W N X K Z D L T Y N H C B R Z N R F T
N K A J E R N L R H K T O E L L K M W W N R
X L B W V I W B P Q K F H L R A Z K F N G X
V N D G W L S R X D F C K D F D U T T V Y Q
A K G K W F T S D M O Z T D F V H S L N J B
L T L R C V Q R A R T B J N W D J V J F T T
H G V N K T M N T G V R K J L Y M R C J D X
E R B R M N U K M K M G X Q U R G N T D M F
V Q M D N K M A H T T A M R O N T J M W W N
S T C T N G V T E T Q J W D N T T E T P E Y
Y M F J Q A O G J D N N N R G T L Z N W G
M W J F R O L N O T R O H G O L B N I N H K
T Q B J B R F D J N H E Q G A C W K K Q I R
Z L G U Z Z T Z U K T J B N R R O W X R T Z
Z R T K R Z X N R R T K B U P J N C B L N L
N C J N W E L K C T K Y J K H K D C L Z E J
X C D L K W G F L P Y S M N L R Z T G H Y V
G L Y K V A N B I E S B R O U C K J G T R L
Z V V G B O U W M E E S T E R N N Q C Y M R
```

Barkov	Huberdeau	Niedermayer
Booth	Jagr	Skrudland
Bouwmeester	Jokinen	Svehla
Bure	Kozlov	Trocheck
Ekblad	Laus	Vanbiesbrouck
Hoffman	Luongo	Weiss
Horton	Mellanby	Whitney

Los Angeles Kings Greats

```
X R T Z T G V R T K M Y M N B V L F X W P B
Q H T D Q Y R D G W N F N H Z K A X K A R T
R V V N W D T O Q W H C N T L K J C L H C R
R W D W P B D U M K W V R K K W X F H K D F
Y E G I M B Y G M D K D H F N M F L R O K G
X M L L O D B H M P C Z T L Q Y U E J P N W
J T M L N N N T Q Q H Y N B T E M R T Z T R
N R M I I N N Y K C K R R J K M D L P B C N
I W O A R A B E K H A R C A I M N N Z H H L
C M R M Y M T N W T D M L S L C M F R W Y J
H J T S J C X I I X H B M J N X O K X Q X Q
O Z S Z W T M P B T B L P D L X K V G H Y J
L Y D R K M O J H O L D G F L K X F M C E H
L W N P R K F G N I R O G D R R N T Y D D H
S K A K H L L K J G T A Y L O R H N N V U Y
K D S X L R J C D F T Q M Y Y P T W P Y R R
H T C L K G R G P K T T N M K L V N M W H Y
K N M Y D B R O W N F Z T R D Z Q N C R T E
G T Z W V Q H Q R M K H Q L C M T C Q T R B
M C S O R L E Y G N T G G R L M J E G L H Z
T Q F V K K K W L Y R D C L Z M C P N W R N K M
W Y T D K C I U Q J Y K M M Q Y Y P K G L D
```

Berry	Gretzky	Quick
Blake	Hrudey	Robitaille
Brown	Kopitar	Sandstrom
Dionne	McSorley	Simmer
Doughty	Murphy	Taylor
Fox	Nicholls	Vachon
Goring	Palffy	Williams

Minnesota Wild Greats


```
P D K N M W G B K H F B L V R N D B M X N G
X N F H I K J R K M T K Q M H J J D D L B R
K R B L V E X N Z V W F X L R N M T F X X M
I F P W M M D N B T Z A B K G W L P R N W G
R K L L O K Q E L B W B L W K M O R M G Y K
O Q D W R Z M L R N W N C Z R M Q M J Y Z N
B Q Z Y T N V X C R Q L L N I V N P N H D R
A V R M S L Y K T Y E R M N C K B R M D L L
G T R R K J F Z R L K I V K Y N B U D T N Z
G B J R C M P K T X G I T P V N V L T K K B
P B R M A M L X G L L Y C E T K O I V U D R
F U W U B N J T F L U L J P R M B R O D I N
W R F H N K R W E R W H K R T J C N K R R C
N N G K N E J G L J W B C R M D H Z D N D H
O S J V M T T K P T M Z Y S R L Q N R R B L
E P L N Q Z K T K L P F P R K X U Q A Z Q C
G B G T P N M J E L A D P M Y L L A C U H L
R H A N F N Q R R L R R R F N L G O T C M L
U K F B H T B D A D I Y C A B O Y C R K T W
P T C W M T D A B Q S V R J O L J T B E L X
S U T E R U T K M T E G L B E Z N R H R L Z
C W M Y M S D K K Y Y B K N O T S L O R V M
```

Backstrom	Dumba	Rolston
Boogaard	Gaborik	Schultz
Brodin	Granlund	Spurgeon
Brunette	Koivu	Staal
Burns	Niederreiter	Suter
Coyle	Parise	Walz
Dubnyk	Pominville	Zucker

Montreal Canadiens Greats

```
B J C M J Y M T L X X X N C G D B N L P T R
Q M K A B K X G M A H O V L I C H Y F J K J
N O M U X F D R A H C I R Y R N E H L N Z B
D R D R N Z Z B B K R J L D R Y D E N Z X L
N E J I N T J M K R K H E T L Z M G H X D F
Y N T C V Q W N V F R D U T F N P D B X K M
Q Z B E F V X N R N K A R K O M H D X K K T
N L L R F G X R Z O P L E K K S H L H K Q R
R W V I F N C K L L D P V V K N J C Q F E G
U X L C K Q G A A R B K I D I B L W Y E H
E X R H T N L N A B T K L N B R W O O R R
L J Q A C G T V D P Z W E K B O W N F J L Y
F K K R L E A B Z U Q N B N F R R F T C F C
A M Y D F S K T H R R N C C U R X N J R J
L G B O T S O V O R P N Q R O I G M X V L W
H A F T R W J V B Q N U A C O R L R N R P X
T I W J Q T L L G Y N V N N M B L L Z W N
G N P C G G X L J Y W N Z I K P K M M P H M
G E N V Y E V R A H H T R P O L M K O P M V
C Y R L K V V N F K Q H H D K K W L N O R F
W L N K Q R X T J X G T G K W F L M L Z R T
X R M L Y L R R J V E Z I N A R V F R T K E
```

Beliveau	Henry Richard	Morenz
Cournoyer	Koivu	Plante
Dryden	Lafleur	Provost
Durnan	Lalonde	Robinson
Gainey	Mahovlich	Roy
Geoffrion	Maurice Richard	Savard
Harvey	Moore	Vezina

Nashville Predators Greats

```
B X P M T T K K Y R W C F T R O T Z G Z W Y
X X W V M N R L M Y T Y J H Z R H G N C M P
Y R N A B B U S L R X F P J T P X D J V Z T
L G N N N X L R X E M L E G W A N D H C L H
E M G P L Y C D J W N C T V T B R R N L X Q
X R L Z O Q N R Q Y N T K F O L V L M R K Y
Z N A H X I Y T E K R M R G N K C V T X F X
Q H Y T K F L C J T T F M A F R O V G I L T
W C N Q F M X E M C U G K B H P F U L V W P
E D E F I W M L K V T S G T R R N I N L W Z
B T N G S Y M L E K H O L M G C M P J Y L W L
E Y O H H G R O Z L V J E Y H F B J W R M M
R R M Z E L O R T K F N N F O Q F K L C F D
K L I L R T I H L J E B N R K R K Q K N M I
R R T J O N L L M H N B S C N T M T R V G S
R I M O N B T T C Z F B M G A T Q Q P T L O
R B T E Y F N U V Z E B X Y N O N T X B D J
K E M X Q W D N T R Z L I H Y N C M L H N L
Q I L M N Q H X G B N R Z L M R G N M N T R R
R R F L N M V M F M A G V D N A Y R C R F
X O Y F R L N N K W B X H M B L R N Q R T
L D B G R E B S R O F R E T E P R J K G N M
```

Arnott	Josi	Subban
Duchene	Kariya	Suter
Ekholm	Legwand	Timonen
Erat	Peter Forsberg	Tootoo
Filip Forsberg	Poile	Trotz
Fisher	Ribeiro	Vokoun
Hartnell	Rinne	Weber

New Jersey Devils Greats

```
G M H J F L M T L B J R K V L R X P N F N G
D K D W X D C L M K G D K V K R R E D I L T
K V W N G G K W F X N N M Q U E L C E D T N
D I T X R T N V D A L F M E H I T D T H Z L
W P L M T L C K E L N Q D C A R E B L M M F
Q C N O W R Y L H P R O I S R R Q L T J K K
Y M R H H G C L R R R T H M V K L F W M K
R Y V F M A X T B B Q Z P A W E S Y L G X X
L Q G V M H K K R R Y L Y Z H K S Y M X M F
C X K L J H M J W G Q E Q L K Y M I K L T H
M V Z E M O G B F T R L G L D I K G R O Y R
U H Q V N P C B M W B N R L R K X W P A R T
L S T E V E N S H P L H W X I S U K M J P A
L R C R D T Y K P N N P K K V L E T H P K K
E J L B G T O F L O D N A P E A I Y J N N N
R W R E D T K M R P D L M D R F M N M Q K H
M G R E L O L R J Y M A T C V A E Z G R G R
W Q Q K T N K K L X W N Z K R L L F G H G
M C T Y Z R F L F T M J N E W A J M K L M R
D D L R W A G T M P K B Q L Y N Y K J R F C
G F N B D K D V R N Z L M G D K Q Y G R T D
L B R Y L I N H L M A D D E N Q O K M N N H
```

Arnott	Holik	Pandolfo
Brodeur	Lemieux	Parise
Brylin	MacLean	Rafalski
Daneyko	Madden	Richer
Driver	McKay	Stevens
Elias	Muller	Sykora
Gomez	Niedermayer	Verbeek

New York Islanders Greats

```
N G X F N R C F E N I A T N O F A L R C J B
R W X T G K V M K L Q N P K N Y S T R O M Y
L E L R X M R J E X N M F T L P G M Z R R K
F S D P F T D R L E T L L X T O K S T T V W
B T P L N L F Z J Z L A H Y F T G E B C T N
H F T E T K A Z D L C Z H M N V T R B K G T
R A R U R B W T X K K R L K J I N A N B Y G
P L M E R S Q L L L M A L L G N G N T C W
W L R F T G S G H E P B T O T M J A C L F T
O X V T L T E O N L Y G R C L V V T I X P Y
R K T Q R M U O N F L I V N R H C L R T S N
R N N E X W M S N C N B N X J V L D K S K M
O K S B F G T G L G V L L C L E X T O P F N
M C C Q R I K H T I M S W K N R B B T V J G
H Z T M W L B L K R N F N O N Y C W G Q N B
R K M L L L Z T Q M Q N T J R N B C V E Z Z
K L T H M I T K T R O T T I E R V C S N G W
X W R C H E T Y C H C L T N M H B L J Q F X
T N H L X S W C V N K Z H R V E M Z X D Y
N M G R F T D G R F L M V Z Y I R F X M N M
T N K V N T B O U R N E Z L F N K N Q W
C D N J K L Z Q L P M L D N X N J Y P N V G
```

Barzal	Lee	Smith
Bossy	Morrow	Sutter
Bourne	Nielsen	Tavares
Flatley	Nystrom	Tonelli
Gillies	Persson	Trottier
Goring	Potvin	Turgeon
LaFontaine	Resch	Westfall

New York Rangers Greats

```
T K T C B T R M M T C T V L M F M H N B K M
R H Y K P G A R T N E R G B D V M B M W Q C
P E V N P D Z M F X L X I R M G K M H L L C
C T I L C H J A G R M X L K L R I C H T E R
Z X K S Y J R M M Z K Q B R T K T T N C L V
N K Z A S K F R F L N T E T D R V P M L L A
G G R V C E Z M W L L P R M G A B N N V E N
L I B M P Z M T L Y X D T V T P T Y Z L E B
G R A D K K U E E R G Q H Q F M P V B H T I
X L M C M H W K T R D R E N H C S E R G C E
N Y R D O O Z P A X G P N L N P C N W H S S
C L V L H M Y J G T N T N R F E H F K O V B
L D X E N M I D H G D M K K L T L V T G R R
M M L I G L B N T H M J H L W U Q I R D R O
Z R T F V T Y T A M L W E K N T S A K B R U
Z V N D N T K D B T K T P D X O V X M E W C
N K D A W Y F L W K A R Q J P E L L J L R K
L J W H V R K T R N V V S S H L F F M R R
R H V W K R Q L W C I L E H R B L Q Y D B H
Q K M Y K Q X V B S R T N K Q R D M R K P M
T L L F R T T W T M X D R F Y M R W V T N R
T B W V T N K P L Z H G A N O D C M Z N M R
```

Bathgate	Gretzky	McDonagh
Esposito	Hadfield	Messier
Gartner	Howell	Park
Giacomin	Jagr	Ratelle
Gilbert	Kerr	Richter
Graves	Leetch	Tkaczuk
Greschner	Lundqvist	Vanbiesbrouck

Ottawa Senators Greats

```
K Z J D J Z M G N N G T C R V L S T O N E L
N T X Y Q C H W E O R R C M K H N Q D M P Y
R K B B Y T G M D S K H M L R N H W N R J K
P Y T B Q F J A D S M R B C H A R A V F X T
P F V N V K Z V E D B Z L Q S D P Q M D D V
L B R Q L Z X N R E F B M E K X G W C Z T K
K L N M E C V A L R B M K M P B L W C M F K
Y N T P L N D M R F K N H K A K B T Z R Z M
F T S D P T G F P L J W X S X T L F M Q Z C
P W B C K B T F D A C Y S N T Q K A R C G E
R K T W Y S N O C C T O O F R F Y B L T Z A
N R L H K C P H H Q H S P I Z T T Z Z I K C
K R N Y M B K I M D R W C S T A L V A H M H
U A E G A P G H L E K K T H V T G D M K V E
L J K Q G S L L D L K F K E B M T N Z N P H
Z B P T Y K H N C N I M W R C Q Q J K D P N
T V K M T E A I T R T H Z Q W H Y W D N M Y
Y D G T E D N L T N Y D G P C X B L G W Z G Q
O H L D E K G T P R P T K M O R C K L D N Q
R L N I B K M K A R L S S O N R N G K T K Z
K M L L K D Q N N E K P N T Y H V K V L C F
M Y L B T B T M T P H M P B C L J O J Y T L
```

Alfredsson	Heatley	Pageau
Anderson	Hoffman	Phillips
Chara	Hossa	Redden
Corvo	Karlsson	Spezza
Fisher	Lalime	Stone
Hasek	McEachern	Yashin
Havlat	Neil	York

Philadelphia Flyers Greats

```
K D T G T X Z Y D G Z T C D L M P F L F Z R
V N X I X L Q C N L Y K T N E R A P K M R N
T T G R M T T N V V G T G D Q F C N L B M N
O F M Q C O X T N B R I N D A M O U R K V P
C W R N R L N T G I B X V K V M H T L M E D
C G V K N T A E K X L T G V L P M N V M W L
H L W T D R B R N Q R U F T D R H H W R O N
E R E K J T V Q K J Y I O D W T H T Z E H C
T D G C R M J V C E H J N P H K T X V B J L
N E P R L V K Q B C J Q P Q N Q R T R R B L
D S M L F A K C C C N H V O F R Y R J A L F
Q J L W X N I E J D Z T D W K H E G L B L B
K A L M Q Y R R R R T A G G D K A H R K X T
J R M D L J J V M K L N B F G H C H L M T N
R D N R H Z D A Y B B P Q X N F L L C L L J
N I K L L K C G R L L P L E L P X U O R I G
C N N H N L V C M N F O T R I H W T X W H Y
Z S T K E P A N M H D R B M N N Q V M T V K
K R N I N L R T G R P P D N D W C B B K P P
J H S L C P M M X Y H R R G R R L H N Y T M
T H V B K R X Y L E A C H R O S C H U L T Z
T N M R T C R K M X H Q K X S D Z H R X R N
```

Barber	Hextall	Parent
Bladon	Howe	Poulin
BrindAmour	Kerr	Propp
Clarke	Leach	Recchi
Desjardins	Leclair	Schultz
Gagne	Lindros	Timonen
Giroux	MacLeish	Tocchet

Pittsburgh Penguins Greats

```
L T Q Y F M L L J F G Y Y R U E L F J R W R
L F Y D T J K K R R D N R Y M C C C N N M Q
R K J L Q J C N L B F T R L K F N O J A G R
C F K M V D Y O C N L P E Z T W Q F J W H Q
N B Z K K R S L G D W M D M R T V F R M C R
L B L R H S G F B W I L H G S Q V E K N K L
J C N V A T L P L E K Q W O K L C Y N T X R
C F F R T L L N U R Q E V H E K R T E S F W
X P R K Q N H X I J R O H B S Q A R L T Y Q
G A Q X L K M L N K N B Y O S T H B L R J R
B N T N T L E V L O L K T W E N C T U A R M
M M S X F Z K W R H P A G Y L V N R M K Y M
X J R I T F C P X M M S M P K X O N X A C V
R J F N C L P A F X X P X F S G G K Z W C K
P T E D T N R P R D L P B Q L T N Q T R J T
R U Z B L J A L T L L A T D Y Y E C H N D F
G T R T X V V R D Y Y L N D W J R V Z G F R
V Y H N N Z N N F N D L N P O Q J E M R M
R C R B U R R O W S B V E Y S C K N T N T D
N X T Y B L L P M K Q F G B L L M F M M S D
F N Y K J M L C V R L N Y Y W G N Y K K B W
D Q S A M U E L S S O N H R K G N A T E L R
```

Apps	Francis	Letang
Barrasso	Gonchar	Malkin
Burrows	Guentzel	Mullen
Carlyle	Jagr	Pronovost
Coffey	Kehoe	Samuelsson
Crosby	Kessel	Stevens
Fleury	Lemieux	Straka

San Jose Sharks Greats

```
F K G J I K L M N H S N I L O Z O C W L R R
M R J K Y K R R R F Z N W N J M N E J N W F
R L K G J J S M A R L E A U Y D N B B B H H
L F K M V Q R L T Q M L M N G R M R M X I Y
M H N H V H K C E F M J H H K J D I T H T V
V K O N K L Z M Q V V O L N E P R A G V N M
C T L J A X A Z J N A F N K R G K P C Y E G
T Q A N G N R S O T R P Y M X W B P K M Y G
N Q N M B N N R I I N D R T L P Y R K D N K
N A B T G M T A E C Y U A M Y R F X E F R L
K H B Q M O M S H T T X T M V L A Q L W B T
T L J O N R E C F S Y R L O P N L F Y N H J
T L X M K N M D M T K X N T K H L T O K K X
T I H W L O Q D M W R O L Q X N O Q B J C Z
M C F R D V V L L F I C V T O L O U M Y M Y
T C L Y T J H R L R M X D O T G N N S K G H
G I F M K D J T A R K M H Y T P X X G S M J
J R T D C D R L T W K C F N G C V T R D E D
L J R N K H M N M N E J K M V K N M W R Y N
T Y G P N N B K G E B C O U T U R E R V N H
W L R T J C W R H L K C J T D V N J N K M V
L B D N L R W C P W T M L J T H O R N T O N
```

Boyle	Hannan	Ozolinsh
Cheechoo	Irbe	Pavelski
Couture	Larionov	Ricci
Damphousse	Marleau	Sturm
Falloon	Nabokov	Thornton
Friesen	Nolan	Vlasic
Garpenlov	Norton	Whitney

St Louis Blues Greats

```
M L G H P Z V N B W P T U R G E O N L F X G
K H P N M N C F Q T M Q O S H I E W M K M M
T M M I Y R K L U N R Y M H L M N L T K N C
Z T R M E F Y F V H M T D N S M V Y L Q D W
Y M J H B T K C L L R D V E Q Z V Y T Z L E
M N G K A S R T Z M B L T F R E G N O R P I
M D Y V R U I A X Q M A L F N B Q F N H M G
N N N F C N N N N N O H Q T O K N J J G B H
T T E M L X R G N G V U L B U Z Q M M R Z T
L X L Z A Q R P E I E L P H Q Q L M Y L N T
T M L H Y J L J N R C L C V M N K D N Z Z H
D T U M P Z N M K Q A A O K N J P P K T Z C
Y T M N L Y L X L G K G M B O R M Y T Y R Y
V R T N A D P M E T K Q T S S W Q Q P B L N
X W B L G H L R G K N K E H N P V L R X T D
Y H M Z E K A W L A F P R L E Z R G N Q P Z
T R N X R V M N R R H T N D R K H C N W M V
C E W M L K T T A X R G R T E F E D E R K O
H T R B L V I F Q H C K C K B V R K M D M Q
R T C V Z M K T T L S Z X M M H K P K Y L L
W U V F E L T I U L V N T V B M M B N Q L H
B S N D C X Y X D V N Y M Y B W G T J R L N
```

Barclay Plager	Joseph	Pronger
Berenson	Luit	Shanahan
Bob Plager	MacInnis	Sutter
Demitra	Mullen	Tkachuk
Federko	Oates	Turgeon
Fuhr	Oshie	Unger
Hull	Pietrangelo	Weight

Tampa Bay Lightning Greats

```
Q V P P N H Z M F P Z C K D R C L M D Z N N
F Z O K X P W F O N K K P R W X D L B V T L
R N I Q B M M H T K W S C L M P Y X K T W H
E D N Y Z S S X V N O L J Q S T I L L M A N
I N T T M I D T D K J Y Z N W W L K R R V M
L L N R B V T R M N I L U B I B A H K Q K C
A W C H P M A A A F C H L D M K T B C N G B
V Y Q T D N T S T H R I H R R R H W N Z Y Z
A F K M H S P Y I G C E C Z F B N H N F T W
C T H R C D L P K L D I D C T R G T Y R R N
E M K Y L R T C P M E Q R X A A R R W Y M R
L K U Q L H W Z A M J V L Z N R N Y D J S Q
N H H V D G T N J X N Q S O R Z E Y W H I J
N A C M F N L F M K Z D K L Z X L A L U X X
T M Y A N Q L X B H X C M C I B O Y L E O B
N R E K N C Q T W M M P L Z Y Y N R L I L H
N L R W L I D L P X R M N R H P N W X P T N
K I D T T T B T F O R V F M J G A R M F S C
N K N J M K M U S T G R M Y M R T L K M M B
R Y A Y X F M P K M O D I N T N M L A V M Z
K C N P F P A M Y P W H A P H P U P L W T X K
T Z L B K L R M L W V R Y K N B X N L P D K
```

Andreychuk	Kubina	Puppa
Bishop	Lecavalier	Richards
Boyle	McDonagh	Stamkos
Ciccarelli	Modin	Stillman
Hamrlik	Palat	St Louis
Hedman	Point	Vasilevskiy
Khabibulin	Prospal	Wall

Toronto Maple Leafs Greats

```
R L L P K J Q L R L K P V S I T T L E R R T
Z X Q W T E N X B V K R K M Y K K U V U C L
T B D X K Q L M X A C Z D R L Z G A C O B L
C P Y X K G D L L I B Y B M L N Y E F M K H
R H F Y M C M M Y V Y R F Q I N N M B L L K
R L Z V J V T F W E F M O M T V S I X I L K
C F B J A C K S O N K Y L D N B P R W G M M
L H C I L V O H A M T A X L A R P P L N K R
A J R Y V D K J M M S K M R R X A J L Z F N
N K D G A K N W G Q Q C B Q K J B P F N K T
C G B L K D R Y M N N R T R H Y V V O C H M
Y Y R T A P R E H C A N O C N K R T L K N T
R T T T R N B O W E R F L Z D T R M X C C V
Q W R K C F O B W X T Z B J T O M K G L F H
Y K D P K N D D B Y Q W M P H T E N A K N K
X R D B X K Y M C L K J Y N N O O R L Q M E
R L Z D P V S Z T M Y J W X N R K N J N M N
F T P B Z T K U X T N T Q K T T J H G N H N
G R D G G K P N H K T K Z N S H F V G M P K E
J Y J B L K M D J M K G M M K G L V J R F T D
K C M K N K M L P H I R T R Z N Z K Z X M Y
M T K R T Q G D M L A N L F T X N L F Q L P
```

Apps	Day	Mahovlich
Armstrong	Gilmour	McDonald
Bower	Horton	Primeau
Broda	Jackson	Salming
Clancy	Kelly	Sittler
Clark	Kennedy	Sundin
Conacher	Keon	Vaive

Vancouver Canucks Greats

```
Q Q R R B G V T H E N R I K S E D I N L N G
O J L H E D L L P Q Z H J M M H M Y K Y Z F
L R D J R L D L G B C M O G Z D X Z N T J
A C H T Z G S D B Y Z H L G N K T N X N M
S S T M Y H G E W R G M V I B W I H J I Q G
P N M N C Z N K K R Y T K L R B I N D N N H
M E B Y K L N K A N Z L R N L Z Q E N C J M
Z D G J L Q E D J J F L C Y Z P S V D O J D
H N F Y W X I A N N Z N H U R L C M Z V R J
R I F C L N L A N T N Y T Q E K Z K N R M K
D L G D J G S M R P L R H I B X D N U L H O
T N Y W M L F X N E B N L U O N G O L T L
W D K M U C K X T B N A B B V R P D Q E B B
B B P N T Z T L T N D T B S M K G W D X V
D P D M V F B U R E R A M T M X M D H N H
B L Z R K X D M Z E R N R Q A R T V B E F C
J U M P V T Z J M J M T T Q D P Y M J R R B
G M R K L N M M M Y K I W L A N F G P M M Y
L Q R R L K U T P P J D W B J R Y W X P M R
Z N M X O L N N K N X G L P L L M Z J P Q
P Y L K M W P J K N Y N D N C F E F M V W T W
K K T K X N S W N R X T I K S V O N A V O J
```

Adams	Henrik Sedin	Mogilny
Bertuzzi	Jovanovski	Naslund
Bure	Kesler	Ohlund
Burrows	Linden	Ronning
Daniel Sedin	Lumme	Salo
Edler	Luongo	Smyl
Gradin	McLean	Tanti

Vegas Golden Knights Greats

```
F K P Y R N X N Z P Z C M K L T P H R K R H
F Z B L Z E N G E L L A N D Q L P H R Y R M
G M F N R W T T M B F M W N M A M H E N H V
N F P L M P B H N R K L N K C K Z A I K D R
L T R Y L L N M E H R I E I K V T U R F K K
L N T C J P O M Y O K K O U K Z L L H X K
B R W H K G S M N A D R N A R K L A A K L T
B W G D C Q E N E N E O R E M Y T H C F L L
A M W J B P K X L T L L R H A N N V M R T T
N N O R R E P M T G S N M E R L R J M H N D
C G Z K R X T Y N S R S T O N E V L T Q T I
M Z J L D F L K O M R G T R T N L I B L C M
T Z E Y P M R N P X K K H R P I M K N Q L H
U C V N L M M N R H Q L T K R S T D W G M C
C R C N I T F M S L D N C R Y B V Z K F P S
H C H D F T H L K E R F E F M I L L E R D F
J X H R R K R J T N V M F Q L Y W F N M W M
N R Q V F N K A T L U A S S E H C R A M K W
Q D W F H M K P M C F F E T D T M G C N
P W X K G W K Z K W K K P R N L N R Y B T C
Z X P N Q N V F M W N L V P J F V K C R B Z
F N L N M L M Q Q L M L L L R R W R N Z T K
```

Carrier	Martinez	Perron
Eakin	McNabb	Reaves
Engelland	Merrill	Schmidt
Fleury	Miller	Smith
Haula	Neal	Stone
Karlsson	Nosek	Theodore
Marchessault	Pacioretty	Tuch

Washington Capitals Greats

```
H M R R N C N F M J L F Y A W G N A L F D C
T X E R F G H W T M O P I V O N K A H H B D
M Y L Y K P R A G R A H C N O G K P M K M X
V R L W T U N A R H G P A N T N H H C C V N
L D I R Q T R M T R X K F N E N D T W R F B
R T M Y G T H A G T O Q L M S E F E W L H D
N T V N N B M Y M M T N L N R S R V W N M R
R Y B E F T T X K Q V A I W F P O G V R C L
F M R Q N N N X L M B K M Z U P C N X M K F
H R R H O P L T R R H R B A L F N X K O R K
K T I F S M H C E C X T E Q B T J L D R N O
P H D Y S L H B E Q D B M W K N K T W T L L
L F L R F L Y V G B C R Z M C R P L R S T Z
R H E B A B O C F L I X W M V J R X Q K F I
S K Y Y T R X X C C C G F N T J T M J C T G
T T Z K S Z N X N N C N H L P Y T J P A N R
Q Z E C U L J X P D A Q B O N D R A B B E Y
K W H V G G F L L N R R Y X T L Y B Y H X V
K D L F E J N M R G E T D Y W V M P C R B M
Y W X H U N T E R T L L P W F R B T H Z R Z
Q K V R L Z S R Z F L M L V T M A M Y K M D
G F Z L T X J P M T I F N T M H F T C Z F R
```

Backstrom	Green	Langway
Beaupre	Gustafsson	Maruk
Bondra	Hatcher	Miller
Charron	Hunter	Ovechkin
Ciccarelli	Johansson	Pivonka
Gartner	Kolzig	Ridley
Gonchar	Labre	Stevens

Winnipeg Jets Greats

```
L A D D V M R H F M L N L X M P K F N W B L
N L W V C K H Z L M E T W K H R H T F P J Q
G W B N L N Y J L E N M M D C L M T V C T D
Q G D Q Y R Z V T E J R M R Y Q G Z B D M T
C R F O Z L L S I K F T R G B L C Y F L L Y
L M T L M T T L K Q D K M V A M N D K L W E
F Y R Y K I G L T V C R N H B T M N U Z W L
T T D C M U N N W M L R A L V A Q H M D H S
L N Q T F G R K M P Z M J V C R Y W M C B U
N W J Y F D O A N P H C M L A F B K N Q T O
K Y B Q Z Q V W F Y A G E G C S D M D J G H
K G K Z G C V T M K M A R H N N X K R R C T
Z W K K N G X W R Q N L T L M T K A C H U K
R M H F X R R Q T T O R R L Y H F W F Y K V
W V C E D X Z E L Z V T E K F H R C P G X Q
N T P J E L T Y B M X S E G N D T Q F B R H
F E F L J L A V C D S M N N N O S S L I N Q
G L C I T Y E E I Y E E Z N B Y M Q C Q L G Y
M L B T F T R R N K F H A G N M L N J L T L
T E X T C Y R S N E W P L G G W H F P Y K Q
T T L L F K A N K K L B E K U H C R E W A H
B T K E L B Y K Y B W B S M L C V G M R X J
```

Babych	Hedberg	Nilsson
Byfuglien	Housley	Savard
Doan	Hull	Selanne
Domi	Ladd	Steen
Ellett	Laine	Tkachuk
Essensa	Little	Wheeler
Hawerchuk	MacLean	Zhamnov

NHL Player Nicknames

```
T K L N D T H E R O C K E T C P F M V N Q L
T P V C M N F X Z H P M H G Q Y B P C F J B
E E H K R M D K Q M V H N R D G C U J O M T
N I J T L W R Y K W W I Q T R R Z L C M M X
V P L N T D X Z X Q K V N L I M P W G D H T
M V V A E T T N H E K R H L B Q Y D Q D B P
N D M R O D G N H N A M C I G A M R E J T R
R K N T V G L T R F K B P J I V M L D R E T
Z N C M R G R O V M I B B T B N U W D X N G
G Z T X W R M M G Q J N Q G Y M Q J J V O M
V M T R H I T W N E V N N M J K R W D T T S
Y N J J R M Q O Y Q H C F I N K X A H Z A U
E T N W Z R Q L P B T T V U S J E E J C E P
K R G K F E Z Q R K M C L C H D K T W R E
C B A N L A N M M T Q K Z G T O F T G B G R
O T T D Q P X A N R L N Z N M W L L V P E M
H C W R A E M N Q E V X E I L C P P A P H A
R B R I Q R T G S Z N M N X B T P N X S T R
M D D L S Q Z Z T H E A V G W T C N J M H I
R H Q R Q T K K T C T P I C K L E S C D L O
K X M R R Z E N D O Q J M N W T G Q W P K V
M B M X M X Z R R D V N H K E L G A E E H T
```

Big Bird	Mr Goalie	The Eagle
Cementhead	Mr Hockey	The Golden Jet
Cujo	Mule	The Great One
Finnish Flash	Pickles	The King
Grim Reaper	Radar	The Rocket
Knuckles	Super Mario	Twister
Magic Man	The Dominator	Wolfman

NHL Team Nicknames

```
R T S M L M L Y Z W D T X J L R X P B F B L
G B K N V Y K C L C Q Z V T V F P Q Y R R S
G W S T E D R X F K R C F R T Z T R P W G V
O H G L G P L Z N N F I S H S T I C K S Q A
L I O N M L C V K M N R L N P Z J Q X X Q G
D T D G M F M Y C R A S S K C U N B K K W
E E T S T A C A F T E C G J D W T T C R N F
N O R K R L P C S T Q L Y R M B K X M R M
M U E L T S B N O B G Y T K K K L B P Q L
I T S F K D R N Y B L U E S H I R T S L R E
S Y E M X E E L T P L F C L F M W H G R V L
F X D R H U N V L H L K K S W O R D S V V L
I B W T L N R V R E E C R M W F K T Z R L I
T W U B S T J Z S K Q E V N L R L N Z N R V
S O L N K Y B G Q P T Y M N T L M Y Y B C H
S N I T Z Q L O R Q M Z T P F C C W G L H S
Q F M Q J O K R L R R C P Q I M N W K U T A
J W H L R Y V P F T G N M D L R Z Q F C Y M
M V Z I Z H G B G M S M L V L T E F V A R S
M P E T N T G W V J R K L K F P R P R N F T
L U C F V F B D K F V V D H W M K G V E C M
X H K M D N M N N C X N M K Q D R C J S N C
```

Avs	CBJ	Nucks
Bluenotes	Desert Dogs	Pens
Blueshirts	Fins	Smashville
Bolts	Fishsticks	Southern Stars
Canes	Fly Guys	Swords
Caps	Golden Misfits	The Empire
Cats	Les Glorieux	White Out

Hockey Terms

```
C R E A S E T U O T O O H S R T D C L Q M V
C V X G L G B N L B K X G Y L L J T H C Q B
D N W R I S T S H O T N C R L W J N K K M D
F E K M D M H M R K H G N X P N N H Q N M R
Y W L R P E N A L T Y K I L L N R V C M H N
F H L A V P B Q Z L N Z N A M S E N I L S K
A V Z N Y L O M W P M S A T L M L L N L U C
C N Y Q H E V W N P H M R M Q R V K B M R X
E T D P L D D D E I L E K W B T P G G Z N P
O R P S C D N P F R N L G D E O N T R D A X
F K X A G K E T E I P H T N L I N L H H M N
F B W V Q P D D L N N L N C L L L I A T D R
R K J E L N K E N R A E A D R T V T V H D R
H Z W R B H U R W A P L N Y Y T T K G R O L
Z R Z F E L L L J O H A T T C R D C T E Q G
F J O L B D P M N F H T J Y I M K E X T M D
Y P N X N F N D R K V M R C W Z F H N A L N
T N E V W R W I C Y J K K O C Q H C K K N C
X R N C Q N T I M Y V R H P H J J K L S C L
H R T H R X T C N T N K N F L S N C K B N W
T H Q L D S D H H N E T L M Y R T A R R N P
Y V R Q R Y V T M N L N L L M C K B N C M D
```

Backcheck	Netminder	Shootout
Blue Line	Odd Man Rush	Shorthanded
Crease	Open Net	Skater
Delayed Penalty	Penalty Kill	Stickhandling
Faceoff	Power Play	Wrist Shot
Hat Trick	Save	Zamboni
Linesman	Shift	Zone

Hockey Equipment

```
H V M B T M L S D A P R E D L U O H S D T R
K Z E M X F C Y Y R L Q N P D G Q N N Z F Y
K N V C R K N T G P V P W W K B N R D C K W
M M O H B P H J W O D B B G Z M L V N D V M
Y V L E Y N E R R D A R M P M K J O Z M W D
R K G S D M L D C M K L U K C W G K C Q G G
W M G T M C M K L T C C I I R O M H B K B K
K G N P K W E Q D X K H T E A D R C K Y E W
G M I R J L T G P C Z S Y L P N P X S W M R
M B H O N T X L O W Y S I F R A B T A P G R
K J C T S N X J N E T E N K R P D P M C T N
K H T E R D R K K N S T J P J D M S E L L R
T L A C N G A C A T R V L J Y O Y R I T K F
Y H C T V N O P I F B Y T P U C M G L R N L
L M B O D H Y C W R T C C T L R N T A W T H
R L B R J E K E B O F J H X R X J P O K W K
S F T C K T N R S D B G Q K C W G M G V K R
E T X C K L K X T R U L S K A T E S Q N R N
V T O X T K P L T A E C E K C M D R K P B W
O H N K X K G P R J V J F D W T T G R M R B
L Q V N J M N D K N E E P A D S Z F K L G L
G M N X C D L E I H S K C E N F X T Q Q B T
```

Blocker	Goalie Pads	Jock Cup
Catching Glove	Goalie Stick	Knee Pads
Chest Protector	Helmet	Mouthguard
Elbow Pads	Hockey Pants	Neck Shield
Gloves	Hockey Stick	Shoulder Pads
Goalie Mask	Jersey	Skates

NHL Hockey Penalties

```
R F H E L B O W I N G M K C E H C S S O R C
R H R O Z K P H I G H S T I C K I N G X N Z
D F B D L K K R O U G H I N G P T E G N V
N L X F R D Y M N M S N G X K I F Z M T C M
V F V L R X I Q G L T N N M U X G H A B F M
D J Z C C B L N A J I R P Q R K N N G X N X
Y L T N K N I S G T T B E P B Q I J F F D T
Q Z P Z H P H P O P R G G K X L G T O N C D
L H M Q P I B O Q G N G N X L H R W Y H K W
F M Q I N M F J T I N C N F L Q A D A J M W
H E L G Y W M K W I B I W I H Q H T L C D K
Q C I G E B F O D G C X E M T H C Z E M R T
C N N L X K R R G B N Z H E K I G X D J Y M
T E S K F H A R N J H K G R N G B W P N T L
N R T L T O R C I N F O R Q F K M H N V C T
C E I M B K L R P V I K O G N I R A E P S M
W F G V T Z T K P R G N L N M K B L K W D
K R A J V M M G I R H M P P I L K N B M I P
R E T Q G H F K R G T N M X Y N T N P V R N
P T O T N L M T T R I B Z C L Y G L I V R H
L N R M Q Y T J R W N M L J P B K N Q Y L N
W I P R H J R R V B G M B P N M G D D K N K
```

Biting	Elbowing	Kneeing
Boarding	Fighting	Roughing
Charging	High Sticking	Slashing
Clipping	Holding	Slew Footing
Cross Check	Hooking	Spearing
Delay Of Game	Instigator	Throwing Equip
Diving	Interference	Tripping

Hockey Slang

```
K W K J H K L K N T D R R C Z B K M N X F L
V B G L B X M L L U E B L B X G Y L Q T W C
P F Q B R X V H S Z V V T D F Y L G T N K X
M K K W Y X K T T G L A M P L I G H T E R K
W B L Q Q K E I W M D J R C X C R M N L L J
N L R D T R W T C R B T V L B N A C R P X N
P L Q F M O P C O J M W Y F R Y M X L P V R
H K F X H I T H C G K T L Y G N A W O A D W
R C V R P B Z I G L N E M N G B R Q F K T B
M I J E W Z E R J D H I V W T T O P F L V P
M T S M D C B P Y S J R M I Y D N M I D T F
Q S G L M R R G P N D F U A T G I M C J M F
M Y Z C J Y A O J T R C L W L D P N E R K P
K R A C C N T D B T S C R W Q F S T L R G Y
W E D R R H K L K I G K M B F K B U C K E T
C C Y W D B I N B N R Y Q N W R K R T N F Q
X O F K W S O C L B G W D M N R W L W B T M
R R R J B L A J L U Q W Q P N T G T P V N N
Z G Y Z W T N L W E M K J J W M N I B N I S
W J M G V F L H E O T B T Z G G L Q Y M M J
V L Z H K L T G J M N S E T U R T L E Z T R
P R E C R O F N E L R S R R B V N X M K L N
```

Apple
Biscuit
Bucket
Chiclets
Chirp
Duster
Enforcer

Flamingo
Grocery Stick
Howitzer
Lamplighter
Lumber
Office
Pipes

Sin Bin
Snow Job
Spin O Rama
Top Shelf
Turtle
Yard Sale
Zebra

Archery

```
K J M Z N F L V N P Q N R J J L M B K H H C
B Y R T C W G C T R M N O M T F X T L L Z G
M T K T C K M N R Q L F H C F V C Y R J Z R
V M A R K S M A N C L G C F M R M S Q D P
M J N C E Y E S L L U B N Z E E V G W R P M
T H U M B R I N G R X K A H L Z N L N R T F
D C X D V R W R J T W B C R F I M N N M G M
X W M X R E S I R B X R R T H L D T O L Y R
R K M H N H T J Z M A T Z C W I D B B C E F
V L W G R M M O R Z E N T H D B G N C K R
M T C H K C B T X G D E H R T A G K U R B U
G H R T C R C P R O L M W Y V T J R R F L S
C P F K A H M A Z F P R W L J S V C N H B A
F P P C A C T D V H T H Q B X E C R K Q O A
D M E C M R T D C N M F I L C M N N K U W R
N R C M M M R V Q R Y C N L Z K N L K I S C
U N J J P J N O L R S L W L I N F K H V T H
O J R K N W Z K W L P T W E L T D K Y E R E
P D L K J M F K T R L T H C L N E N K R I R
M B R R F T P G K W E H R G G B G G X R N Y
O M T K J H Q X M G G S K J I D A X Q L G Z
C A R R O W R W C G P J T W Q S M C F X P X
```

Anchor	Cable	Riser
Archer	Compound	Sights
Arrow	Fletchings	Stabilizer
Arrow Rest	Marksman	Target
Bowstring	Nock	Thumb Ring
Bracer	Quiver	Toxophilite
Bullseye	Recurve	USA Archery

Olympic Archery Greats

```
W U N D E R L E D C Q N E N I A L O K I O P
H L T N Y C J G M F T J P Q H H P T F N B P
N Z N T Y N H W F L V T C T R T V Q M W V N
I M M P L Y C R Z U M K R T T P Q M M L M N
J M M M K U A T X T L X F F N R P T L J F D
G K Y P P N C T M E M Z T B G B R T L K R M
N M P D G G M V B N N F C W K Z X H D V M R
U R O I N K H M M A U L Q D N R H K R N J N
S D L L F F J C U C W Y N R P N J E N L M B
Q L W N V W A J T Y X Q H M T L C Y L W N C
I L E F P Y N I T K T T C G Y W M H X M M N
R W L L N A J H R V M Z T Y N R F X W V J Y
M N U N U C X N S W S N L T T U Y C D J Z O
D T R J H K M G Y I E L K X T B S F M V C N
M M B H X W T B N A U A R R H K X X M R L G
D J T M Q V Q N R B M H T G X N G C T R J H
M P T Q T C I B L M C A F H X K N T Y X B O
B G L R Z N L B G Z I R M F E K M G K Z G R
H D N T A Q M R P W K J G O M R R W M F P K
Q H M V O Z Z A I L A G I R T N M N L A W F
G Y F Q Y N K Y U N G M O N K O H N C M B D
D D O N G H Y U N Q W B Q G P X M E W R Z K
```

Brule	Huish	Poikolainen
Dod	Hyek	Sung Hyun
Dong Hyun	JuanJuan	Sung Jin
Fairweather	Kyung Mo	Van Innis
Flute	Mi Jin	Wunderle
Frangilli	Nyung	Yamamoto
Galiazzo	Pace	Yong Ho

Badminton

```
J B M R H J T L U A F W P T X F R N D N F B
N H L D R C B L Q F R Y B Y M K N Z R D T Q
N T E G M L K C Q L Q Q T D S F H L Y K R V
F M V B R E K B I R D I E N V T N K Z V X L
T L R Y D A T P T P V N R A P I R G R E V O
J P E X Q R N E N K E F R H Y B M I Y L T H
M R S R T X X N U T B H K K C M Y D N B Q Y
M N K B F P P C K Q J K W C J R J Y H G C Q
T B C Y W M T I W Y C D D A Y M M L P O S N
H N I X G F L T N O N A X B R Z C F U F Z R
O K L T F L N O C A Z D R P J C P R Y N Z Y
M D F R K H T E H B N M L C L R T R M T K Q
A X G N L N L E T N K C S I Z H G P L M X P
S R V Z I T R V W M L B L R F V H Z K K J A
C F T M T O F G Q L T G P N E T B R P N R R
U H D U F Q M Q G N Z S M A S H S W F M V K
P A H K L H F P Z C V L M M J B T M K R N M
B S D F N E Y N E P R K T Y K X A B L M N
J M K Q N V X E P M D Z Q J H X D V E L W Y
R M K K B R C T T G K L E T S Z L B Z F L H
R L G M H E F L M R L K D C Y N Y Q X Q D M
B H F F P S Y V T N Y J N T F G R T C T M N
```

Backhand	Feathers	Overgrip
Badminton	Flick Serve	Racquet
Birdie	Forehand	Serve
BWF	Lets	Shuttlecock
Clear	Lifts	Smash
Court	Net	Strings
Fault	Net Kill	Thomas Cup

Biathlon

```
L E L F I R S P R I N T N E W T T K J R M Q
Y W M V Q G T S P P M B T R G R P K Q F W R
G M V B N T L S X P Z E T N A J R N I L C N
P K T I N K G E Y N L Q Q T L J M R T K P H
R X I C T K T N W H C N S L M M I Z X X G N
W K W R A X H R T R V S R Y B N J R R L X M
S R M O M B L A R R S B G B G R M Z D Z N Z
G P H S G R I H N A R K X L K J K K N L L L
T M K S N B G R M P E N A L T Y L O O P J C
N D M C I H P Y K J L N C J P V C Z F Q T F
T D M O T L U Y N M E K O L V C C E P W L M
L L L U O L R F N W B M F Z I D R R K K D B
K Y M N O Y S Y P V Z B T R R P M O P L P R
R J R T H L U M L P D L R X T E D P N M E T
T K F R S M I Q K D V G G T W Z V T R L M V
M A T Y M D T Y C B L Q N Z P T N O A O M Q
N T R E L Y T S E E R F I I J N N Y D L N N
G K P G Q B Q R X Y Y G L N T R T C Q N R E
J K M K E Q C K D K L Y S P L O P J R Z A J
Z K Y P T T M T G M L J M R K M O M B Q M H
L K V T K D S L N T L L R Y B F Q H B V N M
H B Y N X C L I C K S K A X K N M W S Z G T
```

Arm Sling	Handover Zone	Rifle
Biathlete	Harness	Shooting
Clicks	Mass Start	Shooting Mat
Clip	Penalty Loop	Skiing
Cross Country	Prone	Sprint
Firing Lane	Pursuit	Targets
Freestyle	Relay	Zero

Bicycle (BMX)

```
Y K M P O H Y N N U B Y W J T X M W D B M H
N N C Z Y Q D T N N K D H D K E Z N L J N L
X T V M B Z W Q X M M D L T R T P C D M G M
D W K H L N X Y O K P B L A T R I C K S P L
R H F Y K T Q T A E B C L D B R B G V B Y F
D E G M G M O D D T L F B G Z V I K Z P N N
N E M T Y W T I Q V S Q K R V V F K D M X I
N L L G H J S X W M T N T D N X F F F D K P
N I J I Z K R G R I N D I Y X Z L Y K L J O
N E P N C F L X P M J M B A D Q Z T L R M R
P K M A M B V N O B F P R A H J H H M E A D
N T B Z X K R K O K L K T N R C L X D L N M
H Y R L P T W Y Y G L K M P L S Y L X L U Z
K A Q Y H L Y D E R M P I R M R P R B O A G
N J L N J L N L L F D H M W X J K I F R L Y
N V K F X N F P L P W K Q A A Y B R N Z L W
C N T V P K G L A L H M V R R L G P K J B T
Z L N Z K I C L I W T T Z K K B L M N B P V
M M G R L G P A N L R V D N T B L R B B T Z
N N L N R N T E W G N M L W M Y Y R I P K F
T L B A R H O P N D F M M X D Z C W R D T L
Y R N F L R C A N C A N R L Q R Q V B L E Q
```

Alleyoop	Chainstay	Nac Nac
Backside	Drop In	Ramp
Bar Hop	Flare	Roller
Bar Spin	Grind	Tailwhip
Biff	Half Pipe	Tricks
BMX	Manual	Wall Ride
Bunny Hop	Moto Whip	Wheelie

BMX Greats

```
R Y H K Z X R B T T N L L K T Y W N L D R Q
B N Y X T V N L M N B M T R S R E H D X G Z
X A M W X H P V M K I A Y Q Z Y V J X P H T
R M L L M N K Y Z H D M R M D T T D X L S X
F F W F F G P R E T F P F R T K F Q N I E N
H F L Q D M F L K B V D F V I X R T U Y L D
G O J Y Q K I G M D U Y Q Z R M H Q Z Y A W
T H B F F C U M R Z B F M M H V Y R N R N L
K D N M H N J O E K Y K F P T N N Q D T O M
G K Z C C L M R P N K M K C W M T O M D M H
Y Z P C P R A N F P N B E S T W I C K K C A
C L M O K U K R Z T A G P N T S Y X C K R F
T C V Y J N M K E J G L H C Y D K P H A M L
V N T G T F K N R Y Q Q M F M P K K T M M Z
Q P N C B D V T O N N F T X B Z Z N N N W P
Z K F R R W B H B E V O K A G Y A J K H J B
X Q N A M K Z T I K L R L F B C M J L Z Y L
L Z Y N B B B Z Z T L M V L Z M R M X B L
L Q B M C O C G S I L W L A S X Z N D L Z L
T Z T E N Q R T O A C H L N M B N V B B K
J R X R L T X A N X O S B O R N L M R G M F
N X L W C M T D H V V X L F N O R I M N K R
```

Aitken	Haro	Miron
Alcantara	Hoffman	Mirra
Bestwick	Juarez	Morales
Buff	Kagy	Nyquist
Cranmer	Kuoppa	Osborn
Dandois	McCoy	Reynolds
Dhers	Mihelich	Robinson

Billiards

```
J N G M M H L K F E T B M Z M H E D R C Y N
Q T J R H X F E G R W D T L N T K Z M N T D
K L X N D Y J D A L L D J V E L K P M P G P
L L Z M T N I T G V B N Q P S D T L M W Y V
Q A N R M R J G Q B E L Y H L D R K T D B M
D B L M B Z T C P Z S Z D X N Q C Y H L
N T R D N B T C V N A I F D N L L O L J J Y
C H Y Z L R U K N E L S N O O K E R M R K K
Z G C Q W S B Z N G B T O H S T U C Y A L B
G I X H H T F S N K K T E R S P K Z B G I W
X E P I A P X E O V Y J T C T W T H V X T D
N M O J X L N L J L R N A T R Y R L K K C X
K N B M C D K R K T I C L M I Y M G G V T M
A R P R C A R O M V Q D S L P Q F C N K C N
E T H D T P H F J F L K S L E L Z H L W D K
R P R C N V D F D P T Z H Q S G Z K C K K X
B O L B T Y L F T D M F K N F Q P M U B T T
F C X K T A J V M T L Y D W M T P Q E M M P
T K R L L L L R Q X T F J W Y J P G R B R V Y
K E H Y C N W C X W T K I T C H E N A C X P
Q T N L H L H Z S W G T H G L H Z C L Q P Z
V S G B S L I A R Z J V K N P T K R L X W R
```

Break   Diamonds   Rails
Bridge   Eight Ball   Scratch
Carom   English   Slate
Chalk   Kitchen   Sneaky Pete
Cue Ball   Leave   Snooker
Cushion   Pockets   Solids
Cut Shot   Rack   Stripes

Billiards Greats

```
P L J M H V K D R R Z L P Z F D G N N K T T
X G F V L X M B K T M H P B H B O G J M B W
Y N I N O C S O M T M N N M Y T M M R N C
K Z S T R T L N L X E M Q W Y M P I D P W H
G R H K B T L O X L P X T A R X T N M R A R
S Y E C P R Z N L D J Y L Q M X N N M B N L
Q E R L R X A X R P H H R Q Y G E J M D L
Q G Y M L I L C R M L L N M C R G S N Z E N
Q V K E Z H P L R N N D H H E N C O F C R D
M L G E R N R A T D M G Z E L D F T M J O R
M I R B R J E C V P P A N P B L L A H C N H
S A E W X T T K Y W G L S N Y P P F Q D E Q
K H F X K M I V X N E T T S G P M A M M D C
T N E R J F S Y A A V R P G E H P T V L E E
N Z A L M N S L F N H B J L W Y M S N K D J
Y F H G Y H A H L T B H M T A V D V M Q M K
Y R C F F L L K P Q F O L F E R P G G Y K P
B J S N B V H Y L J T Q E X Q P C N X P J M
K T R Q N A P P L E T O N N B C P H F M Q C
H K J J S T R I C K L A N D I L H O E N N H
R P J V W X P T B W W Z W L K N K Z H R L X
L K D Y G M N C P Y L M Z K W N G L Q K K K
```

Alcano	Hoppe	Mosconi
Allen	Lassiter	Reyes
Appleton	Layton	Schaefer
Archer	Lee	Sigel
Fisher	Massey	Strickland
Greenleaf	Minnesota Fats	Van Boening
Hall	Mizerak	Wanderone

Bobsleigh

```
K P C K T H N R V C L R O T M R M H J Z T Y
B R A K E M A N W X F M M N W L H W D P W W
V K L Q W C T B K L E B V V G K B E T R O Y
R V M I P M L R H G L N X T W P L Q S E M Z
Q M T B N L L F A J K F J X P S R P A H A R
H K T M F E V D P N O R Z C B V Y M L S N Y
H B J N X Z Z S R U S G B O G J T F L U C F
C R W X J M R W R I K I B N N T W M A P J J
K L N R Q E R M D M N F T F J T M Y B N T K
X T Q D D R A G Z L C G X I P T K V T T L K
J G Q D C N W C L N N T S K O N W H J Z Z C
L L E N X K W C T R H R T G L N L F W L B C
H L R V B B Q N G N D Z J K K E M I M F X X
S R Y J R Q V S L I D E R C S L O B M G F S
R J V F M A S C L C G L J I F W N T R W X T
L T T F H Q B E R L Y B E J K J O B C D R A
W W D R T H C H V W M R T R X F B H M N M E
R V M H Y B L S O K Z M D P D O L F E N H
N B F T O L I P K U O Y B W K M B W G D M Z
G T T C M F L Y L B P R E C R O F G N N L B
Q X M L W B Q T D L C N G T V K M P M J H R
D N D M R L A B Y R I N T H J T N V Y Z C G
```

Ballast	Grooves	Pilot
Bobsled	Heats	Push Bar
Brakeman	Kreisel	Pusher
D Rings	Labyrinth	Sledders
FIBT	Line	Slider
Four Man	Monobob	Transition
G Force	Omega	Two Man

Bocce Ball

```
R J T Y M P N W N M H Q Q G B N R K D F J N
Q R T L Q M J W A Y N T C O P Z M H B V C G
T L V M D R Y E W N Q C G V A I N J V R V
L Z M N P R T Y O V N C Y H F T L K F X L K
M H V M D T K K P N E R V M T O B L K W R P
L D M F U T D N C V I Z M I Q B U V I Y V M
J W C O L K M C O A R C N T T C T L X N L
K V P U W K Z L N F J G C B F F Z R L M O R
M G F R O L O N B A C K B O A R D S F I Y T
M N L B B G C B Y M R E T X B N M Q N L N X
G I J A V J P O P M Y G Y M K R K J H C X E
S G G L V W L C X Q C A X N K D L S C Z Q M
I G T L W Z Q C K J I T N T V Q L K H H N V
D A C S N N J E Z C C N H A I C C O B O B H
E L Z V M T M M A N N A P H N K J P W N T T
B T V V Q R D B K R Q V Z L H G J T F L G F
O V X Q W L R X N M F D L Z M B R T R X R D
A J M C T D C B M B V A G L Y U R H M X C G
R Z D E A D B A L L Y R X P O R M D D P H H
D N X D M R D V D C K Y W T R B J Z
S Q M T M D P H D T F R T G C F M A E T N I
J N X D P X L R P A C K A B O C C E V J H X
```

Advantage	Boccino	In Team
Baci	Bowl	Jack
Backboards	Court	Lagging
Bank Shot	Dead Ball	Out Team
Bocce	Foul Line	Packabocce
Bocce Volo	Four Balls	Pallino
Boccia	Hitting	Sideboards

Bodybuilding

```
J J D M B N S R H C N K V Z N F C N R Z K K
C E P N D K B M V G R C K T C T C H Q J D J
L U L L Q M A M K F G K K R V W A I L Z X V
N Q G C S P O T T E R W U Y Y O L N S V R L
J I N T T L G S W N B N K N T R O T D B R J
R S N T T N T C P P C F F C W K R E I P R Y
V Y Z M R E N Z B H K D R Y L O I N O C N G
Q H C G S Y J R E U L H K M B U E S T T J T
P P H P V R L S V X L F Y B L T S I L C Q V
J T O N G L U T E S T K Y P D H D T E Z K P
P R Y K O L Z K L S X K I V E T Z Y D G H H
D W Z M O I D R C Z E L T N Q R F C K R R F
C Y Y A C N T H C V M L R R G L T Z W P N B
B P D J T D L I R X D Z C Z A U Y R Z H K G
H Q G E X N B T N C B K N S W I P N O N M Z
B K F V F O Q F K I T L T M U J N D J P L K
G J P T R J P P N T F T T K T M H E J H H T
J K R E H N Q T M Y Y E L D Z R M B R L N Y
Z Z A Y J S T L P X L G D C D K J D M R C P
X N Z V P J F K M S I L O B A T E M G N K R
A P W E N R Q W K V G N I T T U C N M L R M
R T R D N D V H A T R O P H Y D R W K M P C
```

Abs	Definition	Metabolism
Anaerobic	Deltoids	Muscles
Atrophy	Dropsets	Physique
Bulking Up	Glutes	Reps
Calories	Hypertrophy	Spotter
Crunches	Intensity	Trainer
Cutting	Load	Workout

Bowling

```
L F M P F G P B N Q D H K M Y N H H B F X C
S L R H L I N P J L N Z B R B M R N T F R T
H T K W N R M I L L Q D D J M N Z K U Q Q J
R L R D L T D K G G Y M L T M M R V R M W G
B M E I B B H E R G D H Y T J M M H K R K X
R C Z J K Q B V A J A X L T N K X C E L K T
K C M N M E F H K D M B G N N Q F A Y Y R B
M G N K Q C F M B F W P D V N O J O W B X K
K T L N S T S O P L A O G N U W Q R F W R F
N K S P L I T M V M M V O L A R H P C Q X K
C R R M W C R Q N K T M L D Q S K P J T H N
P L E R J W Y L D P C I R H Y J K A F E Z K
I P M T G C I N C I N N A T I M D L R N R K
C A X H T D G R K E F B X K N L B A Y N O Q
K C B N Q U G F Q K L L V K B P P L P O R M
E I K K F J G F L M D R M R V S K L H Y J G
T D L O F T I N G L O E T B M O T P J J J Y
F N Y Q C T K L L N U P G M O R M N C X R H
E A L T J Z X B V B E M R O R F Z K Q X V
N H C T E K C O P T L E B N R P V X R H C T
C N B X Y K J T Z L E L P D N L E T J T Q T
E F H X K Z Z W L Z V S Y T P F J N M J N Q
```

Approach	Gutter	Pocket
Brooklyn	Handicap	Sandbagging
Cincinnati	Hook	Sleeper
Deadwood	Lofting	Spare
Double	Open	Split
Foul Line	Picket Fence	Strike
Goal Posts	Pin Deck	Turkey

Bowling Hall of Fame

```
Z Q M J Y J B L T M G K B R K M L W F N L R
E N L B L R F F C C N X K N B R Y T K V J V
L L G H M P T Y Y W A A T F Q H A D V L R B
L K C F K L L N P Y I R M M Q N R T Z X H D
E L H Q Y B N K E K L L T L G X J J U M K R
R L W B C H H Z T Q T B T E O R R V F O G G
C B U R T O N J R J P Z H M R H Q M J R S X
W G V X R T M V A L T N P L N G N L V L V J
Q Q Y Q F G D T G G N C P P E T E W E B E R
K P N T T N E F L B K T Z W V Y L X V W Q Z
X J O X P L T J I N T J P N L Z C J P N B N
G L H T G H S Y A L E G E L H C S R Y W M W
R R T R P V U K P D F R N K R Z D D C K P M
H B N R K L H Y B E E M T K W I B Y G T T
G T A T G P K Z K B D O Y N X C P B L K R L
Q R C Z R M K Y E D T E G X K P L E L C Y Y
V L O Y N K K W V H M T R I L U T W W R X Z
Y H U T G Y K T G Z G X N S A D K F C N K T
P K T P T C K Q C Q G S K B E T V R T W C V
E K U D I P T W B C O J B F N N G L A U B T
M F R D K N V F Q N B Q Q E L B T P M T H Y
K G E P F R F T L W F N K Z H R N C M N N
```

Anthony	Duke	Petraglia
Aulby	Holman	Roth
Burton Jr	Husted	Schlegel
Carter	Kent	Soutar
Couture	Laub	Webb
Dickinson	Pedersen	Wilt
Dick Weber	Pete Weber	Zeller

Boxing

```
Z V H K X N R T N F H D W M F F V M H Z Y J
K T T Z M R L K P C V N V R T Q N G J K K Y
R M Q T Z V F B K K Q L P N C R L R F G J F
Y K J J G K O R Y N V J T M C O A L K B J Q
M L O N P R O L M Z F K L L V G K I R Q J G
D R Z O H Q T H I N Z K G E D D L D N G M G
R Y X K H W W V K G T B S T V W T J Y E X N
A K Y T L W O X M Y H D D C Q G K P F T R J
C L L Y L P R C M P T T P E K J S E P O R L
E L M G L W K N K J X F W N C E R H N V Q T
R L T H G I E W Y V A E H E G I R H J B Q P
O T R T N K T Q K T K O T D I Y S Z M A N H
C R E U X C J L C K R H U P W G S I W J L M
S G F P X Y L H Y T N J R L R X H D O H C Q
V L E P Z L Z G L G B K N Q J R J T N N T R
X F R E R P B N D L K N O C K O U T J U A V
J W E R H T W I M M B T G V N H W T L P O D
F K E C Z X R X M Q D C R T C M P N S X B X
X M N U T I P O L L L T T N C O R N E R G N
Y Y Z T N T T B T R D M I T M M N J N Y P T
R N M G W M K V H K Q L M M T M K B X M D P
K F N D D Q F T L N C D Q L C W M K D T Y B
```

Boxing	Hook	Ropes
Clinch	Jab	Rounds
Corner	Judges	Scorecard
Decision	Knockout	Spar
Footwork	Lightweight	TKO
Gloves	Referee	Trainer
Heavyweight	Ring	Uppercut

IBF Hall of Fame

```
P G B C N Z B D K H K F G P C Z K D D M Q R
L G G R T K L Z Y Z N W G Y N K K F Z R X Q
K G W K P D E A V W L P X D L C X D K F M R
M P R T N T E K M R F N B G N E K N Q K G Q
D J K R I T H L G O M W K Q T J N P N X K Q
W M G N Q T Y L A L T R Y T C O M A C H O X
Z R E L D T Q M I H Z T N Z S N N Q R L C Y
N B N T U Z D S R N O V A N Y L M L T Y N V
C O N B R W T D K B Z Y I D N C X C M V R D
F F T M A O Y X G K Z B A B L K J Q Y Y N M
R T D R N K S H X V O W J D O N A I C R A M
G K F K O S O K D R V F L M P R E I Z A R F
P G X N Z N N L Z W D E N V T T R F M Z K J
T Z K L R L R H X I S N B R Y O L R R Q N
K K L M C N K M A F L V P F T R T L L P H O
H W T Q L N T W Y E R B L I E J R J Z L W S
Y K S Q E L P L Q C H J C M N Q Y K I F Q R
K Y E M W M O Q L Q R W A Z L K C G L T Z E
D N M N I H Z R T N L N P N R R S M A H L T
K G L P S L D K L I T S C H K O H Z V J T T
Y Q O V W J H S C H M E L I N G P R F G M A
Y R H X P B M H W D G Y M V B Q V W P R K P
```

Ali	Hearns	Marciano
Benitez	Holmes	Norton
Comacho	Holyfield	Patterson
De La Hoya	Klitschko	Robinson
Duran	LaMotta	Schmeling
Foreman	Lewis	Spinks
Frazier	Liston	Tyson

Bull Riding

```
L N M F D T J T Y Q H X V N Q G L N M F X R
L L X V T J B R P T K L S L K H N V R Q A V
U N M F D R K V L C P V B C U D T I M C C N
B G Q K N G C F V A J F V N O R T V D C R P
G T X K Q L F J R E Z T G T J R M L G A P T
N C R Z O W P T P R W U P G X B E C X Y F K
I F C W C Y S O T F P M C N L M K M Z W B Z
T H N L Y K R F B B U L L F I G H T E R R D
H S E L N L L F J L X H S L C D D Y W V Y R
G T H A L Y L H T R R P P R H R L G L T K V
I R L U D P F Y Q K A G I K U R R D K J X Y
F F B Y N H V L V K N F N R T X N K E H T K
K K J L F L U C P R E L N J E P K D R O J W
V R V N V B Q N G Q R K E K C M I C D O B N
B H C X N N K Y T N A Q R K L R M R K K D X
M L G M X Z M K R E G A T E E R C H B Y R Y
W M X N Z X Z L T M R X R R R R K H N P L M
W L B P C B R E K C I K E L B U O D A L T B
S D N O C E S T H G I E R Z R G C M B P M L
M M V Z V L L J W J H H M B N N K P K M S M
K R O D E O X R F H Z Q L M M L B B F N L K
T L K P P F M T D W J B P N X C R K X F L N
```

Arena
Bullfighter
Bull Rope
Chaps
Chute
Clowns
Double Kicker

Eight Seconds
Fading
Fighting Bull
Flank Strap
Gate
Head Hunter
Hooky

Hung Up
PBR
PRCA
Reride
Rodeo
Score
Spinner

Bull Riding Hall of Fame

```
P H M G G K Z D W V J G R V W C H K M B K
M M K D Q L H W R E X V D D I K B V V G W W
M T O M P K I N S F H P W R R T G B D F K X
J G K B D C N R G F J V C E L W X H N R B T
V M Y J J B C C G E X S T R E B O R F N S H
H Y P M Y B X J W L F S B C L N N N M R P F
P Y B Z T N X Q L T U Q K Y L T D T E F B F
J L R R N W H M D C N N P N Q B X G P N G J
L X B G I Z Q F S S P V H B M J A G N U M P
R B Z T M K Q R D R F L O Z R M K Q K C J K
K M Z D T H E D Q E M Z X S H M Y B C E K T
M K U P T D Q K T V N Y G E S F M L M J V X
R T N R L T X B Z I T C D R R Q R W G K N F
J N Y U R C N K L H M E F H K Y P O P Y L T
C M O K P A G G L S M L P Y C W X A S K V N
P H D H D X Y A Z A J Y W N H H U M M T N W
S T F L M B E Y N F N L K N E L Q R L X L E
C Q Y Y Y B E L N R D C B N M S H P Y B D S
W L L Q L Y F B Y J W M A H A N S Y K N B T
F W L P R G F K R M V N P T V H Y O N K L R
P M P F T P O B R W C R F L Y N N B R P Y T
M H L R W J C F K K V M M T R L L R H T W M
```

Coffee	Kirby	Roberts
Custer	Leffew	Rossen
Flynn	Magers	Shivers
Frost	Mahan	Shoulders
Gay	Murray	Tompkins
Hedeman	Nuce	Voss
Kidd	Paul	West

Cheerleading

```
H T Q X Z M J F P K T J N V Q W L P N N H M
Z R T R O C L L H Q N R H A F C A P K V N L
W M H U M R H K X K F T R R H X I M K Q D G
D M N Q P H N E J N L Q S S C N R E B H N T
T T T J T Y H N E L L E T I T R E G M I M S
X H R Q L M L Q R R N D R T V R A A R K F N
T S P I R I T F T I L W Y Y N P G P B N O R
R T L T F K C Q T M M E T D N K S H Q V H B
E W K R B C H U Z L G E A M I D V O X Y N B
Y R Q K Z K O T G N K Q L D N M V N M V D I
L N M T W R R N W S R Y K A E D A E G H P R
F M K L P K E L A T V M H M V R N R G B D D
L E P R P T O B Q J C C D P A W R C Y B Z R
F N C V T Z G E G E L L O C Q S Z Q P P J T
K J C N K T R N Y R S N T G Y T C H I T C H
K B C N A K A N W B C P T L N M C O Z R R M
N K R L K D P X M F K D L N D O C W T Y C N
J K M X R H T C D R M B I A M M D F X K P
J L D F X V Y W W L R M H C T Z C T D Z K D
N D H C R N D F C B W V H Z M S L X D H M J
T P T C X D V P S N O P M O P C A P T A I N
K T Q Z M M M Q R T F X V L R K X Q M D P P
```

Aerial	Dance	PomPons
Basket	Flyer	Pyramid
Captain	Hand Spring	Ribbons
Cheerleader	Hitch	Routines
Choreography	Mascot	Spirit
Coach	Megaphone	Splits
College	Mount	Varsity

Cornhole

Ace	Dirty Bag	Rolly Polly
Air Mail	Grasshopper	Romanyk
Backstop	Hanger	Shucker
Clover	Honors	Slider
Cornhole	Hooker	Splitter
Corn Patty	Jumper	Whitewash
Cow Pie	Oink	Woody

Cricket

```
G Y T W T Z W M W N P D J R B C H X R C Q
K C B L D N Q V Y I R X X H F K F X F K Y L
W L T N Y M Q M B C C W T C O Y I J K V R R
M R N K R W N D G Z F K L V U N E G G C E H
G K C M L K J C C P C F E H T D L L Z Y K L
G V K M W V R D R L F Z A T P V D K P N I M
K N Y Q I F F R K T M Q T S T N E G M X R G
D N I K D O L L T U O N U R T H R X M G T N
T M G L E V F P S R L L K B C B M F W C S I
J N B L W H R F Y G L H R N T L O W V R B T
T R R B Y O N Y S B N R M G K U X W Q F W T
L B C T Y K B G T I T I M X R K T P L N T A
Z X Z L X F H N D L D C N P R M Z K P I Q B
W Q C M R N R E I Q M E J N Y R G C M V N P
R J M V H Y P L R P J W L T I R K N G T N G
E N F C N M T U R M S B L W Y L G O O G N Z
P R T M U V N Z C R E A S E R N P H H L N Y
E Q N T J W F T V G C Q P E L F T C L Z D L
E V S X H W Z F K N T J L Y Q N L Q L K Q L
K T Y K V H D C X K L W T Z N P V M M B Y X
H D K C T H B M K N O B A L L J M B C Q C P
V T U M P I R E T B M N M J L K D Q P M X R
```

Batting	Innings	Run Out
Bowler	Keeper	Spin Bowling
Crease	LBW	Striker
Fast Bowling	No Ball	Stumped
Fielder	Off Side	Umpire
Four	Out	Wicket
Googly	Run	Wide

Croquet

```
W L M N D R C G M S T A K E D O U T X C R L
I K T Q J Z N V R P D P C Y F M K V L T L R
C L Z D F R P N B N B O N U S S T R O K E B
K T E U Q O R C N O T C R K D J P T Y D Q P
E Z M C P T N G X N U W V M Y F P L J L X T
T K Y O N L Y G T B C N V B L M A L L E T Z
S B H K F W G X K V K S D X R T E U Q O R D
L M B L B F N F W R E L C A H L T X V H Y Q
P F L B N H C M J N R R V D R R E H T B Q G
T G C L V R R O I N R T G D Y U R X F D Q
R K B T A X B L U P J M M T L N Q M T G N Z
H N P K L B K Y E R T R Y O N Y O G M X A R
F K E Q H L R G G R T V T H H X R R C D H Q
K N E J U L G E F Z W N M S W X C G G C N R
M Y L A L I L N V L R M K H K R F N T D I T
K F B H N T P A L O B C P S Y T L Q V W L R
F F V G L R R A B J R L M U T B O T K F L C
J Z O F B Q B E T D E G G R Z R G L C Q A F
R U R C G E K Y H X A G F T K W I K Z N B L
T C M Y V A Y H Z M K E T G L T Y K N V N K
R R B I T M T T C L C P D W R Q L O E K H M
Q M L S K Y W K W B Z Q L M R P N C L R F J
```

Ball In Hand   Dead Ball   Roquet
Baulk Lines   Golf Croquet   Rover Ball
Bonus Stroke   Live Ball   Rush Shot
Boundary   Mallet   Stake
Break   Off Court   Staked Out
Cannon   Peel   Striker
Croquet   Pegging Out   Wickets

Curling

```
K K V R N G R N Y C E T T M G T J B X M C Z
H I T N B V F R F R G S T F M R A Q G M P C
N D L Z D L P J R Q R V I Q M T L K V L O T
T C C Z C H R X N K M J V A W X R Z E U B Q
Q Q W C M K O Y W C L V R J R H M F N O R Y
L R X Q K B Y G R W V T H F K G T T M Q U Q
N R L X C T H X L B D O P T J D E N X X Z T
R K Q Z O R O T T I U M T T C R R Z L R U C
T R B L R J G E S N M Q X K R M R N V K Z
N T B R T N G N E Y D E Y T R T C R R L R N
M K Q G O L E R L G M R F R G B E C Z T X X
R W M Y H D D E I B K T A R C T L R Y M R R
E D P X S C S N N B R W C U I B N N F E B X
M V T B X L T I E X F U F B G K N T D Y K L
M Y P U L K O L T H R J S Q T H T I K R K L
A M N T C C N K Z M R B L H M L K H L T M
H N V T L L E C N T Y D D T H S Y K D A E L
M W P O Q H M A J M M H H J J V K N X T R F
Q Y W N P H M B R R K M T M A R T L L Q D Q
N S W E E P I N G Y N T L E F Z H M K R X P
J N T V B L A N K E N D H M L M Z K N L Y Y
F W D R T W H W H Z W Y Z W Z N M K R V V N
```

Backline	Guard	Lead
Biter	Hammer	Raise
Blank End	Heavy	Shot Rock
Brush	Hit	Slider
Button	Hogged Stone	Sweeping
Counter	Hog Line	Take Out
Curl	House	Tee Line

Cycling

```
W H G N B L T C G N I T F A R D V Q B M W
K C F K L L V L M M D K Y N E V X N W Z G P
T B H N T T J P P D P Z P C R N G D K H Y D
Y P G D R M X T L R C F A K R Z X D V N J X
Z L L C D N Z E N H M R N L N D P L Y H V V
F Z L N D L I N A N E C F B L O C K I N G E
C Q R T L F H S R G K F J R C V D H B Y M L
N M H D P T E V A B I H X M P Q K I C K N O
M T T J K R R T X B H B Q Q C C Y Y W N Q D
N A I C Y M S L Y V H T A K E A F L Y E R R
R M E M N N L K E Z L N I G N I T T I S R O
M N V R E B O M W A M Q L D P K T G D R Y M
C M B F T T F L P D D R N Q E M Y R M X N E
R T R M C S R V E M G O K N L L K G K L T R
L N E K N V P I L H K G U V O L J P P L N M
K I A K K Z Z I A P C R J T T N Q R B M T G
W R K K W K R L L L O E M Q O J O C W O D J
Z P A C V W D M Y S D F V Y N L Q T M N N K
H S W A H X H W R Q N Y M L O X G D L J J K
L Z A T P F B P G N E D T G R P R X X R K K
W C Y T T V D Z F Q D B U L X C J K F W N W
G G V A K R T R N P C E M R T X Q K J Q B J
```

Attack	Echelon	Sitting In
Biff	Endo	Slipstream
Blocking	Field	Sprint
Bonk	Kick	Stage Race
Breakaway	Lead Out	Take A Flyer
Chaser	Peloton	Time Trial
Drafting	Prologue	Velodrome

Cycling Hall of Fame

```
M Z R V N L R L P R M M K T I S S O R K H X
K K D P N B Z Z E V H X K G L N T Z B T L T
K L Q X M N F E C M B W B V H O P T N B J Z
V O C W B K D M K U O F K P W S V N G H D H
W N V Q K R A M E R T N B T T R B T S W T G
V G Z L R Q R Q Q V N T D F T E L A G R R Q
D S P G K Q Y G R K L D I L L D F A P N L L
G J R K M M N E Q Z J R G N Q N D M W C G M
Y O M W N F N E P N N G M X G A N Z N E P M
G L W N A M L R K U I H Q N D T B M N Y R K
F G M T D L M P L W R L N H M Z K K F L T G
W F M D I T D K T F P K I M N R Y J R D W R
M Y W S S B K E T B N H R Y H L N K N M V T
C M I H N B C Y N D P R A X W E V F G D W Q
B R N M E F D Z T R P F K B D Z P K M Y J X
R H T K Y T W B Q M H C S I B L Q K B L T F
C K E L T Q D B P G Q Q E V H K K K L Q P W
X L R Z G B N Y W G R H M C Z R D Y D W C B
G Z J F V T P N R E V A I L S P B G Y Q R W
V W W K B W M Q M H M F D R T D F Z P F P T
C O N N E L L P R V Z Z Y N I K S R O G K M
P H Z L K K G Z G Q R V W X R G L B G P W X
```

Anderson	Grewal	Rossi
Ash	Hegg	Rupe
Connell	Heiden	Skarin
Cutting	Kramer	Twigg
Disney	LeMond	Vails
Ellis	Longsjo	Walden
Gorski	Reed	Winter

Darts

```
B K C I R T T A H H K B V L Q C C H L C K K
D L R M G X C F F C K N Y P K H Q C P C H G
F N J T K T K N Q L E Z R M O G R N R R R R
D Y V D K R G R Y M O R M K X M S F R P P P
M L M Q Z L E G A T F A E F T P R L M W L Z
V K V V V H F G S Z G T T G B T Y T O M T Q
N D H T C X T U X J M N A E J J X G R P M N
Q T K R C C D L D P Q M D X R C F L I G H T
R R A F E Z G T T Y E W P B Z H K W C W W Z
Y V N F X Y S T C S R B Y H V C V D A E D H
Q M R M T A V T H Q K J U L L P K G N N Q N
Y E F B D W D O R Z M Y H L Z T H J J Z F X
P L T U Q A T G M A T T M M L R L Y L G F J
Y Y N S M S W A T R D R T K R S P J J L D J
K C K T N G C L V F P Y K Q Q M E K K D R M
T Q P E K U M E G T G J T H L V M Y Z F X N
O Q W D D M K D W E Y N E R M J H Q E L M T
N B O M B S D Z K Y L L L J I M R T W W Q N
T R L T H T M Z Z L Y R B T T D M N Z M W C
F L S H A F T N J M C W U G Q E R M L W P C
H C K Y K Q Y T K W P O W G C C N F L C T
P M L L Q X F K B Z N P D T W A M D T V P Q
```

Ace	Dirty Darts	Hat Trick
Archer	Double	Leg
Bombs	Dust	Mugs Away
Bullseye	Flight	Perfect Game
Busted	Floater	Shaft
Choke	Galed	Slop
Dead	Game Shot	Ton

Decathlon

- Athletes
- Benchmarks
- Decathlete
- Decathlon
- Discus
- Distance
- High Jump
- Hurdles
- IAAF
- Javelin
- Jumping
- Long Jump
- Pole Vault
- Running Races
- Shot Put
- Sprints
- Ten Events
- Throwing
- Total Points
- Two Days
- World Record

Decathlon Greats

```
K W A R N E R Y L K T T E I R B E S T D Y F
W J W T F H V T X R L G D Q G G P C G E G F
M U L K E Y H Q Z N V M H T M R Y Y M Q Q B
V B K L D J F A N C D M V D X B C O R B Q K
L Y Y M J W J K R O W K X W Q N O S N H O J
L N A M M M D P K D O H M N N T B P S Z L Z
L D N T Z H A V R J E L Y X X Y M L A N L N
Q J G R Q P H N L E X E K D L A E T I H W N
Q K X V P T T W O X M W F C C L P V H I M K
G T R A B F L O N S T H T Z J C R C T N L M
C H S D Y T F B P B P D C E W M O R A G R R
B N M L X K L R D N B M N S J G H N M S T J
W P R B N M H I P B K N O F T J T Q C E P X
T E C K P M F E T T E N N H K A N L K N B J
R T N Y N M Z N Z R G N G Y T R R T R J D B
M J N T K J N N Y V Y H B Q V R P K J N L L
M Q D V Z N R K F L M N T R K K H L P Y N N
B N R M J K A R R R Y Z K F C H C J V N L Y
Z X C L T R T E R K V L B T K N Y R K B V T
V K Y N O N Y T K M G B T J M B T L M X R
T Y Y V B A D R P V E A T O N J N K X B N T
M Z D N M Z Y W X D V L V N N R Z R D J Y N
```

Clay	Kratschmer	Sebrie
Dvorak	Mathias	Thompson
Eaton	Mayer	Thorpe
Hardee	Mulkey	Toomey
Hingsen	Nool	Warner
Jenner	OBrien	Wentz
Johnson	Pappas	Yang

Disc Golf

```
M C W Z G T T U P P M U J R Z F T T K N F F
J R V D R N P R B W L H C R V E N R M V P T
T V T N H H X B H R N J T H K P M F K R Q T
D H N R K H Z K R V I Z D S R P L P M F M D
Z V G L Y U M Z W D X C A K B A R N N G H H
V M L Z V D P K L M W B K L V J A R K K J S
L N E V J T N S C C M T J N H E D G K K F Y
T R R L V N K B H F R R G T L N R T D E H B
K T L E K L K G J O X T H D T E N D G F D O
W J N M L C L K C R T M O G B T B P M L Z O
I M L L T L I N X P Y O T M L W L Q Z I D C
N Y K B N M O K K D N K U Q E J C G T P B S
G R N Y Q M K R C G L H Q T C L R W T P N Y
V K P K G N Z L H A T N R J A M Y C V Y A K
T G V M H L T E R I F F O G N I R L G Y G D
B L O W T H R O U G H Q L J J X J T Z H I L
N D P R W X G X X X M K K L N Z Q T M K L D
B P R C B M P T O M A H A W K H M L X B L L
G C J K K L K D G J F P T R C T R X H V U Q
D R J T Y C K G K N U P M T D M R R F L M V
M N V G K M M D V T P O V E R S T A B L E W
Q J T C J F X G T R M M Z V L K Y W N L K T
```

Ace	Kick	Ring Of Fire
Basket	Mulligan	Roller
Blow Through	Noodle Arm	Scooby Shot
Brick	Overstable	Thumber
Flippy	Parked	Tomahawk
Hyzer	PDGA	Upshot
Jump Putt	Putt	Wing

Diving (Platform)

```
Z L V M K T W M T T N Y D M R P Y M G N P E
W N R P J M X D V T X K V M V X P X G B V Z
G B T R I H L T R C K X I Z B L M Q K I Y N
R X T L T R L M T R F Q R C B R H M D R H D
Q R G P T W N G P O Z M W L K T G K E F J
Z C G L P E N L N W D K R Z F O N B R N F N
K M N L L T A N M H H Z T L T I U N H I O X
R Y U D K T K Y K O T R Y R T N F T T A E F
J K R R F K R C K P R I K S N W B L P G K C
R U C O C N M Z J F N E I F P F P A Q R A Q
H T R D G L Y C C G V W R X R N I H L R T M
Y M R M H N U N Z I T E R D T R K R G K P B
L W K G R M W F D B W M N Q F R E F K L T R
X D M H K L N D N O B A C K D I V E X T D C
X Q F W X K N W T N O I T I S O P E E R F H
R M G L B A T Z H G I N W A R D D I V E T C
L B V G T B R K W T U C K Z L D N F J C N A
Q R Z S J B L L C X C W R N R B H X W L R O
H B M X N D R A O B G N I R P S T K K Q B R
K R Z X D F H Q P N V D H P D N Z P Z R F P
A K E V I D E S R E V E R L G Z Y W Z X L P
D L X Z B R R J G H X Z V M K M B J B D V A
```

Approach	Fulcrum	Reverse Dive
Armstand Dive	Gainer	Rip
Back Dive	Hurdle	Springboard
Balk	Inward Dive	Takeoff
Crow Hop	Kickout	Tower
Flying	Pike	Tuck
Free Position	Platform	Twisting Dive

Dodgeball

```
N L M G R S G J L R P B N P M N W M H C L K
J K M N N J N M M U V N N K M K K K E N N B
T P P I N D Q I Y S R M Y Z B K R H V U Z
G Y T L Y N G D F H L R D O R J A W N P R Y
R R R L T D D L E F Q Z W N K F F H L L G Y
J G T A N U R L N T U W M E P J Z T R K N J
L K Q T B J V N I M Q M Z M F N W V Y V I D
T X K S N G B K L Y R P U W A M M N P M N Q
M G R X Y Z F L K M Y P C B U T H R O W E R
X D X L N W F J C N R R T L L K S T T J P V
N R O H V Z Z Y A T K E R N T A B Z R T O N
R K E D N X N M T G G M K E C C A T C H E R
N T P P G Q M X T R G G M R T P W R B C B L
Z T L R I E C X A N T F I D G R T N G T J T
G V T Y D N B T J M C F L W P W I P H R R K
R F M R G T S A V F I R E F E R E E K X W N
Y W W R A L M B L C P Q G T G K A L V R T J
G L L I K P T J E L J Z D M J D R P K E Q L
R N L Y V F Y W P K L G R R S D R L K R R P
W D B R G L Z T D M K W H H H T J P B V B S
P N R E G G A H S X P Y O Z T T H T L L L M
T F K J D D T R F C N T F X X L J D T G B T
```

Attack Line	Muffins	Shagger
Buddy Up	Opening Run	Sniper
Catcher	Pump Fake	Stalling
Dodgeball	Referee	Target
Fault	Retrievers	Thrower
Head Shot	Rush	Trap
Kill	Sacrifice	Zone

Fencing

```
R E V O C E R L E M F C F F R Z T Q M H K R
C J G M H X P L R N T T M M D T N T F H G E
K P V K R Y V T V N G K Q B G E H C E L F B
Z L U N G E M P T L R A T Z N C T Z H D G A
T X C N R X K T Q N N R R T W P H F N K X S
R G T V F C X R N R K D C D L K D F J R X T
Z K O M Q C M T C C T L G A E K M Y N M P Q
N Z U N F M P N A R F N S P K F M Z R P V M
W H C N B M M T F E G T B K A T X D F P G C
L Z H G M N T Z N M R X Z C T R Y P E H M L
M R P T G A V C B O L Q R X G L R T I M F K
M R I G K D E L N T C N Z E G B W Y N M G B
K T S T R R R W E G C Q V T G W G T T J N R
T L T T K F P G C H W V Q M R N M Y Z N D V
D T E G R L M R N Q K W J N L C U T K Q F B
S M T L L L Y F A E Q K T P K J M L E T K D
M T L Y F F K F P V P T Q N R Z T K L F Q R F
N T R N Z D D K D V L S N M N N P F T A L V
C M Q I R J Q T A G I R O F N M V U J G B
R H C K P C N P F C O V G P I P V G C F Z Q
C C V S T O P H I T F Z M S I X H B E A T W
F R N F M G Y J J J R T G Z H R X W K G K K
```

Advance	Flunge	Recover
Attack	Foil	Riposte
Beat	Guard	Saber
En Garde	Lunge	Simple
Feint	Parry	Stop Hit
Fencer	Piste	Strip
Fleche	Plastron	Touch

Field Hockey

```
L Y K Q G J T T P P G M Q M G N J T J T G Y
M T K K B R S R E K C I K D R B D T T S K H
Y M L T C V P X N L D Y K H P B L V B I Z O
N M G K R Y J R E W T N M N R G J G L S W T
M K S W K H J K L R E D N E F E D L M S V P
Y Y H T C L M N B T H M N H T J M C W A B A
R Q M X R N W R B T N G I R D L E G K J F N
T L C F P I E X I K W R K Y N N Y G A M W T
Z L F P W K K T R T L N G V B A L L T R N S
X K N X C W H E D M C N Q O M H N Q R G D F
Q M L A L T T C R N H T M Y A K B N H T L H
Q L T D Z C P M T B K W B R Y L Q K C L C Z
F T R S T I C K M I U T X M K Y C Z N C Q F
A L M T C N R D L G P L T V H R N A O M L B
S T Q M H L M G M C F K L R S N K V G N Q K
W T R K A J T M L N N Y P Y U M E C N E Q P
E K F H N V J M K R R O R K P R V F Q N G X
E L H F N K M M M F M O X C C Y L T Z L Z Y K
P X M N E X M T T C P I T M J X K V T X P Y
H T M K L H H C S H L V J I M J R G G R B G
I X P T T N T F L F G Q N D N J M X G V K M
T Q T D Y T V K J D K K Z D M K H B L T N Q
```

Assist	Drag	Kickers
Attacker	Dribble	Pitch
Ball	Flick	Push
Bully	Girdle	Scoop
Channel	Goal Cage	Stick
Cover	Hotpants	Striker
Defender	Jink	Sweep Hit

Figure Skating

```
N K T M M X B T Y G Y N Y Z C M D G Q V N C
G B G F B K Z R T M I P N S F Z R K C J J L
X L Q N K F K T Z P X L Q T P G J N N Q W Y
K H K T J P L Y S M P W M M D I N L K N J H
M K J G M C B L F M Z L D O H N A I L I K
W G R F J R E H U M Z T S W I Z Z L E P L D
D V K P Q M N J Y C O M P U L S O R Y Z R L
C N G Z A J T Z L D Y N G N I R O C S T C E
B V X C D I J C K N R M I Q X F K P Y Y L X
F T J Z L W T P Q W K O L P S G V D P G T A
T N L P R R M R K Z L V B T S T N W Y K G V
Q G S L B U K S L D T Q L L Y T F K Q G D L
L R W P J W A R F R L W L D A F I I V Z Y T
H M M Z R L D W I P J K F K D M S L K P D
V P T K C J Y P B L O T P Q H P I Z B L Z N
T U H H U V L K K A N I R R R R E N N M B B
L D O D N E M C X R T I N Z Q O G Z G G R K
F W G J J D L G T I H S D T G G N B V P M H
Y E R U X N Q Z D P G P M N S R U T R B B F
S M M F F Z M F R S J I B P X A L V K A L
T P X T F M T L R G R N V L N M G J P L R M
Q N Q J Y B C W Y G P E A R L S P I N M R T
```

Axel	Lifts	Scoring
Camel Spin	Lunge	Sit Spin
Compulsory	Lutz Jump	Spiral
Hydroblading	Pearl Spin	Split Jump
I Spin	Points	Swizzle
Judges	Program	Triple Jump
Kilian Hold	Salchow	Y Spin

Figure Skating Hall of Fame

```
K Q H T K C V L N B R O W N I N G K C P Z Q
V B N F Y L B P D L R E S R O K Y W I T T M
W F T M W R Y K H D M C P D P W K C K F Y F
P J C G N I M E L F M K N K K N U T K J N K
J E N K I N S A A F H H W T C R D Q V L P V
H L V N N Q B B C N J L L R R I D D T N M F
Z K Y Q V K F U R M I W M Y P R R H Q K P T
V B L A K B P H X P W N L M M N F F T G J O
R Z M L M V H C C M M N D F N T K L H Q N Z
Z P M N B A L S G P N M G O J Q M T V A K P
A Y H Z R T G R L N Y L N H R L N M T M L P
M R D P M V P U T F N X B R B T T I C P Y L
B K J F L H K T C L C N P U B R O M N R M G
O Y K M W C X H N H W F R W T B M O K T I G
N K K J F O D G T Y I R L X J T T G T D S V
I L W V W L C I W Y H M Q K F L O O D F H K
M P L A N L Q R L M T N M Z I M C N Q D I L
Y T V L N E D B L P G T R M M S Z T F T N C
L T D R L D M L I T W H A C L Q R J F I F F
N L L B K G G A M R M H X G V K V Q C Z L W
K N L W T E H H A L D L R F L L W K J H W Q
L L F L K J T N H M L N R D W L S G G D T L
```

Albright	Frick	Orser
Boitano	Hamill	Rodnina
Browning	Hamilton	Schuba
Button	Jenkins	Scott
Colledge	Kwan	Witt
Curry	Mishin	Yamaguchi
Fleming	Nicks	Zamboni

Fishing

```
R N X Q H W Q V M T X D N K R O D Z X H T B
L B X S R Z T D Q D D C W M V S P T W W L N
M L C P T P K G Q L P T Z L V X I M V C G N
P T L I T I P P E T T L I F M W F N Q M N R
J Z A N C M N E T K L V F C M G L V K F K F
Z B R N R Y R T Q C E N Q K V R H J H E R D
P N R E C P C C W K R Z R H R C L R R V V V
M B F R Y D L F E Y F T G C H E B P R Q B M
B D L M Y R Y L R B H R T Z V L R B W M Y M
K P I J F L L N V L P L N M K B Z U W J M Y
R L N K E T G N F R P L R E K N U L L V D N
T D E T L Z N H L Y L L V K Y G N K B Y T M
V R R D O L M T X G G H G B O B B E R G P S
T B E K P R F R L P N K K R Z Z Q T P X
R H H B N B E H V L H K R R F C C K X L O B
O L R M L N J G N B K J E H R K L K I B C K
L E H M Q E K I N T Z C L X Y J M T E R P V
L V M J C P H T G H N G T Q Z S L W K M M
I I W Y Q R P O F G R X N Q Z H K J M R M J
N W L Z C T L T O B I T A F O C V J T T C M
G S G Y R H F X L K C N S T A P N R R K F N
T I A B K N I T S X M M G T R N W R M W G H
```

Angler	Lure	Stinkbait
Bait	Pole	Stringer
Bobber	Reel	Swivel
Jigging	Rod	Tackle Box
Line	Sinker	Tippett
Livewell	Spinner	Treble Hook
Lunker	Splitshot	Trolling

Freestyle Skiing

```
M R B I R O N C R O S S J R F W C B U M P D
B P X M X T H F R Z W H M A Z L P W W Q X M
N R L W R L D X J U F D L M T N K M M N R R
N D H T L L D F R D P L Q Y M Q O Z K F K Q
F C T U C K Z T N L J V L M G M N R L N F
K M Q Y F X J P K I P N N C U Q C H P P K T
C P V C Q K W K N K V X C L Y S R M R D L R
M E B Y A R M E J K N R S Z D L N W S U G V
P L N E T R X P F Z E T K N T A N S A K Y K
J Y M Q L V V Q Z T L M M Q K I O S Z O D D
P T Z L G Y N E P R N J K B M R R D M S D A
L S N Y M N T O D T Y H F N C E F T K A B F
L E B F M H C S Y N H W R R M A V B Q K T F
K P L Y W I M T E F K Y E O D R X P N X M Y
F O L K L T K N D E X D S N T L E Z T E R P
C L T E Y N H C Y P R B R T K K P B X Y G G
L S H W L V J L A A K F X K N G I Q S I F V
H M P R I G J C O B X I K F X H P N Y P T B
K W Q F R S X B C R P B C H B X F L T Q R W
J Y J X M M T D V J F A P K K D L R P Z N M
N Y K Z K Z Z E W N R M L C E N A T M B H T
L D X R M J T W R C T J T S T R H Y Q L R T
```

Aerials	Freestyle	Pretzel
Boarder Cross	Halfpipe	Slapback
Bump	Helicopter	Slopestyle
Carve	Iron Cross	Somersault
Daffy	Kicker	Tuck
Fall Line	Kosak	Twister
FIS	Moguls	Zudnik

Frisbee

```
Q F P T P Z Z R L N J W K F K C Z G M N R D
K C X Y L D H T R T L C E H M R H G W P X K
G R L C I B M T T J N L C R X M F M P N B R
Y Z H B G P R K H G H Z R D C L D Z X M H Y
Y P M Z M T Q I W H H J R M R S X P V V Y R
R E L D N A H D C C C P Y K R R K G L M C L
W K W T C L M Y B K L D B G C B L R V Q M T
L T M S J Y B Y N N H M U O Y U G P O H K K
V X I H R R H V T K A D L R Y D H K Z C T T
R D R M D L H Y N Q C K L F X E N D Z O N E
J P M F D A N Z W M K T E P G W G B X G F X
V B Q P M N X N L B N C T A J M Q V T M F M
L J T M K H S E N F H D P E F K Z C X B F R
D Y E P X P Y C L Z Z M A L T R A X Y F P E
K R P X L N K N O L G T S F F L F R B Z B D
G N G O L C K U X O C W S N L R V P W T D T
S N D H N K L O M H B M C A P T I W L R P U
W Z M T Y L Z B W N E M E H M R M L S H V P C
I C W W U R R R K N B A R N V B R L B B H Y
L T W P Z L J J I D K N P J F M B M P K E T W
L N L M W Z W A K B L A D E N M T L G D E L
K D P V R E V E R S E C U R V E Q Q Y W X Z
```

Air Bounce	Corkscrew	Handler
Bid	Cutter	Huck
Blade	Disc	Leapfrog
Brick	Endzone	Pull
Bullet Pass	Frisbee	Reverse Curve
Callahan	Hack	Scoober
Clog	Hammer	Swill

Golf

```
B V L R G Z T X H E Y J Q B R B M B D V X R
E H B M Z W N L N N H L J I Z X W L L V L
R V N X X Z J G D L Z T G H P R K K B F B K
H M I H J H A T K L G Q J Q M D Q V N X G
R V Y R P E X W T D N Z M G C F P I H X M
J F N K D B T V T P N H R W R T L J E L Y D
X R E K C A H S X J M Q B E S T B A L L B N
M H G Y B K J S N F V N T J L X L P G R W L
K H L P Z B R O F F T T E V R B P M D M G K
P B B W M C Z R O U K N E K M V Y R J D G N
Q F H R G X Z T R D Y T B K B Q T Z F D T R
R X K R X T G A E N X O V O M J F N B R M
W T E R W F K B B L M L X H G N B K G W K
M E K J T L F L M Q T T H D E E I D D A C F
N M M N M W Y A R G G C L P Y D M S L T M L
Q B M W M X J K F L A K P B Y V R X H B M Y
K K P Y K Z R G T O K V U M Z W P A M A H R
L X W K P P X T R T R N T M L N C H Z N C
M M F B R P U P E N K T G W M M Q R F A T K
P R T Y R P P K N E M N D P F F R O U G H L
M T K Y A A T F R N D T W H Z P T Q F T C M
C R J Q P H K B J J D F A I R W A Y H M T P
```

Albatross	Drive	Hacker
Approach	Duff	Hazard
Best Ball	Eagle	Par
Birdie	Fairway	Putt
Bogey	Flag	Rough
Bunker	Fore	Shank
Caddie	Green	Tee Box

Golf Hall of Fame

```
Z K K H T T R E V I N O Y J V J D W M K X P
C T X D C N Y S R M G T H K T W M R B L N T
R H P K C F E R T H K L O P E Z Y F R I T B
M K P K K N L R R M P N L D H L Q N C K M L
V R D L O X K K X T I X E K B N B K R Z M Z
R E T J R Q V D D H D C H G N G L L R L P M
H J N G D V R K M Q W T K L A A F Q T Y L M
G C D T L K W E G P S D W E U H Z E T Z T T
M P T Y U T Q V M E H N A S L N L T L W B N
X M N A M R O N L L H T N M S P C T B N A
Z N B G T N I P G R A J S C I Q O K L E N G
X K T T P M U K M E R P O M D E N N Z C M O
P M N R V O F Q T Y L Q N L Y T L A K M Z H
Y V X J C N B N J A X H L M E K R T Z I T R
Y V M L K D B L Y L W V R L H A R P N L D L
B R B Q D M V N P P J M J D S X M T G L K J
R T O D L A F L K G C R E N S H A W K E L C
H T N W G T N K T B L V F P P P B H D R R T M
F O W Q M V N Z K B R J Z L X G R M T J C
H C R K F E N N G N Y G W M M H T L L V G B
M L T T Q W W C B Y L J J D W R V J H R B Y
G A P T K R Z W J H J L X R B M N V N M R Z
```

Alcott	Hagen	Norman
Couples	Hogan	Palmer
Crenshaw	Jones	Player
Daniel	Lopez	Sarazen
Dye	Mickelson	Trevino
Els	Miller	Venturi
Faldo	Nicklaus	Watson

Gymnastics (Artistic)

```
L R G K K M W G M K H R Y W K C T G K V H C
N M M Z L F Q I X T X Q T M X Z M X N B K D
M H R M G R H A W W M B X Z M M Y N K Q T V
L G X L R L K N M C A F N D K T Y Q J X H X
S Y T T Q P T T D N E U N E V E N B A R S Q
P R R V G R T S V K B P O M M E L H O R S E
L M A N A T K G P X E S R O S S I C S R R J
H D N B W U K J N H C N R Y N P Z B H G G H
N R W R L J L K C L N H Q N T P H C R N R Q
S A C S R E M T R R A B L A T N O Z I R O H
N O J U N B L Y W N L T R Z R T G L Y E R S
O B R S R Y J L D B A K S R N T B Z T M E K
I G Y A F Z Z S A K B C T F T M N T G I S R
T N Y G F M T Q L R A P F L U T E G R L A Y
I I L E N A M V Q L A P M T U U R O L K L T
S R M P N T T K E J T P T N O A S I L B T C
N P V D T F R S Q L G B C R K L S N N K O X
A S H M R T L J T L Z M I T U F T R G G X N
R D Z Y R K L O D J R P D P H X X Q E N S R
T F L A R E S Y O H Z C M F T Q D G Y M R V
B D P V N D X L N R G O W X W V C P Y G O V
L D K K Z L J K K F C T J G K Z V M X R K S
```

Balance Beam	Parallel Bars	Scissors
Compulsories	Pegasus	Somersault
Flares	Pirouette	Springboard
Floor	Pommel Horse	Transitions
Giants	Rings	Tumbling
Handstand	Salto	Uneven Bars
Horizontal Bar	Scales	Vault

Gymnastics (Rhythmic)

```
Q E X E C U T I O N M W N X Y T W R Y L N T
Y M X K H N F D L V D J H X Y W Z Z Q K J C
Y T G N M S P D H K Q B A L A N C E M F L M
V R V F N X N P Z D Y Q P Y L L Q G K U W M
J T B P S F C O Y N T E C N A D K C B D M N
Q C K D G C A Y B D W W Z M H T Q S Z Y C C
P G R G N P L N Y B L F L H K G C K X Z G
G P L R I T I D N J I N P L L K X J N C K B
M L R V R T S K M L Y R M Z C B Y T P T N R
X Z T D E V T N W Y D T S T N I O P H K D T
T C Y N L H H D D G S H L V N C W V V N X C
T J C U B H E Z T K L T O U M Q N C H K D P
U V L O U M N Q P B Z N R O C K G X K M W K
M W E R O T I B J L P S C E P I J N B G S N
B T P A D M C W F E N G L F N T F W Z T C Y
L C O L L V S Y N O V J E B P G L F N C R T
I G R L T Q V A I P R H A F A J T E I T M V
N K F A L L L T T N K J P D F L M H S D L X
G Y R K R T A P J G P N S Y L E L I T K N F
B K K B I T M N F T B R R T L R T B Y R H P
R V D E O F K L M R V Y P E T R Q X Y K W T
P Z S R L K S C O R I N G D A W R L T K H G
```

All Around	Difficulty	Points
Artistry	Double Rings	Ribbons
Balance	Elements	Rope
Ball	Execution	Rotations
Calisthenics	Hoop	Scoring
Clubs	Leaps	Strength
Dance	Penalties	Tumbling

Handball

```
F N T T X W M N F Z J G K G M W J G D R M R
Q Q K L H V T N Q T P B N N C V E W X V J J
V N E T W R K K T R T P J T F N V X R C J T
C K L H B Q O N D C W C D E I Q K C K O C F
W C B R X T K W B M M C V L L V O N M R L R
L C B O G Y K Q I R P A R M P U Q L N N K C
C N I W O D Z R P N W E K B R B P G Q E W N
L X R O A J K L L T T M C T C D N C T R Y W
M G D F L Q J Q S N K C P X C I L M D T M X
U G R F T H Y R E K C L F D S H M Q G H Q X
T T H R H R I C T F A L F S G Y E L H R R X
S M P V R F F G V Y T G A T R N R C R O L G
A T K Z O G O X E W T P O X L D I M K W R Q
P P C N W A M R X B A Z B A P L X L V I T R
R B T L L R N R R W L T H K L X A N B F N G
A M J I N T O H S G N I V I D C K B G U W G
H P E Y Q G K Q T P L A Y M A K E R D L O M
F R E E T H R O W F M G H M H Y X N T N Z D
Q P Y K P F R R E P E E K L A O G H T K A T
L T N T W H P T C R J T C Q R N K T V R D H
N K C H A R G I N G J N N K K N M C J M E G
Q F M W Y P X X C L M L H L F K N J G M R N
```

Attack	Doubling	Goal Throw
Center Line	Dribble	Handball
Charging	First Wave	Harpastum
Checking	Free Throw	Passing
Corner Throw	Goal Centre	Playmaker
Court Player	Goalie	Throw In
Diving Shot	Goalkeeper	Throw Off

Hang Gliding

```
Y K R W S C Q W M L V G K R R M P L H Z Q F
L B N R W S G M Y N L Y D K R Q P F G R L T
V F Z Z Y F E P I T C H K T N M J X T E E T
K A J P V L L N R T H E R M A L S G X T N F
C L R M H W C I R B A L L A S T D W U Y D B
F O X I N T G H T A G R L L O R I H N K O N
X Y N T O I Y T K N H H H K B N C F Q T W C
M H B T D M X L R Y Q L B N G A D M C L N M
L J G W R V E V T V Q R N B R D C C R D T L
W F I Q B O X T R Q H J L A J K J F D X U P
T N Z Q X M L M E D W R P R K T L H Q S B H
G J T H P P M B Z R J I T M F M T T G K E T
R F C K O C H Q A Y Z D M B K L H O Q L S H
L E B T O L V V E R R G Q L M C R L T Z T J
L H V R L L M M L Z K E R R F P W C W X J C
N H P O M N A C W H Q L T L S N W L V B M D
J W W P L R Y L X Q W I R W M L R I T X R M
C F T S F L P K J B L F G N V P K A T Q Z G
D D Z R G B O P D H R T T Y Q H J S D Y C M
Z R I I M G B R N C X K K A Y G M R T I M K
D A C A K N T K J L N L L W D S P G G Z O M
P R L J N G B R H M T D C K N R X Z D P T F
```

Airframe	Harness	Roll
Air Sport	Loop	Rollover
Ballast	Parachute	Sailcloth
Control Bar	Pitch	Sprogs
Down Tubes	Radio	Thermals
Flex Wing	Ridge Lift	Variometer
GPS	Rigid Wing	Yaw

Hiking

```
M Z N L L P R L G Y Z D J N R E G I S T E R
F J R V L L R D R G O N D G Y K T T F H Z W
H M M W B Y M Q O P R Y P L B D K W K B Q N
R L V K G Y T X B P D K O T P F D V W N N V
R E D M R S E P O K T B C O W B O Y C A M P
M G J G Y T E G N S G E L R E K I H Y O G I
S N N R R P F C N Q L P M A C H T L A E T S
L A W O M L Q P T I T H Z E H L G K L R P R
A L V L N J U C L I K Q N M K R W F D C B R
C I K N X L N T R C O I R M F I F L N R N J
K A P R E Y V H T Q I N H G C N H W P P H R
P R C M G Q L G L R K G H H T X H U H T K T
A T A K S H L I K N X W A I N D T I R T X M
C C R O R I H E Z B N F J M K K K M D H M D
K C B V W K G W W Z N V L G L E W K B T T M
K O N D H E R E R K M Q R I R I N M H Y F
Q K K W N R B S K H M H R H P K A T X L Y K
K W T Q G B G A F H L W U J K F S R K H C T
G R M Y G O Z B R L Y N F N J I L M T W Z Z
M K X K X X T Y T M G N K L R F Z O T M F R
C T D Z N N Y C G E C H T U Q G L X P P T V
M T R F N L J X R C N V P G P R B K Z Q M B
```

Base Weight	Hiking	Stealth Camp
Camel Up	NoBo	Thru Hike
Cowboy Camp	Purist	Trail Angel
Flip Flop	Register	Trail Magic
Hiker Box	Section Hiker	Vortex
Hiker Hunger	Slack Pack	Yogi
Hiker Legs	SoBo	Yoyo

Horse Racing

```
C N V T D Y F P V R K R Q G N B H L Z G Z X
L J K N Q E T D O N T C J N N T F M D T Z Y
N R L M T M R M C L H B T R V T R V R Z R N
T F K R N K P B H N L R Q K L R H I R N L C
P B N C J T C Z Y V K A P K L N P E X K N N
Z K M D Y O X R V V W C G B T L K J L V H C
T T Y Y E P C L C D M N T F E L T S O P N J
L R F X T Q P K B Y Y L N C A I N F I E L D
K D I M A Q L O E X C V R W J R K J Y H D Y
H K G F G D R R L Y P O T B M H Q S Q C Z R
F W L J E V G M R S W O F H Z L R Y X T W F
M Z B X Q C V Z P N H R Y T N E H W V E V M
S M B Z T F T A D M A N F M K C Y M F R V U
P E M M G L D A N C W L G N T N H L J T Q D
U X M R L D N Q T W K C I E W N F M K S D K
R A P D O Q T I C K X L R Z N T D P G K T Y
R C D C F K O Z P D B T X M F P K V M C T B
I T K Z W N R V B H S K N B Z K M H A N T
T A P K S W X C D T N G C T R A C K B B T
S T Y R G C N M K T C K P N W V R Q N R K
Z N W D T X G R T M L J D S G N O L R U F C
N Z T L Z K H L R C O N D I T I O N S B N B
```

Backstretch	Gallop	Post
Blinkers	Gate	Sloppy
Conditions	Hotwalker	Stirrups
Derby	Infield	Stretch
Exacta	Jockey	Track
Fractions	Muddy	Trifecta
Furlongs	Paddock	Triple Crown

Horses In The Hall of Fame

```
T Q N P V W C Q H D Q Z M X F B G T G R L V
Z T X T K E T T M K I Y W K O M A H A H R Z
Y R R K M B Z W Y G L S Z N V J C R R F F B
C I T A T I O N J A D G C T D H M G D W G M
X T Z F B N Y C T L Y G T O M C C K I Z S M
W N K W R L L W K L N M Q F V D N C B R R T
W W O L L E F G N O L F F T J E K Z R Z O N
S I L V E R C H A R M L Y Q J M R J A S L D
M G N M N R L V W E M R N B K R F Y L E O R
J H T Q N N A H C T D Z Y N L I Y V U A C O
N W R G Q J I W Y T R T R Z S F N H C B G F
J M V Y K R C Q O E V E N E Q F L D A I N D
K B L N L N K K K N C L A C R A F M T S I O
R K N A R T W H J N A T M T R J Q C C C N O
B L W K T R R C A M T M G A R C P M E U N W
C A V L R M M D P L T N B M W U D Y P I I S
Y N N D V Q E R E B Z E N I F L T Z S T W S
H M B M N V L S T F H N Q M N B N M H J F X I
C D T Z I C L R T S T P R T C P K B L R Z M
L R T T J E R R Y P P N X C Z Z D G K E N M
W R A T W Z W L A R I M D A R A W M G T S X
X N V M Z H A T A I R A T E R C E S L X L S
```

Affirmed	Man O War	Secretariat
Alysheba	Miss Woodford	Silver Charm
Citation	Native Dancer	Spectacular Bid
Discovery	Omaha	War Admiral
Gallorette	Ruthless	Whirlaway
Imp	Seabiscuit	Winning Colors
Longfellow	Seattle Slew	Zev

Horseshoes

```
H K M W L N W K M K N Q K L R N T K L F K K
J L L D J T J G W S C Q R L R K R R M R G R
T M T H M O R N R C T R T T H H R Q F D K B
J Z V F M E N I F P U R J J Y G H Y B K J P
W Y O N M X N N B B T D A S K L A C L E E H
M U T B K M K N B R S Q Z I G R V T J L P J
L L D Z T D B I E C G E R Z G L W Q V W M V
N Q V H N W X N W L B M O X V H K H F W L K
N H T H P C A N V L F V O H M T T F Z F N Y
Y M P N V E P T G W X B N C S J Z E N M C Z
Q H D A L L O T D M D B G M R E M K D G M V
C T E R X D T C T N J Q L K R O S M T G V G
L H A E H W S M A Z K Q G T Q O S R Z R E V
G R D G P G K S W Z M Z G L D T F S O M Y J
D Y S N V H C L I V E S H O E L H T O H D N
B Z H I L L A M J N P D R T J T F P A V R V
T W O R M B B W C O U R T Z R X G A N L E Y
T Z E M Z Z C T W M T X B N N H L C V N P R
G H J F F N M N M J R S T A K E S E N M J T
N L F P Y N H R Q C J R X L L V L R D P R N
K N R H R H K M D F M K L Y N H T K I Q Q M
L P Y X O B S R E H C T I P G C N T Y J G N
```

Backstop	Horseshoes	Pitchers Box
Burr	Inning	Platform
Court	Leaner	Ringer
Crossover	Live Shoe	Sandbox
Dead Shoe	NHPA	Stakes
Foul	Pacer	Straightedge
Heel Calks	Pit	Toe

Indy Car Racing

```
L C V R J F X T S T A G G E R D Z K X D R R
Z R D R Z M U I D O P P T M M B L T L K D D
T K F G T C T F D Q R R B G N T K E I N M X
K W N L Z N H R R L X M M D L D I V Z R Z N
L L N Y Q V A A P R K Q D J P F Q F V G E H
T T O V T Y Z H S T T W V W N M N Q Z N W S
T T D O K D X F W S W R K I E J K W X I T K
R L X C S Q G X P R I V N Q Y L V B B Y U N
R G I Y L E Y E T B D S D V R L O N T F R C
N R Y M Q N K R V D Q Z F N N D R P M I B H
B C D B T W Z J G O L P P O L V D R W L O E
R B U C K E Y E T Y O I X R L V R M H A C C
A D J M X Q T N Q M T R X P B N R D L U H K
C X L M N T R R J S P C G A Y D O Q B Q A E
Y P N L F V R F N Z N K H A K W C F T N R R
D I B P P J L L K H N R W Y N L D L N K G E
N T M K C X R W Q K R D L F R T M G N R E D
I C L D W L X K G C E R O V C H T H L N R F
D R R J D Q L W B E C R W S E N I G N E L L
B E C B Y B T T P M C T L A P S B H K T D A
J W P V N V P S G E W Z L D G R Q L G W N G
K X R H T X R N T L L R H K Q C H W Z P V N
```

Apron	Groove	Podium
Brickyard	Indy Car	Pole
Buckeye	Infield	Qualifying
Chassis	Laps	Speedway
Checkered Flag	Loose	Stagger
Downforce	Pit Crew	Tires
Engines	Pits	Turbocharger

Indianapolis Motor Speedway HOF 1

```
H K H K Z T K P L K R H B M N M Y J G K D M
X W K P W Z V C Z R E Y E M C R B C X R F D
W L D Y G Y X K T J R T N G H H T O M D G R
I K S T E W A R T D G B R J B Q N O Y X R O
L C F Z D B D K Z R M A M N C N F P T T W F
C R M Y C C B D R R T Y H P J R C E G T L R
O G L M Q N Y C T H C Y L Y N C Z R H F N E
X H A N D R E T T I G N L G E M K N Z T Y H
V N Q H Q M L L K R N P G T N N F B W Y H T
B U T Y W C M T S F K V C Y R T N L Q O T U
L R K Y L T L R L D W A R B A C K T D F L R
B W B O W B E Q A L V L L V E Y M X R J K M
H Z M W V S T W W E U R X R H F N X Q A B M
W D K P N I S R N N Q Y B J V K K N L J G Q
M C X U B O C S E N Y R E R Y W K V N N J K
C W L R N Q N H N L T N W N Y E T N T V N D
Y A R X N Y N P M Z L T Q N A N P W J D L
H H Y R Q P V M A N P I M G R Y N R Q M N B
K R L N Q W B J Y T X F M Z H Z K N U Z D Y
H D M B X M D L S Z T R C Y L N R M W G Y L
M Z L R Q V I S S A N A G T L O J O N E S Z
F L N Q Y M N J K X K N N T H G G F C T B G
```

AJ Foyt	Gurney	Meyer
Al Unser Sr	Hearne	Miller
Andretti	Horn	Rutherford
Bryan	Jones	Sneva
Cooper	Luyendyk	Stewart
Dawson	Mays	Vukovich
Ganassi	McGrath	Wilcox

Indianapolis Motor Speedway HOF 2

```
F K K F D M C L A R E N N D R M F D J M M M
R F W K L Z T L B R L Q F R W O T R N R M J
A Y A L G G R T P Q T R B R L O R D R D M K
M H R F V G T K T L R Z Z T R R X B R R M C
E P D H K W C X V B J V K B E R Z F K C D
D Q B Y N C V O C L K B S N O S R A P T M H
R M N K G T Z C B G V F J Q L B J B K D Z R
K P T S T R A N G Q T J I N K K M Y J H M R
D O N O H U E H L N M K T T K C E P B B L C
V D X Z D R Y O D H T W T R T K B Z Y G R J
F F L F R N J Q L C W Y Q S I O U L H Z P
X U O G E R L R R Z M K B U G L P X N V T K
T Q X P Y T H M N R W T L O D T Z A R S K K
X G W Q O H Z B G L Q C R F R H K B L Z E R
M J N L B R C T X R C D I A L K B L G D R R
T N K Q X H Z T T M O E W M M J C Y H K I L
A N N W M L L N W N L E V X J K T N G T N K
T T A T T P X P N D R T Z M J Q T L H R A W H
S W B R V N Z G K S Z M Y E P L J A M N J L
E J G G G K K H K P K Q D T A L Y R H Z J R
R H X N C T M N T M D J R G K R U C T A Q K
Y M T W V K F K Q K M F C K L B S Z R Z R M
```

Boyer	Goux	Oldfield
B Unser	Grant	Parsons
Burman	Johncock	Rahal
Donohue	McCluskey	Resta
Fittipaldi	McLaren	Stewart
Frame	Mears	Strang
Gordon	Moore	Ward

Jump Rope

```
X M Q P H L K L Z X K F D W H Z N J C L M W
J Y T H C T U D E L B U O D S W I N G W B M
T J T N C L L D R E N N U R L H M R M F X T
V R J C T B Z K V T T L N Q G T O T Q Y E N
K L E T R G R Y G N C R L F F C B R Q B I A
V G Q D Y I K K N Q Q N N K B N E T X N H
C J V C N N S J R T I L K E Z L Q G B R N P
C W U H N U R S G M V W R C N C T U C P A E
R C H M F F E H C T X W S Y Q C D L V Y E L
O Z R Q P K M L M R K X J E J J W A P G M E
S Z E J H D S W B H O L T R D M T R N T O R
S Z I L L R L W M U Y S D G K I J M T O S V
O C K J Z K C B I Q O F S K D T S Q Y A E Z
V V S D D R F W V S H D Q H M Z N D N D W Z
E T Y Z O T D K T F H C T N R F D L E M A B
R D B U K B O X E R J U M P D R L L N C G K
T K G J G B T K Q V M F T N J E D K M H R Y
Y A L M H W F T X J J Z Z K B D W F Y L R K
R T T V H L H R K J R B K J A T L L D D G L
F L R W B K F L M H N J X R M H P D R O R K
D T R J T M M M H O P K T G J V M M R L F P
H G M V N X Q V G R T S R G C Y F F T Z T R
```

Awesome Annie	Double Under	Runner
Bell	Elephant	Side Swing
Boxer Jump	Frog	Skier
Criss Cross	Hop	Straddle
Crossover	Jump	Swing
Crougar	Regular	Swish
Double Dutch	Rocker	Toad

Kayaking

```
R N L C D X R M K H T T Y R N X N D L N M M
R T T E Y T N O I T A T O L F J N L R M C J
P C C W W Y G P K K K R R X N T Y R W R P M
L K L T R I M S B T K D Z G T N L K D T H F
R F H Q K A P P G P M P O T N O T I S Q K B
R N X R W B G K K E V K D N Z Q N T X F G C
T H G S R M U N M X P T N P X V R K X R R O
Q R P J J F R O K Z K T L Z P N H M L T M C
T K I J N Q N X Y A W N O M X G F L M D W K
K W D K L M D D Y A Z D R O B N T H G P H P
J K E N S Y T A P L N G J Y F N P N H N I I
M Y C T M Y K K H C D C D T T E T Q M J T T
R G T M E V A X Y C N Q Y Q D T R M Q C E T
P K T R Y X N R Z L A H R A J L R T N R W Q
Z A T F M T I J P T B U L K H E A D N G A Q
R R D B W M J T B S K B Q K R K B G R B T M
A L L D T L G M N T C G T R Y C R V E M E M
P T J N L R W R L Y A T Q A N J L D T C R Z
I C D N W E D V J T B Q W L T R L L S B F R
D B L I F E J A C K E T F N T B N L W D O L
S D V P Q J D K G M K Y R B Z R H U C L Q C
N K G J K Y K T Q M V D P B V L V H L L L Z
```

Back Band	Footpegs	Sit On Top
Blade	Hull	Spray Skirt
Bulkhead	Kayak	Stern
Buoyancy	Life Jacket	Swamp
Cockpit	Paddle	Trim
Deck	Rapids	Wet Exit
Flotation	Roll	Whitewater

Kickball

```
N N L K K R T P I R T S G N I H C T I P T F
L F M W T N K N K I C K B A L L R T H R N K
N D M A L S D N A R G J J V D Q M P V L O V
X Y O L K V J Z L N S V P D T W H Y L V T R
Y J U N N B L L T N E B R B N V Z A E G B K
B X T T R Q L D L F S J K K G N B R Q L N M
R R S Z F N J N W A A T P H P E T V R J K Z
P X J D E F E N S E B J R K S H C W T L H C
T B N N W B R B C T J Y C A R O B M A W L V
X W T C A L F G V V W K B O Y L F N C K T N
N W U G L T O M N T W K W M G L D F N D A C
U W O G K T R W G N C W E J U N B F E N L R
R D E V F B C P V I W N N R T G I G I N W J
E Y K Y X T E N K F O B Q N H F D L H E S Q
M P I F T L O C L Z W F U B L M L T A Y L E
O M R L N Q U G E N O B K K C Y H F G E J D
H T T T J V T K D U Y R V T Y P N G H L T K
G N S D M W I Q L Z N R Q V G G D M R H G S
F M H C V R K L X Q J F H Z L G R M R N Z D
F Z K K T K I M B K F G X J X T W R C L M H
Y Q L S J N P K B Z Q L Y P M N T B B J G T
Q M N M E L T A G U P R T J R Y P K X N X Q
```

Bases	Gumbyball	Pitching Strip
Bunt	Homerun	Stealing
Defense	Kickball	Strike Out
Field	Kick Baseball	Strike Zone
Force Out	Offense	Tag Up
Foul Line	Outs	WAKA
Grand Slam	Overthrow	Walk

Kick Boxing

```
N P T L L E C N Q R V V N Z D K Z R W R Q Q
Q U B M K F S N M V Q K D O L T N K A P N C
L N Q C H H P U Y R H N N B V T Z B R R X J
M C E K A F D H O P L K Q W R J B V L M G L
P H K T Q P N P W H E X P D E I Y V W M R F
N E J R W X A Q X Y D C H L T C M B B B T P
N S L Y V R H B K T V N F P W K C G M M B H
M N T B X L K I K Z R F U G T X Y C K N A X
P A N X T C C V X R U N D O Q L V H M X J K
K D R C V K A B J H C P L R R C M G M V W O
J K N T R L B C S H M V C L E G C H E C K O
T W P L I V L Y F B O B A N D W E A V E Y H
R J T L D A T T C N K H V P N L L V V C X L
G J M N X C L K C C W B R R M L X M C J W E
M T Z J R L C A O H N U K K C I K R A E R V
S K X N Z I G L R V A T P C N F C X C P M O
K W N K N B G V T N M T P I M K L T H H H
R P I D P C L D R K S B B L E K V Q N H P S
T D A T G H T L B C L R R E M R K R T V B C
N E L H C T S T R A I G H T R R C O Q P J K
L M N X B H L N Y Q L B R V X L Y U O M M L
R T M K P F D Q T N N D H V F J L T T H P N
```

Backhand	Hook Kick	Rear Kick
Block	Jab	Roundhouse
Bob And Weave	Lead Kick	Shovel Hook
Chamber	Leg Check	Shuffle
Clinch	Martial Arts	Straight
Donkey Kick	Punches	Switch
Fake	Rabbit Punch	Uppercut

Lacrosse

```
J G E M C K Q X Y Q H Y J Z Q D R T X V L K
R L S Y B J P F V T G N R T L H L P C Q R W
T N S M C R N J L W T F R G R L F I R L Q G
L Y O T T R X F Q X L R L H V C M N H L T B
G F R W F W A N R Q T N A M L I G N X B R Q
P X C Z C V J D E M V P B D R G D I R J P M
Z G R N Y K C N L E K C E W H P T E T D P Z
F O E T Q N T L W I R M C N E N R W Y G M Z
S H T K L R L F L Y N C R S A A T L V R M W
T L N P L L A F W F M G S R K L L J N K C K
I L I L Q C Z N D D N O K E V P T G Y T N R
C A J R E R B E D I R N G E L K K Y L T D R
K B X O K T S H K C Q T I X J F L K B C N T
M M F N M S N P A Y N T N T V Y M F Y O L X
M F M P O R G L R T R P X X Y W T Z P H X L
V C A R R Y X L N O T G K F B T O H G P D Z
T Y C N K O T V H T M L E N C N O B T T C K
W A Y D B J T S K N M F S I K N H P P Z R J
L R W K N Z H M I D D I E L L D S P R H E D
G N G T R H R R K K N T R Y I A J R J T A K
R S H O T C L O C K Z L T V T D O V R K S H
M F D Q J K T R J Q L Z K B Y W E G D K E F
```

Ball Hog	Goalie	Ride
Box Lacrosse	Intercrosse	Screen
Carry	Lacrosse	Shoot
Cradling	Middie	Shortie
Crease	Penalty Box	Shot Clock
Face Off	Pinnie	Slide
Gilman	Rake	Stick

Laser Tag

```
B K L C Z T B F Q R Y N Y R R X F K H Q H J
D N T B R B R Z G M W E R Z K T K K L T E T
N Q L W G M E M N D X K Q T X F Z F C V A V
K T B Y A D K P M F F W M U K W L M K D Z H
G D G J T N U L K F D M T N I Z P W R R B P
R N F M E Z N T M D Z X W I K P N M G M A T
Y F O L L Z E H L E R O N Z L N M C T H N G
J T F D B B I Y M L D F L M V S R E T D D P
C M D X U D B N K T R D W N R K N E N L N R
X Z Q L O D W M Z A F R E O M M R N S T V K
M R N G D E E G R T T N S A V L T J N A J M
Z G T N S L N E Q A L N B M D N Z Q K L H M
C T R A Z T D K K G E Z W M B L Z N T T B P
K D B X V T N T T S V D A F L R N D D D Y B
B A T T L E R O Y A L E R R Z T A G X D M M
M L H W C Z Q N Y K B N N T X P N V Q T D L
V V R M M M B F K L T B I P R C E J E I R V
N L G H M N K G T B P N K M Y R M R N S V D
N T A R G E T S G N T F G C J J A K T B T K
Z G T U A N R E G G U J Q R C N N N B Q Z F
N M N Q N R J X M D L F D R N V K N V N M Q
T D M J J N T V L E L I M I N A T I O N N L
```

Arena	Dong	Juggernaut
Base	Double Tag	Newbie Nuker
Battle Royale	Down	Phaser
Dead	Elimination	Sensors
Delta Tag	Equipment	Targets
Dink	Headband	Vest
DMX	Infrared	Warning

Lumberjack Sports

```
M T B M R K T Y M N R C R C H G R W T C K K
Z M L O G S N X L G P C C E H Q F L L Z H Y
J R T X W N R Z W S J Y F X L K K R J X M R
P D L P G B L D I V L E M A P N R M F R P N
R N R C M K R N L L U G B O O M R U N Q D
L B R A B G G T W L T I M B E R S P O R T S
H N T M O L H K I L T C U B P K W T P W L W
C H D G E B R N M N T R H N E M B A B N M O
R R F B N Z G G D K Y D H O D R B F S P G O
T T U B R M F N W M Q B N W P E J Y D T M D
Q C X Z C D B M I L C D E E P S R A X T O C
K R L D B O Z K M R Q Q W H C M L H C R V H
Y E L W N U Y H Z M P R R B N R K K A K G O
M L I A R B Q Q C P X S L J P W V D M N P P
C A J S G L K G O L G N I T A O L F I O D P
N Y D K G E M W N V F T M S V F M L H K L I
L S N C N B M X N P G D M M D B L C Y J M N
R J A O M U Y N M M N E F N L O K W W K Z G
R Y K T F C G T R Y D Q N B R C P T R N D K
Q L C S K K Z L R N N V W G O K N M F C H R
C L A M Z H T K A L X K O L W Y Q K N G P H
Z K J V M W B T N L N L B H D K H T N L G Z
```

Axe	Hot Saw	Speed Climb
Block Chop	Jack And Jill	Springboard
Boom Run	Logrolling	Stock Saw
Chop	Logs	Tandem Saw
Double Buck	Lumberjack	Timbersports
Felling	Relays	Underhand
Floating Log	Single Buck	Wood Chopping

MMA

```
M K Q M K K J C K W M D Z R K D T R V N M R
M Q K F G L L K L Q B L V L T T F G W Z J K
G L K D N D R K K I R T E K G N M O N G H Q
L Y Q I W F V Y L Z N M G N Y K D C Z P T M
L P Q R Q H B X T C X C N F I E L V P X V Q
Z W G T L Y V L K N F A H H K T P C B N Q P
K P W Y Q F Z W M N M R R A N J O M K N T J
N L B B R H R C V G C U T W L Q L L L M L D
T A P O U T N K R Q F M T N Q K W E L R D L
F T R X G D M A Z R L I M R B R G B W I P T
N V H I T T P M G N N K N Y I A V B R N U B
S D Q N Z P L K H M A O Q K C A P K I K Y G
L C M G L Q D F F R M P I T Z W N J S M T D
R M I I K S W K K X M E N S J X R G T M S M
R C N S P J M O U N T E M R S M L N L R L T
F G M R S M F D T Z R W M D G I K L O E A Y
Q N A R R O W B X C Z S H T Y C M L C L M Y
G W M J B G R T V B T K M F O R L B K X M R
L Y X L G V P S T K G Z Z N H Z N N U Q B K
P L G J H B H D R A U G G N G P T V Y X S M T
H C H O K E M D K D D E K D G N I K I R T S
X K K K N K K M J L D L L Z Q D R G P P L
```

Cage	Kimura	Striking
Choke	Leg Lock	Submission
Clinch	MMA	Sweep
Dirty Boxing	Mount	Takedown
Grappling	Scissors	Tap Out
Guard	Slam	Triangle
Guillotine	Sprawl	Wristlock

Motocross

```
D B Y R M R T K L E G M G M C P T C O T G M
B Z W J G Z N B R B C C T V P Z Z V K T J R
V G M K G T K O V T N N G E F R F L K M B N
C V N K B F L T W H D G U B A B Q Z G M H T
R N P L P L V P H L T R R O T R K K N N F Z
O V M J E R C C O P U K G T B T O J R B N H
S R K R W L L G O R O H L K T H F L X N E
S P M U J P I H P K K N M H K N A R F X F M
R K M C E R F J S M C G G T L R F E F S Y I
U R F D M G J R B N I G C P O T R L S W T T
T M O T W K V C Q E K P T K J H T Y R H L R
X P T G N H W H M Q R L C T H U S C T G N I
S Y Y Z B G Y W V D J M F R O L L E K M Y A
F K S W A P K G X R K P X P J Z M M L R G C
Y L M N D N M P R E X L O N P N R X D O R M
H K H F D R C M G G Q O L P K K C N V V H N
C X H K Q D Y F D R L X D T L L F T E V J K
T M Z M E P Q L Q I T S O O R K G N K N P H
E R N L M V M W Z R A V Z W F D G M W T C
K D I M D X F D N L B A R K B U S T E R S Q
S A K W M G N G T L L X P B R R V F F W Y B
B Q G Q M N R N A C N A C O M N T V P J C L
```

Airtime	Holeshot	Roost
Bailed	Kickout	Seat Bounce
Barkbusters	Loopout	Sketchy
Berm	Nac Nac	Spode
Crossrut	OTB	Swap
Enduro	Regrip	Tearoffs
Hip Jump	Roller	Whoops

Mountain Biking

```
D Z R X C L L Z X D J R B Z T N J N L G M B
G W F N Z N Z T K Z C H J C T G T V F Y K Q
B N X C F J O F F A M R K K Y H K C N Q G
J T N W H F N B D K A W A L L R I D E P R
W J B A J L E E H T N X R R Z T V N B N R L
C X B O L D N X C N Z G O C J N P R R T J X
G M F G O C Y H M B L O M V R B U Z A R T Y
I N R Z E T E R L T T X R M N E M D P Q K T
T D K M Z T E N Q T B T A M V Z P R N R N W
F R N N N R J R A V Z G J X W N T P Z R N P
N F F T Q T J T T R D J N Q R H X O R R K
K C Z P G N K P W T Q B I F F K A L G R C C
N D N N R R R Y P N E D R A G K C O R G D A
V L T H A Q B X B X R L Y W C K L Y N Q R
M K T B Q K P B K Y C J Y T M P Z Z V I C T
H J T T R H T K Q T M V X E D Y E C D R R E
M Y R J H Q T E S K N A R C L E R D T E T L
J L Y H L W V J J C F F N V T D L G F H L G
Y L H N N F H P Y Y W R Y S X T D T N T C N
Y M M G T H K I Z X L M B W M Q N A Z A L I
W K I C K E R W P Z V R Q N J T R K S E N S
V T X Y Z V G T M M T H Y N V H C V N F G K
```

Armor	Dropper	Rock Garden
Bark Tattoo	Feathering	Saddle
Biff	IMBA	Singletrack
Booter	Kicker	Steezy
Brap	MTB	Wallride
Cadence	Pump Track	Whip
Crankset	Ratchet	Zone

NASCAR

```
C M Q N B V K N F K D P K B C Q Z D G C M J
R Y X G Y Q B M N J M D A Y T O N A N C B J
E J M H P D K L F D G C Y V K L L T I D T V
W M D M P V I C T O R Y L A N E K L C V T N
O G O M R H L W X Q B F D R R Z N N A R W N
T P W H V D Q K M G D T A F R H X G R R R N
R M N V N T Q R D X X B N L F L X N D R E K
K M F V P L W L G I K D K N N W T S Y C F
K P O W T P T H T C R O S N O P S I H C K C
T Y R B H R L O A A D T V L N W S C N G B K
C W C W V J H R F Z C K Y N C S V Y T C I M
L B E P X S T T K L V Z M A A Q P G T Q J T
M M G D G X I K P Z K Q W H I K W I M K Q X
M N D N F N L H T T N W C S S R T V N R Z L
N B I L G S P E E D W A Y P Y N H D K O F R
M L B R X G K K G K D M O L L C G B L L U V
S W Y D W K R M S L F I Z I L N N R C F W T
Y J D V V L T H W T L D H T Y T I E S O O L
J X M D P Y G N M E I M N T Q T K N M K N J
C W D L N J T W R R D P T E G N N T M T F Y
Z K N M M K R K R R H G K R J K A M C V H L
N N P M R R M G L N Y P E R V T B T R N W J
```

Banking	Pits	Sponsor
Chassis	Racing	Tight
Daytona	Slingshot	Tower
Dirty Air	Speedway	Track Bar
Downforce	Spinout	Victory Lane
Drafting	Splitter	Wedge
Loose	Spoiler	Wreck

NASCAR Hall of Fame

```
P X V Y T T E P D R A H C I R T C P D F Q X
L O R E N Z E N P C W M J N P M K B K T P R
W P M F Q P K Q L I R N M M G J N Y E H M J
T N V R V K X M L L R X T P P F L G T K M N
R L E A R N H A R D T T E R H F O J N K K W
N P L M R V T D S K R A L K K R P R O W T N
H B X N X P B C L T R J R A D A N L B N K N
Y M V C N X H P N S R C P O W N B V A D L V
W T N V P O T G O C P E N X K C N J L L K Y
R G O L P Z S N K T M K B K T E C R R R S Y
Q B S V V N Z N C K T H H O T S C L L A Z A
K X I K C B P M H M E F L W R R R W M C V R
M B L B L Z T Q R O A L P G K B F O P N G B
M Z L R H D R M X N J R L X R T H N R K D O
L C A L R L V R K K P R T I T T J Q P K Y R
D C K C I R D N E H A B R I O N Z G V T R O
V B C T K C M J M R R G R G N T N R T T E U
B P R T B K H K B Q S V R V M O T E X W I G
Y N C K N C W D K C O Z J M R R P R D H U H
F Z R K K Y G L Y V N N K Y F E H B N Z Q N
M W W W A L L A C E S R B Y E K P R R K S K
K K N M L H C Q D Z L M X L M T M X J K J K
```

Allison	Johnson	Richard Petty
Byron	Labonte	Roberts
Earnhardt	Lee Petty	Squier
Elliott	Lorenzen	Thomas
France Sr	Martin	Wallace
Gordon	Parsons	Waltrip
Hendrick	Pearson	Yarborough

Netball

```
N T V R N M O B S T R U C T I O N L T P P M
J N G F F P N F T F R O N V D N M W U R W Q
Z F T S O P L A O G N K F K T K J S X S I S
B N D D F O W X W M M M G F B L S Q N B N D
L Q F Q R R T P M L V G Z F S O L H R I G N
Z T Z H L N T W N T S O K W T I N W F B D O
Z M E M T H G D O S K A W C J Y D P V R E C
X L D S H L G N A R L L N I X L K E T L F E
R D M P R P R P Z T K A X G N R R D G H E S
C R N T L K R X L K K T N Q W G Q O T M N E
M Y M K Q E N L P F R T R W N N A N Y P S E
K P M X T C L P Z B M A T K R L J T Q M E R
Z H B N M A K T P F L C M R C M Q U T M M H
R M E T B G F V I D Y K W I R X A K K A L T
N C W T T L J T V R X V R Y X R W D Z Q C F
R T E Y X Q T G O T W C L Z T K K T W M Y K
H N R Q T F P L T N L P M E B Q L F C T L W
C R G D T L Q Z H E N R R Y N T Z J T M N Q
T X T M G W R H T L J S T C N D B Y M J Y Q
A K U M P I R E R F Y K L B N B W N L T W L R
M Q B T L K N Q G Z N K E X T R A T I M E R
M V P H R X T V S N O I T C N A S Y L T G K
```

Bibs	INF	Sanctions
Center Pass	Match	Set
Extra Time	Netball	Three Seconds
Footwork	Obstruction	Toss Up
Goal Attack	Offside	Umpire
Goal Circle	Pivot	Wing Attack
Goalpost	Quarters	Wing Defense

Paintball

```
T R G T L K D P E N N M K M Y Y J B N L P L
J P N B F H D E W Y T J V E L O C I T Y L V
M C B G F Q G F L R J R P N N G H N K K F T
B P P R R E R Y T M F L R A J R W Y J D D L
M Q R R E D E A D B O X D W I J E Z R P F L
R L Z U C L W M R R W P J J V N K K H P H A
W Y Q H G T O Y P N C M X M K N T I R V K B
R S T W O N O B E T G A K N R C T B R A P D
G V C Z G P D L L Y D C Y X L S D K A H M E
G L D R G W S T L K Y E K Y Z H J N G L G E
G C K V L X B L E S N S O N J D D K M H L P
B A D G E J A K T A P A K I M I L S I M K S
G C M K S G L Q S M W B Q D R R M B H L T G
Y R K E F K L W M M G I Z G S A P Y X L L M
P D X N Z G R E P P O H P R R J N L P F F Z
Z V H T T O C X N V T R E I D G L E N F T Z
X B P L W N N T V T M K M P N F W T C N Q X
L R T Y M G X E T N X O Q T G H B R S Q F
T B Z V W M M L Z U R D D D Q T L M M G R T G
K D F T X F D B B T S Q N M Y L Q O R Y Z T
J G N I P M A R L M L X K Y Q F F N D V G X
F Q N F C M B T R L H L T T K M Q F X J L C
```

Basecamp	Marker	Ramping
Bunkers	Mask	Scenario
Deadbox	MFOG	Speedball
Game Zone	MilSim	Squeegee
Goggles	Paintballs	Velocity
Hits	Pellets	Wiping
Hopper	Pods	Woodsball

Parachuting

```
R J E B K M L Z X X W Y S T K F M R T Z M Y
T D T U B Q G Z X D Z L M P M D X L D V P P
K R H R G N R J T M T N J N I D L G F G M T
F G Z C G O N N G L G M B B E R D I K U N P
Q K Q P L B R T T V L T K P K Y A R D R T K
T B V K R O L D M T H N L Y T J G L T W M N
H M J T Z K U V L L W O Z L N G M F D J Y C
W N L K J C B D G R Y L G Z C R F T L U F W
R X V M E U W R H M C H N W J V C M T M D I
C N E L L T X R E O J W C A N O P Y C P M N
H F N Q D A U N P R L G F L A R E H K S M D
V Y O Y R W T H T K Z D O K L P R G Y U R H
G J Z G B A D R C L L J D G L V L G R I E O
R F P R L Y J K D A D B P D G C J E D T T L
Z V O L L N M B M F R A N C M L L M X K E D
K R R T R Z T U H T C A J Z T D E L T G M X
Y P D P L D B M Y K C M P F I V M S N Y I V
M H Z B K J G K T Q W M Q R O N V L W H T Z
X T Q J K K N T H B V D B J G R Y M K D L C
Q M R S P J N Z H Q N T C L T V N P F T A N
B L R E D N I W N W O D P R G M M Y K G K T
V R E K C A P S K Y D I V I N G Z F D L Z P
```

Altimeter	Drogue	Packer
Bridle	Dropzone	Parachute
Canopy	Dump	Rig
Cloud Hold	Flare	Skybum
Cutaway	Goggles	Skydiving
Deployment	Jumpsuit	Spiral
Down Winder	Pack	Wind Hold

Parkour

```
V C H K C K T M G K T V K H J H N F N Q D N
K T R A C E U R M W Z A R L M N R G Z P R M
X G T R P F N D J L S X M X R G F H M C N W
R W D M T N L H Z H D A S H V A U L T N T F
E A T F P K D V V Y T R P N Y V K T M P L J
V L M R A F D A M T K R M H N W M Z K L U H
E L B N E W U C F G J P T L Y M J M N Z A N
R R C L L L K R P M U J Y R A T O R M V V C
S U R C T W F H K K N M L X C M L L N Z D P
E N T V A M M R P O P V A U L T T N G R E R
V J Z T C L O T L U A V G N O K Z Y Z L E T
A Y M L W L R T K R V L L B D N Y R C B P P
U P L J L L H U U T V B G M B P M T M L S U
L G R R T B C O N N L J G K W W Y O C K Y E
T A G E N P K R C D L U N P D R B N X J X L
R P V T C R Q A M P E Z A M R H M B V R L C
K J Z C A I T K K B L R G V S L E Z N T H S
C U T P K C S D Z H D X B A F Q N H H J L U
C M T V I J R I Y N L N D A G E F P C F M M
R P L T Y R T G O N F T L X R V I D R A T N
T T N Y T V M D B N O W N R X K T H K X L M
T R W C T P P L R K T L B P H G F R T D L Y
```

Cat Leap	Lache	Rotary Jump
Dash Bomb	Muscle Up	Speed Vault
Dash Vault	Parkour	Thief Vault
Dyno	Pop Vault	Tic Tac
Gap Jump	Precision	Traceur
Kash Vault	Reverse Vault	Underbar
Kong Vault	Roll	Wall Run

Pickleball

```
H V R F L C H C L M F J B V G F Y K C N F Q
Y J J N O Y N P K N I D R Y T X N L R C V K
L R C X O R K M W P F L Q Y J K K R O M Z M
J G D H M S E P I C K L E D J F L D S W Z G
R T D H A D L X L T K V D L N L D K S L D N
A Y T C D M D E L W P T C M A L I L C E M V
J B Z P W R P N N Z R R D B K T Z D O F H L
E L P Q Y F J I D Y Q K E P C T V F U A A L
H R Y J K N N V O K T L D H T M E N R L L B
T T K H Q C R N R N K S E P K J L N T A F D
F R C Z R M B Q Z C S N A C F W H R R F V J
O H W Z L R Z H I K R H A N R M D G K E O Q
T F N Q M T S P D J M J O T Y L R L K D L D
U L V M Z A J Y M G B D X T V P M H D P L Z
O X O R B Z H F Z A M F M B M T O I L K E B
F L L T D X K K L M R Q L Q K N L A K N Y V
G R L N K T G F N H P H H M N L G J C R Y C
J Y E T Q N L N B P Z N C B B Q R F Z H H K
R R Y Q J C A R R Y J R T A K T Q Y K Z G T
H K F Y T R R M T L C N L L S P K V L H G
H Z K K L M M Q N B O L M L L R T N D Y W R
H R M X F O O T F A U L T T B K A B D D R R
```

ATP	Erne	Lob
Bash	Falafel	Nasty Nelson
Carry	Flabjack	Out Of The Jar
Champion Shot	Foot Fault	Pickleball
Crosscourt	Forex	Pickled
Dillball	Half Volley	Poach
Dink	Kitchen	Volley

Polo

```
R K Y G Y M T N J V L N P C M X D Y C C D W
F K L V K P K Y B K R Q M C M P T R M W Z N
C X J H X O P T Z H L Y M W P D J N M M Z P
N G M J B L L A K C W D G C P Z M K R M Y X
Z F G Q J O B F T M V T N L U O F N T N N W
F Z V X R W Z W M R E T C Z P H R W V D N T
T F F Y R R K C K L O N K B Z R Y J D T N X
P N O W L A N K L H B N C K T L B Q M H C T
L K U E Q P T A S Y M N A C K X H X K L Z R
R N G S D S M K T B L R B W O J T W C T Z A
L W Q N P I C Q J T U K T Q O O M N H F Q T
K T V N K A R M M W M M B Q H R R N U R K I
N Q L M B P T T L C M B P S F V E P K N M
F T C V O J J M V A Z L X Y J G X K K Z E
M N D N N L Z H M M O I T T C D N W E G Q J
F R I M K W J X C V A G G V B D I F R R R E
H E N L W G T D V T L Q H J N C R L B Q H K
S J Z B O W L I N V W D N G Q N B X D R T
K L G Y N E C K S H O T R P I L M M S J Y N
P B T K T Z V J T E T R A U Q H K H C M Q T
Q H N T H P T H R O W I N D T L B H P V Y B
G Q Y V N C M T T L T K N W H T N Y P P P N
```

Back   High Goal   Quartet
Backshot   Hook   Ride Off
Bowl In   Mallet   Ringer
Bump   Neckshot   Tailshot
Chukker   Patron   Throw In
Ends   Polo Wraps   USPA
Foul   Ponies   Xtra Time

Racquetball

```
K N W T X H V J X P P E D E G Z B L K W H
D J L K F N W F J S V Y N I N M W M Q R L O
R C Q N M H F R P R L I T H N B N Q H N T B
K Y V W Z V N D E K L I M E P K Q D P T F E
Z X K F B T N S G T Z T D J V K K L T H L C
W K J P G A G P R D V M K E P R U T K R R I
C M W T H N H O P T Q G K F O M E Y B H L V
N D R K O J H B F P Q G Y Q B U M S B Q K R
K R C L N S L F C L T W M T N T T K M N H E
R A T L K E N O Z Y T E F A S D T Z Y A R S
B K T M G T W O F F E N S I V E S H O T J Y
K J K F D G D P T D E F E N S I V E S H O T
C P W X X X K N A X R P M D F G G N K B C J
Y I E H C T D R Y S R W T J F R T T P T Q M
C N V B G D K X N E S T Y M A K R R Z F K R
M C R E D N I H T C V S Y M U Y L Y O R P B
R H E L T G X T K A B R H X L T T R B S W G
N S S M H B F G F J L T E O T T E R Q P H F
L E B F T K K R N P R M J S T H P C N L D R
K R O N P V S K I P B A L L A F P N C A D K
M V L T M B X Y M M P R K N K G R H T T V Y
L E D K Z T J T T T H X D V J G X B V L F K
```

Ace	Jam Serve	Safety Zone
Back Hand	Lob Serve	Serve
Defensive Shot	Long Serve	Service Box
Dink	Offensive Shot	Short Line
Fault	Pass Shot	Skip Ball
Forehand	Pinch Serve	Slide Out
Hinder	Plum	Splat

Rafting

```
N Z D H L N P T M R M B Y T L T A K E O U T
N P P U X F V H C F Q K W P K T Z K K K E Y
T W C L C T M X R P B F R X L P H T L S N K
T T M Q R K F P J N G R A N Q O C P A M V M
T C N Y E Y I X J Y F R P F F T W C K N J F
D K Q F D T F E M L V B P H H G R W T T F R
C B P T D R T N O Y R M E K Y I X Y A Z E P
R M X T Y R Z T Y A J N D P A L K M B T W L
H W B R H V I K F L W R X T G X C M A T E T
V V H Z K L Y L T E E P S L C B M W J N R R
H H R I L K L R R B D O R P F T G X F E R N
P N R A T P X H G N I R M J R I B R T D K K
L D W C Z E T L T N S T R B N V A F P V B
P Q H K N G W M Z N H A H K B Q W T U H L Z
E P Z K N T P A B Y G G R H C H W T D F V M
L R M X R L R R T Q I E L M G A I M K P N K
F T S M N M B L R E H Y J I Z N T B D R T R
F R Y D Y R I A H K R H H J W T N S K T D W
I Y Q W I Z N B L Z R N J M Y G B M Y Z X R
R R L L L P T J L A T E R A L S H W Q A J C
L J R M K R A C A R A B I N E R K G T R H K
T G N I T F A R M W N M Q K G Z X Y Z R W D
```

Belay	Haystack	Rafting
Big Water	High Side	Rapids
Carabiner	High Water	Riffle
Duckie	Laterals	Staircase
Eddy	Low Water	Take Out
Flotilla	Portage	Whitewater
Hairy	Put In	Wrapped

Rock Climbing

```
T N L J T M L C Y J S K H J K K F D G D N Y
R D V E O B L V X T Y O T K D M R K J C N C
M K O N P K G N I B M I L C D A E L R T R L
V M N L R P G N Q T F C J O V X B E W M Q J
T X S C O F A D F T R P R H M C B L C W N H
K J I J P L C R K C Q A R L M N V R T A N L
W B G K I G Z B H Z N K R K P F K O D K F D
B K H C N W T I Z G C R L L M R L H P G Q P
O N T M G Z M L U N B E Z K X H W C R Y T W
U G H J U N G T V L E N C P P L Q N P F K Z
L Q M T E L A D T R Q T C R Z B H A B D J K
D P V Y N N T K F N T K Q R G H S Z W J L T
E L P K L G R I R Y B A S H I E A M T V T N
R T G P N M N T P L J K K H B F L L T Q X I
I R P Z X X J H L I W D D W G E F J P R X O
N G B Z P N D A T W T N C P D G L D D R M P
G C P B C G W X G Y E C K B G K R A W X L D
F T K B T K K H B C T P H M L B Y T Y F Q E
P P P C C T F L S J F N H P J P R R M B M R
Q H T O K G Q A D N Z S L A B D K W Q B P V
C R R Y R T N Z T Z B N Y D C K K C A R C R
M N T B K J P F L R I C E H A M M E R Z C G
```

Anchor	Face	Orangutan
Ascend	Flash	Rappel
Bashie	Free	Redpoint
Belay	Ice Hammer	Rock Wall
Bouldering	Lead Climbing	Slab
Chimney	Multi Pitch	Solo
Crack	On Sight	Top Roping

Rodeo

```
K R D V K B R D Y R I G G I N L Y S F P Q C
R E Z A H Z J Y T K E B B M F F W R P N C Z
Q N V X C T R V N H X L N J H L P B R A W Z
R N N Q H M T W L C M R E Q H A A K T J H Z
T H Y C F R N D T B N N Y E C B H N F X P C
H P B R O N C R I D I N G R H W U R K V P K
L H X D K L G L L T B T P M C K R C R M V L
K H R R E G G Z T C O W G I R L S O K L A M
L L O R T N L F T F Y F R R T R V C P I N N
Q K U B U I G G N I P O R F L A C R B I N L
G Y G T H C R J G H N R K Y M Q K U N N N G
Y N H B C A A L R A T N L R H R L Q G K Y G
Q T S P N R N F M L K R Z C Q L B Z B L P N
N N T N K L D L W G R M G T D Q U N K V Y P
D Q O M J E E H X K T R Z O K H L K L L Y M
M H C P J R N T R M E S G C T R L H N K E X
M M K M R R T T N E Y G X D G M R T J Q O W
T R B A B A R L N O E G K K T G I D Z C O L
X L B X R B Y H B R J K J Y N Q D V K W H F
T X L Z K K O W X N L L X T T K I M W M V K
B Q H N R R O F K D J X M D Z R N B M T R B
D P Y D N C K P L B N L G Y D V G N R W W T
```

- Barrelman
- Barrel Racing
- Bronc Riding
- Bucking
- Bulldogger
- Bull Riding
- Calf Roping
- Chaps
- Chute
- Cowboys
- Cowgirls
- Flankman
- Grand Entry
- Greenhorn
- Hazer
- Heeler
- Hooey
- PRCA
- Riggin
- Roping
- Roughstock

Roller Derby

```
K P B R P N L K Y T G G P R Y V R D M Q L N
K L K R R E M M A J N N N F E V L Q L Z G M
D Q G N D Y L W N I J T I R B C R D J E R N
M X R N T T K Z G T S W J P X D Y X P B F R
H C L O G V L D P N K R R L P Q J C D R P F
N W V M P V I L O T P G F Y T I R M L A T Z
V I K H V R N W T P L K R X V R R J V I L T
P F Y F B X P V S R R V M A Z V H T Y L N Q
T Z R F K L N P N P E V P M N M K N A R R G
D W H G O T J B R R K W P H K D T W N P W L
X N T W J K T K U L C M B B M S W C Y G T
F T N Q N T V M T M O W N C X W K L C J F W
V K K C L L W Z T M L J H J Z R T Z A R V L
K C H P O T S T V Z B B J I K F M R P M N H
R L F Y J N K J B L M W W Y P C T I D T D I
J Z O L K N P N O B C H V R K V Y N V G P P
T X K S R L R C Y D R Q U A D S R K K J F W
P P C R N F K T T T P Y G N C X N R V M G H
B D A C L R K R W G K K W B P M A N W Q I
M N P D D G O A T R F G W T W P X S N R C P
X L R R T L K N P Y J R T Q V K X H R M L B
T N L P W A T E R F A L L C J X T X M N N L
```

Blocker	NSO	Tripping
Bridging	Pack	T Stop
Goat	Pivot	Turn Stop
Grand Slam	Quads	Wall
Hip Whip	Recycling	Waterfall
Jammer	Rink Rash	Whip
J Block	Snowplow	Zebra

Rowing

```
J F J M Y C O X S W A I N D Z M L P P Y L N
B J G R T C F H N V C R X X Z B B K J Y Z L
R B H J N R R P T R R P N K B K Z S K V D Q
T E Z G Y H N L B G Y R C J C M C B Y H M C
R N P Z F B R J G C N T F J R U Y G G N D R
O Z S E D R W M W W T T V R L Z R A R M G J
P S Y K C V D R W K Y R V L K T T T I W Z P
B W R Y C H K R L L R C S L Y E H X G L Q Z
R I R F H O A D A F C B W G R H F N G M K K
J N W H M L L G D O R D Z Y K W P B E Z N K
R G P D C G G R E Z B S T R O K E N E R W
J R E G A T T A A Y M R N E L R R P T D E Q
M C Q K M B R A O O R C A H R E T R T W T H
M R T B S N T R M J K W T T H G E M W K S F
L L C Z O W R C N K F R V C S W O M L Y F J
J N C T Z R E L T X L R T Y O Z K M T R I Q
N B T F Q R G E J B G E F P Z T H Q E L S F
R U C R W K C K P Y R F K H C D Y D J R T A V
B T T Y W J K L P T J F H Z R M Q T K G E M
Y R L N O C N Q S N N X M K T K T X V Z T R
R Z Q H B C N N W K T T D R M G B G N W H
Y X D D Z J L L W R M K P B M L L E H S K H
```

Bow
Button
Coxswain
Ergometer
FISA
Gate
Oar

Oarlocks
Port
Power Ten
Regatta
Repechage
Rigger
Sculls

Shell
Starboard
Stern
Stretcher
Stroke
Sweep
Swing

Rugby

```
P J J M L X Q L B L V L X K K J F Q L M K D
V L A K M K T L B H K L Y Q G D R M X L G J
Q U X U D F W B G Y K T N G Z R X G M R P V
L M R R T Y Y Q R R L T Q G T X H P D L Q C
Z C L T L R K B N E S I N B I N X N M G F X
S N X R Q X J D L L A G N N S G T F T N K B
F P K D W T R C Y D L K M E V D B Q S C R M
T X B F C O Y O T L N W D V O D R S N D L F
L A Z R P Y N R N C W A O L U A A D L P P
T Z C G M C N V B N K N K V W P T H W W Y G
T R O K T B X E L Z C L A H L N K T Z R S B
L A B E L M K R P G U K H A M L D V M K O W
L K X G K E D S T Q R H T T A K M D C D Y F
T M B A R B P I Z X F I N M R Z M A Y F M H
J R K T M M M O Z K P K K K Y B F X K N K P
B N T N K D B N G S C J R R Z M K R L K K J
L M T A X C C L O K N O C K O N F T L K Z D
T K K V M Y T H R W F H Y B T V W M N R V V
T G T D R Y T L A N E P M K R D C F J U M M
T L V A K Z D Z B Z D Z M P Y X M X D M P M
Q Y M Y G M B L I N D S I D E J J L K N V M
J Y T T G N X N D N K K V R E S A H C G G E
```

Advantage	Forwards	Penalty
Backs	Haka	Punt
Blindside	Hospital Pass	Ruck
Breakdown	Knock On	Scrum
Conversion	Lineout	Sin Bin
Drop Goal	Mark	Tackle
Egg Chaser	Maul	Try

Sailing

```
B Q L D Z B M K R R F K L L J T Z P K H Z V
K L P K R S D L D K C D W D N K H M Z M R
K M L D R T V M X A P N H Z C D L H M T Q K
X Q P T L E B A T O N E R H Y K M R V R Z N
G M M E V E C I I B L Y K N A T R B T E J R
R G B L B H P N P M K R F Q L T M H H B F V
Q I Q B N S T S V S E H C T I H C K E E L L
J V B V N O Z A M K M H B H X J T H N N W Q
J V M Y F Z D I L L M R R T R R N L B L X M
Y W X S Y H T L N W D K K E H W T Q K V K E
X L A Y B C M P W L I L P V D L Q F M C L L
Q I M X T Z Y R D E N L K B D N F L D B D
L L K X T T F T H P M E D U M D U J I H Z R
B L V C A T A M A R A N W W H H G R Y E F Y
R N P Z R W P T K L L Z X A A C B L T E F K
Y M Q P T N L X D Y R K N W R T R K M L H Q
M B R G H Z N P N J R Q R V R M D D J X I D Y
R I T Y D H D J L D R A O B R A T S N N T R
T J M H K Z X N B T B T W X D J J K Q G G L T
J Y D C K N L T Y M M M Q T K L X K X Q R N D
C T T T Y Y T K K T M W C Q L L V M P T M J
N G R D P W A L K W A Y N N L C T R O P T P
```

Berth	Hull	Port
Bridle	Jib	Rudder
Catamaran	Jibe	Sheets
Hatch	Keel	Starboard
Heeling	Leeward	Tack
Helm	Mainsail	Walkway
Hitches	Point Of Sail	Windward

Scuba Diving

```
T W P L W R G N D E N I L C O M R E H T T
Y K G T N I T R O X W Z K M N R P K N P L W
X Y T X X M Q L T Z T V N V Q P X N V N V G
P T T W B N L G T Y X Y Z B K D M I T X R T
M L K X K O N D X K D N K K C N L F M J K Z
L Y V T R E Y N R E T S A M E V I D F I T W
Q G D K H T Y R H X T J L Z M Y S Q M V R R
K G C Y H A L D M N R N N Q C F N H L S R T
V A N L H R W P K N C G W X C K I L N C T G
B E K X L T F M Y W E T S U I T F O A K T T
W V J T B N Y R L R B E N D S T R V B R L X
K I V M U E M T M R X V T R V K E R R W H P
M D N Y O C Y D R N O L M J E D M M P H C U
L L P Z Y S Z D T Z E P T L I N G W L L J R
L L M Y A A K V D B P T E V H L X X G W X G
M A R D N N M L T E K B I N F B M P W J N E
G W K B C L R H H M P N O T W Y T K V V M K
R L J K Y K G T M K G L G O J A P M D R T V
N P S H M I P E Z E E U Q S T B T R P Z N W
P A Q R E T T R Y G W Q C W T I J E D L M M
M Z R W G Z Z N T G N H N Y Y K E F R C B K
G G X B L P Z G Z B W R E C K D I V I N G R
```

Ascent Rate	Eddy	Squeeze
Backroll	Fins	Thermocline
Bends	Mask	Trimix
Bootie	Nitrox	Wall Dive
Buoyancy	Open Water	Weight Belt
Cave Diving	Purge	Wetsuit
Divemaster	Snorkel	Wreck Diving

Shuffleboard

```
B L K N T K R L L P L L V D N T T L G C D M
Q D N K T W I S T N T R L L N W L K F R K R
B L I A R E H T G N I D I R M A S X B M N X
Z G H A N G E R Y R T P L H Q T H X C U E R
V K Q N V X M N Z V H K K W H M N E D L T H
D W K X J Q T Q Z M D R L G N L Z P E M G L
Q E R L P J V E M A R F I B B T L K W R Y K
R I N Y U N L K Q F Y E L D M W M Z J M F K
N G N H C F D F W Z Y J F N E R A R L R T V
K H J L K V B F K Z K G L K R U E X E G R D
D T J N S S M Z A W M H D F Z D C M M L T D
N S H R Z T R R P F N O B N K M E N J Q R
U D C V M E C T Y L B O L U P A W D L Q T A
O T D R Y B F Y T R T E M W H O N L P I N O
R G C R N M B B V M N B N E N W W B N H N B
A X T P N U K M B K E Z N O R F B D T M M E
O B R J J N L H Z R N I J Z Z D M N E D C L
G R B D R K Z H S T L H N K R E H C Q R Y F
C F L I J C B J B Y Q B G T Q C R D G D T F
C P R S G A V H E Q M V Y M Z T V O P M G U
K K J C V L V R F N L W T R Q H Q G C Z M H
P R F S W B T M M W K R L L T M G K R S R S
```

Black Numbers	Free Hand	Riding The Rail
Crazy Eights	Go Around	Score Zone
Cue	Hammer	Shuffleboard
Deuce Line	Hanger	Trey Line
Discs	Powder	Twist
Foot	Pucks	Wax
Frame	Red Numbers	Weights

Skateboarding

```
J R M M F G Z T M N H H D D F K J N N X Q K
W K J M J R R H Z J C J N N F T B J Y M Z F
W M L B C T I W J M F I Q L F X L O M N M Z
I G L G N M A X M W R M T N K K W C N M R C
P I N D Y G R A B G T B W M R M T Y D E F H
E J R T M W N B R Q M J C N T W D L P V D C
O L D K P Q F O G L Q F N M I Y Q T P R W A
U Y I N M N H K B D A D M S R L N W X V B B
T X M R K C Z N K N L T E I L L O N L C A
T J A D N B K T I T X R M W P A V X R B F L
X L R A V L V E G Q L C N D N N Q X M X L
V C H X V C G D K G R X P N D N B T R J E
H K P W P B A C K S I D E P L I X T T Y R R
D N R Y P K Z W M I R M I T N N R M T N R I
X X R H X Q Q W P C L Z L R Z T G W C E A
W S N X K L M P N T F K I K T P N T L B P L
C L L D T L K Y R L N A F N B Q Y M B L A W
L W L I W W M E E H R F P L Q M K M Z T T R
F K T G D R F E I G W C R N I Q W X M R P M
G T G T C E H K P L F Z R P L P K T T V I B
F C N N B R A I L S L I D E J F H V Q J R P
L N N Q V K V W P H T O O F Y F O O G P G Y
```

Air	Grind	Nollie
Anchor Grind	Grip Tape	Ollie
Backside	Heelflip	Pyramid
Boned	Indy Grab	Rail
Caballerial	Kickflip	Railslide
Fakie	Land	Slide
Goofyfoot	McTwist	Wipe Out

Skeet Shooting

```
Y P Y X L B T L J D N N N U G T O H S N H
H Z F M M T Y M T K C L G N J X Z K Y Q V L
T R A P H O U S E Y N G C L Z Y M L B B J X
K H X X C H M M V M Z R M J V C L K Z P X W
G D T T E G R A T O N R T T N U V H L Y X R
B Z A R D M J Z M N L N X R P R B Y N K M
M K X U E E W N N P Z K W O T D A R V F W C
V P X K Q N A F V R G K T C K M V N Q J D K
G Z F X X S C D N T X T F K Y N E Y G U C M
K L K M R R C H L M L L K E E G S G S E M N
P U L L E R R L D G Y Y L T G F T T H B D T
M N X M T G C G T W E F T D D B E F X R L K
S O M T T W T P L K J M M S I D K V K F V Z
T E D M W R N R O N T Z H Y R V J J G K C L
E G M M R J O H R L B O J K T Y L Q K Z M Q
G I J R D P C P X X O Y J Y R F T N G W X D
R P F X K G T Z E T X N J L A R Q G W T R P
A R R N N B T B O R T D T L C X J Z P K Q F
T N H L N T V F G Z N K C G Q T D A X Q T B
B X X L M H F Q J M N O D X Z N R L D B H Z
Z P L W N Y M T M H L G D X V T C L A Y W N
D G T B M K M K R C D F P Z Q M M N R M N K
```

Cartridge	On Report	Shotgun
Choke	Pigeon	Squad
Clay	Pull	Targets
Dead	Puller	Trap
DTL	Range	Traphouse
Dusted	Rocket	Trench
No Target	Shootoff	Vest

Skiing (Alpine)

```
F R R G T T G Y T G Y E K D H B K L P B D W
Y X K M I W S Y N N I Y N N Q Y N M J O N G
G Z K R M F K U N T Y A K I T W R K W W R M
N Z P T E M M M P N Z H N B L E B N T P R P
I K N J H K N J H E P Q H T P L H C N L Y X
M C A R V I N G T M R G C E S I L M P T L Z
O L S T E M M I N G U G E H L L N A T L X T
O M M H M P H R G O M K K L E X A P F M R B
R V M R M M T Q L T E L Y T L C K L M M R W
G N L C Q V P P M T J Q R T G N K P O E Y P
W S I K S L W N A G M Q J B Y P W I S M N R
O P N C H O N G C T J L M K S H Z O N R M K
N U Y Z N V K X O F G Q V T N H R L E G D E
S C V S J M P W M Q F F O R T T F T N C H G
G D X J N K H K B Z L O M W S M F G A T E S
R L R D J W E J I J B H P N G L O T Q K B C
N R M T Q F L N N H M K L N N F V L N X T R
N O B K Y M M M E F L G F X I V B F A L H L
N W Q Y T Y E Z D R L T K F D X F K T L H D
Y S Y J P L T M C T B M C Q N K D Q Y J S H
L I Z X W Z J B N G B T T F I R X R P Q N K
F F R F L Y T T D K Y M F M B R H P F R B X
```

Bindings
Boots
Carving
Checking
Combined
Downhill
Edge
Fall Line
FIS World Cup
Gatekeeper
Gates
Giant Slalom
Helmet
Resort
Skis
Slalom
Snow Grooming
Snowplough
Stemming
Super G
Time

Alpine Skiing Greats

```
H N P M V L P K R Q N K Z L X Q Z R H R D X
K K B O R F N H T R R J T G T G U N Q R T B
H R L V K W F B P A Z N L B O C R A N Z L F
K O L D J N Q B M L Q V M I M G B P K M Y T
C H R K R F C N L W K C T P D T R Y L N P N
F L G W V H E X D G Y S J V H T I N H F T T
B G I C D T Y N V J C Z P V Q D G T R X M J
C H R F S V M F N H K P V K L O G N E X N J
J G A Z W Y D N E I J M L Q X M E C M D I J
V P R D C H C L Q M N T L K W A N H M R R M
N Q D L I G E T Y Z A G C M X A D W A R F T
N R E V P W M X M X Y H E T Y P X T L Y F Z
R L L D Z Y M K N P Z V R R O F R T K X I N
B V L Q Q S A A H G W C M E Y M X B R L H D
G H I Y K N R M K H I I N B K L B C L J S N
Z D Y T B Y Q M H L L M L Y H R L A D M R Z
H C I A R M L B E L L V M Q K L E I D M N
R R L M D M W T E Z N A M N V T R N L K T Y L
Y Y L A N N S R N H X T L M L R P G I M R G
N B P I P O V F X N Y H V K H M R N R A C C
N H N E K P J K G N N Q C Q D P Z R G X S B
B P H R T S T U H E C R H Z D F N F B B G G
```

Aamodt	Killy	Raich
Colo	Klammer	Sailer
Cranz	Kostelic	Shiffrin
Fenninger	Ligety	Stenmark
Girardelli	Mahre	Stuhec
Goitschel	Maier	Tomba
Haas	Miller	Zurbriggen

Skiing (Nordic)

```
D J P Z R L L T Q N J Z H X J M K V D T R W
P X F M T G R V J R K X G N I P M U J I K S
B B N Q D R H R L L Y V K N N X X T Z T L
R V C R K M C K M X R L T X L D U T M X C J
B C R O S S C O U N T R Y L Q J W R K K R H
K M M Z K Z G P C C G T I L B C Z K N T Y M
M G Y P C W M T A T L H N T D G L V B I K S
E N O Z P I R G J R E K V Z E T C Q V K K T
P B N M E H L D V G A G T I L L B C S A M H
G T O V N L B Y R F R L T R K Q I Q T K X G
L Q L T O P L A K I L S L W T S T E Y G K U
I C H J Z Y L W P T I I M E S N S T L W L O
D G T L K R G W N R E C G A L K T C E T G L
E D A T C R A N H R X L L H I T N M J W M P
W P I N I X R C R N F C E I T D U R Y F V W
A O B Z K C M F G X Z X N M B M R R K C D O
X L V B K E T D L K B G G L A M C S N N M N
P E K F T L T K M Y V D W L K R Y G I K M S
G S X S G J L C R G Z R R N W L K M W K X V
R Y T A K E O F F K L R L Z M T V W G K S C
K M L D N V D T N O R D I C C O M B I N E D
T N M X W D Y P J Q B X C B P R Y X D V D T
```

Biathlon
Classic
Cross Country
Flight
Glide Wax
Grip Wax
Grip Zone
Inrun
Kick Zone
Large Hill
Nordic Combined
Parallel Turn
Poles
Skate Skiing
Ski Jumping
Skis
Snowplough
Stem Christie
Take Off
Telemark
V Style

Snowboarding

```
B E M Z R M M D C B C P V M B W T R M W T
R D F V U N D E R F L I P L F T A Y E F W P
M I V N T T V K T Z D B H P M X L Y W B P K
F L T Z C K E P I P F L A H L P L B I M W F
T S M L H R G N D D G L C Q R Q C R N R V L
K P Y R T W A L K Z D P W N C J T T D X H D
C I N C Q B E I J G Z O T F T K Q K Z R D H
E L N F N R G F L N K O N R Y R N L K K Z N
L T L C P L G C N R P Y B P A O E U Q J M R
Y L K K L I P S G K Y E Q B B I H V F V R J
T N T W X J L T T F W L C L J C L R N I L S
S T N J M Z A S R I K L I M L N E S A I C K
E R G K N T N B E F F A N A L E L E L O B T
P H C Z N Z T B L D T F H H R P D L R I D K
O P R E T Z E L Y P I C Y I P I R P N F D R
L X D P F M G T Y D I S D A S C I L X K K E
S N M H T C V V Y M G I Z K I O B W K T X G
B O A R D S L I D E N T C L N R Q G R Y F F
L T B G P C B J D G R A R Y H P L L B T C X
V Y Z F N N D Q D K B P R N D R F T K T F Y
L T Y R K M N Q X K C Y M K K H K Q W N N K
R C X R Z B N L E V O H S X Z C T J Y R T Q
```

Alley Oop	Invert	Shovel
Backside Air	Lipslide	Sideslip
Boardslide	Michalchuk	Slopestyle
Crail	Pretzel	Stiffy Air
Eggplant	Rail Slide	Tail Bonk
Freeriding	Rewind	Underflip
Halfpipe	Scorpion	Wall

Soccer

```
Z Z J N N W A L L P A S S P C J N Z X V R Z
K K J T T L M J Y T T H R O W I N U P C L D
X P N H B L L C M R D R A C D E R D T C M N
M K P L T A Q C W O Q K T Z G L Q X T M F K
N Z Q L V B K R F X W H N V H R R D M E K
V T T K M D R T K F D M I D F I E L D E R G
E D Q R M N Z J R S C O R N E R K I C K M W
C G E K R A D E T I N N T P F R C W V D R O
E H K F F H C Q T D K D K H M F X C H T L R
I H B M E C R L P E F L X Y K R F W W G G L
P Z B B O N G H J X C L M P E C Z O Z K R D
T T Y S P C D N R M G Z E D Z D I R T L R C
E W M Q K M L E T M R N A R R M M K N N N U
S Z Y G Q T L W R F A E Z G K F E E K E P
V D K L L D N X O L H D H L H Q Y M M E T S
X L N L Z W C R T N P L W K H L R I B W R D
C V Z V O W M Y N P K H N R N K Z T V X M F
H V Y D F A K T G D R A W R O F L D Q N V G
D N R G T I G F Y C K Z H T B K W E N R C G
H A P I C X B L M X N D F F Z Z T D T N M N
B T O K M R G O J N W L M N F L C D H N V B
P N L Z Z W M P Q T R G R M T T H A F T N Q
```

Added Time	Free Kick	Red Card
Bar Down	Handball	Sent Off
Corner Kick	Header	Set Piece
Defender	Midfielder	Soccer
Flop	Nutmeg	Throw In
Formation	Offside	Wall Pass
Forward	Penalty Kick	World Cup

Softball

```
H G L M G J I B R Z H C N P P L R T R S L M
T T L K K D V C L M H H X I L Y C V G J T K
C U H O N D E C K L N T N C K V B N K E T P
P D O G R L T L K H N C L C Q V I F R N I C
P K Z G A E X Z C D H K C L K N T A X R H B
A L F E U D P J T H X O H U N C D N F K E J
S L T K Q D T P I R Y C U I T J B F R V S W
S S D W Z M R T A B U N T T V O Q F W X A Y
E M I X M T W E K G B C Q B F D F N D X B L
D L N N R G W I B B F T R G M I G F L N C L
B T G R C Z I G L B M N D B K E C W C T L L
A L E K Z X N G G D U V C M Y E N L X R Y J
L R R M K Z D C L N P R T G D P R V D Q R W
L C W F K Q M M E N R I F Q N P E T K Y G N
W X P F L F I P L T X T T K N A D N Q F Y T
B H R L W M L M L H R G R C V L L B W A L K
N M B Z Q L L L R K B R F V H S E W D J H D
T N H N U K T R O R R E Z C G T I L X L J K
W Z R B D T R H Z K V T R K Z R F L T W F V
B P F V B M F Y G R K M F T K H N Y K H V H
L Q T W R L B Z N L F B M H K J I L M C M K
H P T N W J Q J Q K P R R N H K T B T F R P
```

Base Hit   Gapper   RBI
Bullpen   Infielder   Rubber Dugout
Bunt   Innings   Slapper
Cutoff   On Deck   Steal
Dinger   Outfield   Walk
ERA   Passed Ball   Wild Pitch
Error   Pinch Hit   Windmill

Speed Skating

```
D B L O C K S G X R X Y R N T W D J L M M
M Z J K P F P O G C F R G W H G R H D C J N
T P K X Q Y L L J V S W G J H W Y X K L X G
Y X W H M S K A T E S P Q W L T N L J A K T
L F N L L C L M C Z N K R R D L N M D P M I
X P Y K Q A R A W H J M Z I O Z J T N S B N
N L M G C Y N S Z F A F G N N F W C U K Z T
T F I N I S H E W T H R G N P T O W O A W E
M T K I N L P N S C C T G R Q R T L R T N R
W X H T F Y L N T R R T K I N L X R L E P F
W R C F V V T E X A R C Y E N C K D L S J E
G G L I N R R R C A A M R F M G Q W A T N R
N X J R C T V K T R L I X Q D M B M N A P E
M W Z D S J L S T M N R H M X H H G L R F N
N G P K V G E T Z G Z Q E P N G L B P T P C
K Z C J F S R R H V R T Y V F M N Y Q H R E
P A B C L O R N T V T B B Y O D V I P W N F
B M N A H K R Q K G V W N N T S G M H B L W
T G F S Y L N H S R I A P M N H S Q K S K H
N J G N I K C A R T S S O R C N W O R H U N
R K R L X K V T W L L L Z Y K R R N R K H P
B J G T C C K L K Y B V B J J M B V Y C P J
```

Allround	Cross Tracking	Pairs
Backstretch	Drifting	Pushing
Blocks	False Start	Samalog
Charging	Finish	Short Track
Clap Skate	Interference	Skates
Cornering	Lanes	Sprint
Crossover	Long Track	Start

Squash

```
B L F F Y V T T D O U B L E H I T W X M K R
X R L R N Y M M N R C W H L N D M T L C X K
O O C V J K R Y B H K Z N T K V Y X R R T M
C U B L P Q A J N C Q X K B G C M V Z L P L
R X T E V L I D Y K N C R H B N H K B R P E
Z X T L C V L M R C T I G H T N E K F W T L
X P R T I I M Q H O J T J C P L Y L N M Z E
T C R S K N V F M G P B D O J J M F N R J N
V D M A D N E R X J L S R B H G Z O W D C I
R M T O V R V F E W M D H O R T T O K L R L
J R T B O G R Y D S R K T O N R U T E R H E
T C Y C L T G R C E J B D W T L P F Z K R C
D C Q M L G P L T M A K F T H L F A K G G I
K M H P E R H N G L X B H G I Y R U R R P V
C Y F H Y K U Z L D M L T D N N P L N H M R
B V L N T O M H T F L J C K M L P T S P E
Y J M N C T L D E R E K C A N K N A F R T S
Q N H P K V J F M T K R K V V P U J A Z M D
B V T C N M W K L C G H K G Y Q Q X L Z L R F
T N O L E T M M I N K T J H S Y L G R R Q Y
P R N P L B T N K W R M N F W Y M Q J G P D
P B C M K F N Q Z H K F B B G P X T N L K Z
```

Boast	Length	Return
Counterdrop	Let	Service Box
Doublehit	Nick	Service Line
Drop Shot	No Let	Squash
Foot Fault	Out Line	Tight
Hot Ball	Rail	Tin
Knackered	Rally	Volley

Steeplechase

```
C T M W A T E R R D K T L S G N T T C D X L
J M T B D X D M Z K M R T N Y L F Z K Y N X
S P M U J J C H N G V A I M S T D T G M X B
M D P F J T M C W T K M F T H D M X W Z X M
L K P H Z N C F H E I K N Y T U R T R R P M
H Z R U Q J W H S A T W B R R J N A T T D V
N V N K R C Y W L T N K I T V F K T W Z W Q
F G E K X S N C H R C L L N N M T S M E M G
P E C V X P E G B H G Y K Z G X B D N E T R
L C N N F T N M P F R R R Z Q S X E R F E S
X N E V N D F C G L M N J M K V J R A K K T
H E F K P A D D O C K O P E B D H B C H M K
M F L H R D M Q R M C G E C Z M Z H E C C N
Q R A M G K R M H K D C V N J H L G Q Z K Q
R E N N F D R R E X I G N A Z U K U K R H C
C B O K L Z N Y L V Y S V W H R R O G N P F
M M I G Z J Z E O K L W D O F D R R P M F V
Y I T B M P V N D L Z V P L C L Q O T Q M Y
Z T A M D C H L A I T R R L R E M H H V L F
B L N G D X R W M K A K L A T D L T F F Q Y
F L F Y R L Y P K Y B M T F U R L O N G N C
Z T T B E S A H C E L P E E T S B N M H T Q
```

Allowance	Maiden	Steeplechase
Claiming	National Fence	Stewards
Furlong	Novice	Thoroughbreds
Hunt Meet	Paddock	Timber Fence
Hurdle	Purse	Walls
Jockey	Race	Water
Jumps	Stakes	Wings

Strongman

```
K L A W S R E M R A F P L N W M H M P R B V
L R T U G O F W A R Z T K N J T Y S O X P R
G R Y L D L Y Y S N F Y L D C L S F W W L Z
M T F M N P Y Q V L N W F T V O E T E M M T
F L B L W L U X L M D G T J T C K T R F N T
P R L R O A T R Y U H D D G R D O M S L J M
D J Q H T G R Y C M N N E N X L Y L T L M S
K L H T R T T K R N M K T N R O R N A M L E
P L F F C F W H T K R X L N T H E Z I M R N
W D A R Q A H H R K V B V T N S P G R F Y O
N B Q W L C K F N O V K K S R E U Y S R M T
V L P K E P R K C A W R S C R L S G R B Z S
R L T B H G P U N N M O T D R U N A J C J S
D U V N B X D P C R T G C L P C C B T D N A
E P L T M M Z I N I G B N Q P R C T H G M L
A E V W Q B M W R T F M M O A E V T P T R T
D L T N S T N B K F Q I B C R H N L B Z N A
L C R R R M L T T K J R X T N T P X R H W R
I I X L O A D I N G R A C E K J S R K T X J
F H N R C T L R Y Z C O M P E T I T I O N B
T E W K R L G M R B N Y R R A C E N O T S X
T V L L L G Q K T B X N L L L M R D G F T K
```

Atlas Stones	Fridge Walk	Stone Carry
Car Carry	Hercules Hold	Strongman
Competition	Keg Toss	Super Yoke
Crucifix	Loading Race	Toss
Deadlift	Log Throw	Tug Of War
Duck Walk	Power Stairs	Vehicle Pull
Farmers Walk	Squat	WSM

Surfing

```
R B W M L M T L G E M N W T Q R R J M W N L
X L J B K R M Y D T Y Q R C N T Y G M J R D
L N L K F N E I M V R Z W R Z N X T L L U A
Z L N C N N R T V R Q M A F C N R L I L T D
G T E T A E F T A N W Z X R H M H A K N P O
L Y X W B R U M J O M L H F T K T R R V O H
D M N U S O V V B W L D E D R W X K R F T R
D T T V K V K I P W V F A K O I C N R N R L
V T M C K X F H N M F G D L C M D H J G T C
L L I L R H W K K G K M B Q U J G I Q Z L M
P K L Y T W F P T P E A R L T S L K N W T S
P B O D Y S U R F I N G X B B N L Y R G U Q
Q Y G C M N W Y W K L C B L A A K T R R G K
K G M V R T U B E W E A V E C C P Y W F H V R
B R C P V J R W N P M Z J T K Q M B A W R L
R L C N L F L W L J N Z R P S H O F D V K Q
K G H L M L Y P T R K Z Y C Y A L I T L E Z
R L J E V B R T G Y T Z V K R M L Y K Y K S
L K Z R N F E V I D K C U D V L R Z M Q R C
N V G R V X G T F J G T L K A R X K J B N T
R R M A Q P J H V R N J R T L X Z R B R B H
T J H B L D G C P U S F R U S C T N K G K Y
```

Barrel	Floater	Surfs Up
Blowtail	Hodad	Swell
Bodysurfing	Kick Out	Top Turn
Carving	Pearl	Tube Ride
Cutbacks	Riding	Tube Wave
Dilla	Snap	Waves
Duck Dive	Surfboard	Waxhead

Swimming

```
V K B J V K R T R T M T L J K Q D V M M F F
N M K G L I D I N G W W T N N Q R V G X P T
T M F T T D R I L Y A L F M Z M M P N E J L
E G T N T W R X T R M T Q D N M V K I K R G
L K U M P P M Y C S L H E B H Y V Z L O R C
Y B M D S Q M T L B T C F P B L R Z L R B A
T C B Y R Y N J T D K R Q V L N N B U T J P
S T L L T O W F B K N N O O H K T W P S M J
E G E H R Q L G L D K K R K T T M G L K G H
E M T F K A V L X B V Y N B E G W K Z C M W
R L U R N R T L T K D J X N U Q O D M A M T
F N R E B G N N Q O N Z P M K T H G Y B D Q
R K N T L R X M B K P P W V P Y T H G T C X
D I S T E J R R K M R L J W T Y D E C L N Z
W C N P K E B R E A S T S T R O K E R T E N
X K M Q D M M M L K R Q T J P L W J R F R S
V B H P M Z V N T R V W T W X Q M Q F H L F
B O M L T M L N K M G K R Z J N R B T Q M Y
P A D M C T J K C I K N I H P L O D H R W C
T R L B Q Q R T K P W K Z Y T D H M T W G P
L D G G W K K N D M P Q N R V R N F G C C Y
G N R K Y E L D E M S T R E A M L I N E V T
```

Backstroke	DPS	Medley
Body Roll	Freestyle	Meet
Breaststroke	Frontcrawl	Pulling
Butterfly	Gliding	Sprint
Cap	Goggles	Streamline
Deck	Kickboard	Stroke
Dolphin Kick	Lane	Tumble Turn

Table Tennis

```
N T F K Z B L A D E M J X M M V R W D X F L
D P Q J N H M R L S I D E S P I N N J T K X
D Y T Q M H R J J N K G L H C K A T Y M M G
N E R B R L M P R T C Q T Q F H K C N F N N
L L V J M M N D B R T P X J E K K T N W K T
V R E I G F Z B D A E D C K R Z F P Z F D L
N X T V R K N N V W H Y A N P X R M Z N W N
H S U P I D M Q Q J D H L O K R V F K G F F
T H C B L E P V K Z S T I B L M L L T K K R
Q T H L N G C K K D Y N H G L G R T O N H K
J T D O L T N E R B T M H T D O N P K B G N
J K B O X L S R R N M Y P J H Q C Z K R R R
J J M P D Q C M Y R N M R T P H N K T T E Q
L F T Q T L L G A I R D F K E M B L T T R T
N K Y M O P G D P S L N M N V D W M T Y L R
N M F S L Q D S T F H A Z P R N Q I Z L V N
L H E N M B K Q Z M W H M K A H M C D B R G
G D D N N C K C F M C K T V S H R T N M H H
L L Q T A X Y H H C B C W P M E T K I L L J
V J K B M T L O T Q W A I N K R Y J L N H V
Q N K G M D W P K X J B R C K O M Y M D N C
L R Y D B X D M P T T G L N G F F L M K G Q
```

Backhand	Drive	Push
Backspin	Forehand	Receive
Blade	Hitter	Serve
Block	Kill	Shakehand
Chop	Lob	Sidespin
Closed	Loop	Smash
Dead	Point	Twirl

Taekwondo

D	H	B	M	U	M	R	T	N	L	H	M	R	R	C	Z	G	C	R	L	K	K	
P	D	K	K	G	N	L	W	G	L	W	J	L	Z	M	Z	M	O	G	D	T	C	
M	E	W	L	D	N	I	H	C	N	U	P	E	D	I	S	U	L	M	F	T	I	
K	G	V	V	V	N	I	F	G	T	C	B	J	Y	M	N	L	H	V	D	M	K	
R	R	K	L	G	B	J	R	O	N	G	D	B	M	D	C	C	Y	C	E	K	E	
P	E	J	N	O	D	O	B	R	R	L	L	W	H	G	N	L	N	L	O	X	X	
V	E	H	F	J	W	M	W	F	A	M	T	O	L	U	R	K	B	D	V	P	A	
Y	S	L	Y	H	N	B	W	L	Y	P	U	G	P	K	C	O	N	W	C	A	G	
T	T	D	Q	Y	N	K	L	X	W	S	S	K	V	I	W	O	G	Z	V	L	W	
V	M	X	D	T	R	D	M	O	E	X	O	K	K	P	W	M	L	N	V	M	W	
X	D	J	B	K	G	F	C	L	C	O	K	K	U	K	M	W	Y	L	Y	B	V	
T	S	I	F	R	E	M	M	A	H	K	C	N	E	N	K	B	K	Z	N	L	M	
D	R	P	B	F	L	Y	K	K	J	A	C	A	M	Z	C	M	V	P	R	O	L	
R	H	T	H	L	C	V	L	C	B	H	T	N	H	T	I	K	B	N	C	C	V	
R	J	P	M	W	W	F	Z	L	O	N	N	N	R	K	K	M	J	C	X	K	X	
V	L	K	T	K	N	T	F	D	R	L	K	M	Z	W	K	F	Z	L	Z	M	B	
T	K	N	E	E	S	T	R	I	K	E	B	K	F	Z	O	B	E	D	V	L	T	
M	R	X	Z	M	Z	X	J	N	Y	R	W	H	N	Q	O	L	K	N	P	B	O	
D	M	H	P	L	V	N	H	T	B	M	C	L	G	F	H	K	I	N	Z	Z	C	
K	N	B	L	A	C	K	B	E	L	T	T	K	T	I	N	Z	R	P	G	H	C	
N	R	Q	F	X	Y	T	C	V	G	F	L	V	Y	N	H	N	T	D	P	B	T	
M	P	K	B	X	T	I	G	E	R	S	T	A	N	C	E	H	S	N	Z	N	D	

Axe Kick	High Block	Side Punch
Back Kick	Hook Kick	Sparring
Black Belt	Hook Punch	Strike
Bow	Knee Strike	Taekwondo
Degrees	Low Block	Tiger Stance
Elbow Punch	Palm Block	Uniform
Hammer Fist	Roundhouse	X Block

Tennis

```
K T G N O L J C T R D L G R I N D I N G Z M
M K E K Y N C R K T L X R J H L Y L Z F P R
C M L V L P G V N V Y H H M L L L I V Z M F
N A T W O T O H S P O R D D Y A W N M X R H
N Z N R C L J Z N N M K W N K B N E G T R V
D P L O N C M K X B W R B A P N V J L C V L
N K U G P N V L N Z L R D H V O C U V R K R
J M C S J E T R F M S J Y E Z O N D T O Z K
W J M C H D N N Q E G Z K R N M C G R S M B
L T Z G M E T E R N R D D O J Y G E L S T L
P D R R M M R U R K E T H F T M C G K C L Z
H O U T C Y T N R U W Q Y T H B Z K T O M P
T R T Q L U L K C Y K R J N W X R B M U Q W
P Z R M F V K E W D N A L W N L L T K R T R
L B A C K H A N D N K C X P K W K X L T J L
X Z J L F T R J T L R K T V K L M H K U O H
V X R D J Y N L K Y N E B L N N N K L B A V
N C T K B C F M Y N H B T J X Z R L Y N Z F
K E R L T R M K V L V T G N D F E E L Z M R
N E Z T Z X R M B H V N L J R K L T K J M Q
N C R M V M R H M V C N L T R L K W B N N P
H A F N F F R M J Z L V K T A G T K X M W G
```

Ace	Fault	Long
Alley	Forehand	Love
Backhand	Futures	Moonball
Can Opener	Grinding	Net
Crosscourt	Let	Out
Deuce	Line Judge	Pusher
Dropshot	Lob	Racket

Track and Field (Running)

```
K H F D P N C O O L D O W N T M M N B E M M
S Z S X B A Q C G L L E F T W H P K N C R L
V T H T H P C Z V C C N Y M S Z W Z Y N T X
M Z R F I X M E L N C N H M N E Q Y G A J N
C R Y I R L G C E M I L E R U N N R X T R F
W L R K D V P D Z W L Y H R L N D A T S L L
N K T N J E A S G L Y C K G P P M C L I H J
N Z R T X C T C P X R V R K Q N Q E G D T R
T B A R R M H W Z E D E L V S G R W H G T Y
P P I Q T F V R C P S H T D K Y L A I N T F
P T L H J L T O T A U K N L C N W L L O N L
K B R F D T V P H R N L I M O B J K L L W X
P V U R G E R C D N W Q R N L F H T S V Q Y
N N N R R R E L O Y L R P D B J C X P T M T
F Q J Y Z L E H J L N F S B R F T K R V Z P
J A W P P S T K V X F R D Y W L W M I T X T
D C R E C A P G L Y J G R R R R F N N H Z T
V X E T R N P E C A R Y A L E R K P T D R B
G T Z A L P L Z W S H I N S P L I N T S N N
S T M N N E K C I K B Z C R D M T W Y N Y H
R B M F X X K F T D M T X D Q T R V V J N P
H H L N Y V M N Z R Z Y J L X B M Q W D C H
```

Blocks	Lanes	Relay Race
Cadence	Long Distance	Shin Splints
Cool Down	Marathon	Splits
Fartlek	Mile Run	Sprint
Hill Sprint	Pace	Steeplechase
Hurdles	Race Walk	Stride
Kick	Recovery	Trail Run

Track and Field (Throwing)

```
M M K T R T N R J L C R A G N I W O R H T W
B L F F X H Q T L A K B Z M C N Y T Q X M C
W K H R D T T R Y M V N M Q W M G L Q M N J
T J J E S A E L E R V E T T T E J Z L L J J
Q I N F I E L D Q T G L L J P L X J Q B H M
M C P G P R Y B K D C L L I F C V P D L F K
X V J P D M Z C N L P Q W K N R M W N X M X
F K R L F I A G T X Z H R Y Y I B M R P K M
K F Q R W R S L Z M T H N T F C Y N O R F W
N W H E T E L T N D G C N R T T H W Y K M O
L H N R P V T F A C R E X Q F U E N H R B R
T Y Q U R E M G Z N M N Q Q T R P X N G Y H
M P Z S T N R D Q E C K C W P K Q T P P Y T
A Q N A G T X K L P N E L O I H P K O Z K R
R T N E N S H P V C J B S N P N W I W H W E
K H X M T J M N Z D K I L U O F D K R Y S M
E D R E V I P D L L T B L C R Z L U G G X M
R K M P L B R V X I F L K T H H P Q P K N A
S F J A R O L D O I Y Y C L R B X L M F F H
Q Y C T C Q Q N E F J Y N G R K K K R L R L T
T Y T R I A L L P N X D P B K K V B R N P M
M L Q K D W D D I S C U S R T N Z W G L F T
```

Circle	Grip	Release
Cord	Hammer Throw	Shot Put
Discus	Implement	Tape Measure
Distance	Infield	Throwing Arc
Events	Javelin	Track
Field	Markers	Trial
Foul	Power Position	Windup

Track and Field (Jumping)

```
P P K N R V K B K J F Y F R W P M P M R K X
M T L A N D I N G P I T T G N X P X T L G Z
U Z Z L T L U A V E L O P X N Q V H V D J D
J B Z P R W T Q J L K Q N T L N J I L G N M
X P Z K T B V D M N S T E P F N K G R B J J
Z V J H P O H Y C R L T R B C B F H Y Q P T
K X R R K Y C C J J K W A D K D K J P T C R
F O S B U R Y F L O P H Z K N C H U B K F I
F B X N L J R Y W F K N W K E I P M M K Y P
K Z B J M M A B F C T B V W T O D P R V J L
R Q D M D W B O Y K C Q L C C J F J B H R E
H B T H E B P K F A P C H T V W K F Y Q G J
T Z K D A M Y M B L W K V M H R T N N N W U
T Y I W U N N H A T I N J G D M F Q I T R M
L L B J J Y G N N C H R U V V F P D K D A P
S O Q D K E T B K K T T H R R G N L X L B C
J L N M K B V M G N R P R J Q U C L K Y L M
G Q G G O M W R H V M L B K O W R I Z M J G
M Z J X J R X N U Z F A B B L T Q A K K B L
D R J M F U Q V R C F N J L L T T S P M C R
T J M N K M M F P K J T N R N T N L L H D D
J M P N L J M P F X T N H R P G H N K K L G
```

Bar	JCurve	Pole Vault
Bounding	Jump	Runway
Fosbury Flop	Jump Off	Sail
Hang	Landing Pit	Slideway
High Jump	Long Jump	Step
Hitch Kick	Plant	Takeoff
Hop	Plant Box	Triple Jump

Track Cycling

```
H D D T L E V K T H W Q M Y K T R R L H M X
J W N P N N M L W C R L K C N C N T N G M X
F V V Y L D M B X L M L K R F T O M N I U M
U L V C K U L N A P J Y S I G J Z S K N L G
G C G Z T R N F P N L E X R B Y K V L S T N
M H I F R A F R D Y K E J B H I H P N R F B
K K E M I N L V D A D S W R N C V Z T A N V
C T N Z D C Y T R G Y K T S J Q R S N B W E
G J A Z E E G B E J T C U N P P C R K O R L
L R L V R N O A G N Q I N Z I I Y D C R L O
H R S N S N R C M D T M V M M R P M Y E J D
N N R S R A B E L D N A H A B D P Y M A N R
F G E P T R A C K S T A N D C M L S L G O O
G B T L M L R B N W N Y T P T A R R J R S M
G K N Z G K Z P B N D I D G I K B H Q J I E
F M I R K F W T U O Y W R R W Q P P D M D T
T H R L T C C T R R P F T I L R T R K T A R
Y T P K K B R E T M S E F G E L V N M N M Z
N C S Q Q T A H N B M U T M Z K X R N F H Z
N M R R T M L T B I J F I R A R M S L I N G
N W C R Y N V T T F H P R T Q Z J M Z P M Q
M A E R T S P I L S K R R V R C N T N P C C
```

Aerobars	Keirin	Slipstream
Aerodynamics	Madison	Sprint
Arm Sling	No Brakes	Sprinters Lane
Banks	Omnium	Time Trial
Endurance	Pursuit	Track Stand
Fixed Gear	Riders	UCI
Handlebars	Skin Suit	Velodrome

Trampoline

```
T Z F C V F B C P O R D T A E S T R T M J L
W R H L R K Z N D H N H G B X T L G W M H M
E C T F I M Y Q T S P M P T Y L F X Q D F F
P L N C M F J Q P M T K P F G U K R B B T W
L F D G M R F I Z Q V G O R L A P B B K R T
X T H D E Y H U B R Q Y R O K S M M L D L V
C K U L A L W Y S K Q R D N L R L K G L X Q
D Y L C E R D D G R B X K T J E K N C R T K
G I N V K B T M M M P B C D W M H K Y P R H
M B I G N M H S X J O R A R L O V M X O Y K
B W W N G N H V L Z V O B O M S I Q T Q F K
S P F I D C R A D L E M B P Y N N A T U T Z
T P M D M Q L T T T L Q V A A N T F U A Z N
L G Z N R L G F Z L Y J R K I F P R D F N A
Y D W A H D N M N F H F A B O D C L N R R M
X Z N L W M X R R D C B P N Q K H J T I L V
G D T T K R M Y Z T M H V I N G T B A F R M
Z R M N Q M D N H D V C K N K L M H B F N T
V N R T R O T S I W T F L A H E Q J L U J T
M K M B L O U T B O U N C E G Z T X E S Z N
K Y Y P Y B T R A M P O L I N I N G N H X M
T C H Z J L K B P L K Z H V N Y K Y D W K H
```

Back Drop	Kaboom	Seat Drop
Barani	Landing	Somersault
Cradle	Miller	Straddle
Fliffus	Out Bounce	Swivel Hips
Front Drop	Pike	Trampolining
Frydolph	Quadriffus	Tuck
Half Twist	Rotation	Turntable

Triathlon

```
P Y B R N O I T I S N A R T N X P T R T E N
K K W Q E T A R T R A E H D P M F N N K H X
P T M X T N M L F L N F M M T N N N I B L D
W N C Y M L X W M R I Z V I Q W D B M C M W
B O D Y G L I D E N Q N M Y D F T W M T C Z
R M G K U S A T I M D I L Z Z T C D S D W X
T E V F Y M X S Y C N C W K M G Z J W G E L
I Y T Y H D H K J G M O N W F H Y R I Y T M
U Y N E K D M Z C P J R I G M H L V M D S M
S X J W L L K H Q Y M N M T Y D T R M R U W
I H L G D H I V K N L A G N A M P Q I A I M
R N G N G P T V D D B M L C G R T H N F T B
T T V T Q W X A L C Z N T C S J D C G T N H
M F M Q L L G R I Q T O E J J P Q Y M Z N Q
H T M K M N K K R R K R M C W K R M H O R G
W L M D I H N B D M T I L N Y A B I R N T M
Y R B N C N X P M F K R E N K C V R N E R D
Q Y N A R M L T M P V H H Y L K L E N T W Y
G U E X F G L H R M V B O B K C H I S C V R
R B N N J M L C T N R Z R N N K N T N N N D
H Q M P Q V R W R F K N E H N M R T Q G D X
H G M J R F N S P E E D A X W M K M C Z L G
```

Aero Helmet	Hydration	Transition
Beach	Ironman	Triathlete
Bodyglide	Running	Trisuit
Cycling	Speed	TT Bike
Draft Zone	Sprint	USAT
Finish	Swimming	Waves
Heart Rate	Timing Chip	Wetsuit

Volleyball

```
Y K K W K L H L B V M V R M R J K L L K M T
W V Z H T M E A R J G X L X M N N M D L M M G
R K R B B C C V D I G W R C V L L X F Y J X
Z Z R W R K V N R N M L S E T T E R R W Z D
M J H Y C W J Z W E F N T T R W T R Z Z R D
N N M O F N J V F A S S I S T B A Q R R F D
G Y U L T F L T K P M P M K M C P V Y K R R
D R A F M R Q R R B Y K M L T N C W B V T R
T R P I G K M C W X T T X U D W V J A T X N
E J G V E T E V A S M L N M J I J R C Y R E
N M T E C N R L H T I N K L C B N W K Z T N
L T R S A N I H J G T D J Y K Y B K S T C K
B Q N E Z Z F R J H L A E L R T K B E N A M
D K Q T L S P T L R G M C O K F W N T N F L
Z L N V M P M Y H S P W N K U K O Q N J V K
R L T R N I A B T W S M N M C T D E W J T R
R I F R X K C D R T W A K K N R T T J B N R
F K K Y X E H F F C L K P I K N R M Z B R Y
N T Z H C R E T A O L F M P A N Q Y N G K H
Z Y M J F R H P Q Q K Q W K M F D Q R K D C
V T K T Z C J V W W L P K V L U T L H K V W
H J Y M D V G N J K C O L B H L B L B L N T
```

Ace	Bump Pass	Floater
Antenna	Campfire	Jump Serve
Assist	Carry	Kill
Attack	Dig	Mintonette
Backcourt	Dink	Setter
Back Set	Five Set	Side Out
Block	Flare	Spike

Volleyball Hall of Fame

```
G L P C Z K I R A L Y T P T T Z L K H Q Q K
N Z K A K K G F Y L K H O V F H R C W C W J
T K M V D X C N V M V Z H R V F M T G F M X
M R T L L B M Q I O R Y C C R H K Y N V J H
J Q N I R P C D K P Z D M D V E L T N R M M
L N K S V L T O T C T W L B R H S K V G F C
A W G N O Z N K F N R T R K M K W T H Z J P
N M G P M S H N R Z G O R B O B X T Z T H R
G B R Y E X D P E J Q K C J H C Q W F Q X Q
P A C H J O J X N E V K K M R M H F X X L T
K X C D W C K P D T R Y J Y E F Q T H G C L
W T Y D G Q O K O W X G L R R T J L Q C T Q
L G E T L M T L Z L G D D O K L T M J V N H
Q L P L R N J B U C K M D G R W M D L L R P
L X V H U M N K R Z Q L Q E K Q R X V Z T M
T K N Z Y K W L G L H L V R D V T Z X N L B
B L M W L C Z W M H Y A L G D H D W T T I J
B A H S I F D D L T M B K M G Y Z E K N K T
N C J C T K F R M F L L K I L D D R J H Y C
J R L X F J R T B W Z N R Z R H Z V K Q J H
T K J R H M N T C V K B X N M F M E K Y D
X M Y T I M M O N S B V W P W R X R G L F W
```

Ball Green Oko
Bright Gregory Ping
Buck Karpol Silva
Crockett Kiraly Tchesnokov
Ctvrtlik Koch Timmons
Dowdell Lang Torres
Fish Nuzman Zwerver

Wakeboarding

```
P Z G T B D M T R I P F L I P L K K G T K X
C V L N T L W F R V F T O O F Y F O O G T N
L O N X T H R D R B Q P T W S N V N Y H G X
H Q R G C C V I M L P L T F G G M Z W H R Y
R K L K G L T G W Z T T R L N W R C K X Y J
E M R L E P T G P M C A G L I A K E M M L M
Z L G T D D R E B O M H F D D S H R K F M T
A Z R D F E S R N P P D R V N H R D B C M T
G N R H K T C P Y G T H K R I Y M K T M O F
R F V C T K M W I H N M Q R B W B T N R H R
A N I N Z X A C F N L D K A W A L Z E P T L
T K G N M K P Q R D Q K K L Z K V W F L T W
S H B L E J T H N L L G Y E C E O A M P T X
T L V N Y R K K K N R Y V T T R L N O K
X N W B P E K Z K W T K R G B S M L B O N K
R K F B D R N R Q R F R N R A D R T F F F K
L K L R M N Z J P M T R I C K B T F H T M X
M X A Y J K N R G K N K P Q H L R P H B M
K O P V R M D Z F P L R H X L C C Z E D I Y
B Q D M O N K E Y S P I N J N E L K R V J K
T R E V E R D V X V F H N R F L U H G C N J
T G M Y Q N L C G Z G K F F L T B P V M C I
```

Bindings	Invert	Revert
Boarder	Jib	Rocker
Bonk	Kicker	Stargazer
Corked Spin	Monkey Spin	Tower
Digger	Pop	Trip Flip
Fat Sack	Raley	Triple Up
Goofy Foot	Rampy Wake	Washy Wake

Wallyball

```
Z N W P R G V C B N L W L G J Z R L F F T J
Z Z A V O R W N J Q P L Y T R R D X L X H J
B C L R L I T B N D A D N C M N Z M F M Y D
K P L T N Q N N V W W W Q A F L L Y Z R V X
D Y Y R C V T T K J P X R P M E H Y N F V W
R L B J T N B C S G Y H C T Y T V V R K M V
A T A W T X A L V V M D X A Q T D R M Q S T
C L L C C B K F X H M W Y I K R L K E D V B
Q C L C Q R L R V L H C T N Q L W T N S G Y
U P R L T I H E L B U O D T Y W Y U T W R L
E Y G N I R O C S V L X P Q H N O G T C T K
T I M E O U T D L L X F J J R B L O C K E D
B L X K Q D X L N M W X L K F R M J W V M E
A H J P A I N T B R U S H O A X F Y W T L C
L B C F C N L J L B E Z T L K C H W K E W I
L K L T T M V M P K F U L H C V D N X N K V
B N V O A N Q T I M O Y V C A K O L M N J R
Y X V R C M Z P B Z J O M T N V L V C T E E
T K R F T K S H C T H U D R T M R Z L M B S
K R K T N C E C B R R K V K A D T Z M E C J
J D N X L W Z R F T V H R N N T K V Q K Y L
Z R C T K M B H K Y V M B K T X N L X P R T
```

Attack	Match	Scoring
Back Wall	Net	Serve
Blocked	Out Of Bounds	Service
Blocker	Paint Brush	Spike
Captain	Points	Time Out
Court	Racquetball	Volley
Double Hit	Rally	Wallyball

Water Polo

```
R B F C G L R K L K J H L R G R E L E A S E
H H N T T Z P A R L X E C R R L R N K X K L
N Y X Q F D N M V K Q L O N E R G D Z X Y L
G V V R Q E X P L H J U R F E D W R S M K D
R P R R P T B B K X P R N D N T V S X V O T
G R S R F N T N Y W H E E G I K E V Z U T H
L O E S G I M M B V L G R P E R R C B Z M T
X S A Y A O Y R K D F A T R P K Q L T R R N
S N G L T P R M K Q W T H Y C W E X E G L J
K M E N T X Y H M K Z N R C R P K D N G K J
M M B U T H N R W H W A O V O Q N I P M M X
R M M U T T R L D Y K V W S H U T T B Y L Y
E X L J N R X O Y M T D T L O N C P X L H N
Y K M N X N A C W K R A J R O L Q B G W B D
A K X L R R Y L X N N N L R K T O H S B O L
L C D K D L L S T X L L F Y J M T C T V G W
P M G Z Y R Y T H H A T T C N V K D N J W I
D N H R M L P L P O R D G N I L B B I R D N
L P Z G L T B Z M K T O T C M K R T Y Y M G
E B B A L L U N D E R L W K K K M C Y R B M X
I R T W W K R K R Q T L L B C H N I V Z G Q
F M N Q C O U N T E R A T T A C K B P R L L
```

Advantage Rule	Dribbling	Lob Shot
All Rounder	Dry Pass	Neutral Throw
Ball Under	Field Player	Pick
Bunny Shot	Fronting	Point
Corner Throw	Goal Throw	Press
Counter Attack	Greenie	Release
Double Post	Lane Press	Wing

Water Skiing

```
R T G G Y T N N H R V L D D M V T N B Q Q V
R V X N T M R N R Y Q B I K S W O H S U K X
E T D H I T H A H B N B O L C M Q T I R P K
G L T R D C P X T V G R B O L X F C T K T T
G J Z N B D A M C S H R V Y M K K V Q N J N
A T Y M C X B R L T K M G M B R I M K P Q D
R Z V K M Y G Q I C B C D U E J K N T G L T
D D Q F L M R W K K Q C O L D T S J M F F M
M K V L K B P J G T S Y E D D W T R Z Z K N
J U M P S K I S T X L A K S R F O T T R T K
K R L R N J Z Q D L S L G Q R J O L B Q R T
K R O R Z I L M M E I N F K D V F K R Y Q M
X K U Z D K X T T G I F K R Q T E V I P M R
T X T L K S T V F D T R E T T G R N D B T W
T M R T L M Z T N E G A C J L G A K L B R A
Z F I K F O Z I R F Q P R G A Q B H E E Q K
G D G N V L B R H I H Y L D C C N T T T X E
J R G K X A Y P T M C N K V Q V K T J E W T
M N E L H L F Y G V B K V H N O E L F N R
V W R G J S K K N X T S V L P F F T M N P
H L S R B O A T V B Q T F K S T O W R O P E
M L R L X R C M D P D Z X Y I X K L X L P H
```

Barefoot Ski	Dock Start	Show Ski
Bindings	Dragger	Ski Racing
Boat	Flex	Slalom Ski
Boom	Jump Skis	Spotter
Bridle	Life Jacket	Tow Rope
Buoy	Outriggers	Trick Ski
Cage	Quick Release	Wake

Weightlifting

```
M M K E T T L E B E L L S K W L P Q V T N T
K H A R R Y N B Y D D P H X K R M B X Y C E
K G C C B N M X L H E S X R P M D M S Q N L
R N Y T H P L N L Z C C T X W F R U F I H T
N L P W A I Z H N B L C C H M A P X L P N L
H Z R G D N N L C R I M K R G E R C Q P J W
P T F Z T M S E Q T N Z L W R I N M K W G L
J B E N C H T T S R E B R S R I E T U V L D
B N V B W G L Q T B B R E E D K K W D P R T
Y F H P Z T H S Q U A T T N P R C M E O R T
H J T S E R R W P Y S T P T D G N D P E T D
P B C B D P G F M J O M M X N B Q S W F R P
O Q Q H G Q H G L P K M E R N M E P Z B R F
R V K J A X Q K S K L Q T V C T Z L P R F H
T F G K X L L L M L X N T B S B X A R N K B
R M K F Q J K B E D N L A P D N B T H Y T C
E L K K V X M B J L L E B B B M U D E C M K P
P K W V T G R M P Q J R J M Y T X S P D K B
Y W X L J A L X C M E Q V Z R I B F M H V M
H X K C B R Y R B P L N N K C L M K P K M K
R R Q K G F R R S X R P P P P X P L K R C W K
W L R R R J F F K T R T N W M S K T T M R G
```

Attempt	Free Weights	Rest
Barbell	Hypertrophy	Snatch
Bench	Incline	Split
Chalk	Kettlebells	Spotter
Decline	Machines	Squat
Drop Sets	Plates	Super Sets
Dumbbell	Reps	Warm Up

Windsurfing

```
Q K G W K N C D L P Q M Z L R M N T R L R K
W T E M Q D E T L U P A T A C L G D Z R B N
W L F M B H K L S M R R F C X Y T L J K G Y
C K V Z Y G C N Y V D S V N B Q C L R W B C
R R T G M Z E P X L D K P E R N R P K G M Y
T X M J K T P M T Y L E F I P D V B F T D D
A K B C T N X Y D P T G N B N R E M I C T T
E K B A W N F L M M M F L I E N J C N P R V
L N B Q P Y B J M K Q W I L L A I T K B T Q
C N B T C K L G L K W T P L M R R N F C Z C
H N N X D L A T F D J P P N C H E A G N R R
T B V X F M S T B E A M R E A C H T W O V L
B T H C V U T S M L L R P D F G H T N A U R
X X Z Y B P I A N E W Q H T H W R P D E Y T
V J R I G H N M S W D M K N B M X O N R C J
B W W Y L A G O Q N T T Y K J B M O N L M C
R R T B B U N B L P N P Z M L N W L K K T N
V L O N M L T J M N R C Z G T N K V T P P
K O P H M D A G G E R B O A R D H C M R C Z
M M D Y K Z B P T M K R K C K T T A T T B R
T N Q R K C R M T B T L H K T X K B B N D Z
L L U H X F R V F V J R M T R X D W L Z B D
```

Back Loop	Centerline	Hull
Battens	Cleat	Lift
Beam Reach	Clew	Mast
Bear Away	Daggerboard	Nose
Blasting	Deck	Rig
Boom	Fin	Spinning Out
Catapulted	Gybe	Uphaul

Wrestling (Amateur)

```
K M R L T M T K D K C T A K E D O W N F W L
G Y R H E D V L T L U A F E D X Z T D C H D
X H E J M B L X V X L N D P F D Y N R M I W
N M R K I E F M N M B A G L P D Q W D R Z D
H Z U Q T Y P Z M F N L S L R R K O W K Z Y
V N S Y G W W A K R V K E R B Z T D B X E T
N M O N N K B H C T G L P L E X G K D R R N
R L P D I R H D T S Y M T F T V T A M R T K
H Q X L D L X B G T E T K N C N E E N L Q N
E D E M I L R T S M Z N O M C N J R J E V T
A M V Z R L E E D G E L V P G D N B G D R Z
D M Q K G L E E C A R L K N P N F D T Z N Y
G K M Q G R C X R P W E Z N G O I Q D Q D B
E Q T N F I D F A G R L C K G R S X D M J R
A L I J S L A L D C H X K O B B K I X B F K
R S G I G L L H L C K Y P N R R L Q T R W R
K K O C L P P M E W O W M K K O B X B I D W
Z N J M K K N L C R R N K Q T J M R G L O N
N N J J H K R L Z B K Q T G N I P A K L M N
C A U L I F L O W E R E A R N Q X J N R L G
B K G R A P P L I N G D J F O K Z M D L M T
P K Z F K P Y V Y K L D R W H L C V N J R Y
```

- Breakdown
- Bridge
- Cauliflower Ear
- Control
- Cradle
- Decision
- Default
- Escape
- Exposure
- Freestyle
- Grappling
- Greco Roman
- Headgear
- Near Fall
- Pin
- Reversal
- Riding Time
- Singlet
- Takedown
- Top Position
- Whizzer

Amateur Wrestling Greats

```
X R M Q R Y Y L D S L P N S A N D E R S O N
K G J V K K R B R E N Q H K K X L Z R L P R
K P Z Q K Q X F B N L Y X R E S A R F K Q J
B V X P R T C N N J W B D K Z H M T V T M G
X L B R L B B B K V B L A E M R K L R T K P
X P N B M B U L N T D N Y G R F Q W V G E P
B N M W N Y J R L M P H M X V K D W P P L N
B V C G D E L R R X A F H C H B E L C D G W
V W C P C R G K M O B R A N D S E J K Y N I
F N A F V S V O N K U B O L T N R K P K A T
K K N R V B N D P J Q G X U Y P R N Z Q Q T
T D N G L D D X Q M W N H M L E B B L S F E
Y L L M A M Z M R G C H J S N I M G R L W N
P R X Y M C M R M L T N N T Q D S E C X X B
H E Q N Q K N C H I B C R O X B D X R Y K E
C N T R K E M P M K V A N M S N D M L Z Y R
T D L P W R D S X N G G N K A R X N R M P G
M R R L T A N M R M N Z J S J R E H P W R W
G A H N K H L Y U Z K B M Z N T R T K R V Z
G G G E O M L A T B P H F N R T B M E H K J
K L L J M Q B W T J T L C L R F X K Q P Y Y
T B N K D T R F L H T I M S T A P T T C X G
```

Angle	Gable	Pat Smith
Baumgartner	Gardner	Peterson
Brands	John Smith	Reed
Burroughs	Kemp	Sanders
Byers	Maroulis	Sanderson
Dake	McCann	Snyder
Fraser	Monday	Wittenberg

Pro Wrestling

```
B G T R Y K M L N M D G Q N V M R N T L R R
R L V K C R X H E A D L O C K T P Q E V L Z
J K Z C H N C H G P P X K L C C N G K Z Q Y
B G N O I D K L I K Y R D O V Q L N Q X L Y
F L R L C T Y C V P E N L N R O J F V R M T
K E V D K R Z R X P T L F E C C L M V R K T
H G Y A E F B D E C A O K K L B E A R H U G
L D M E N X G E Y R D A S B J C G K V V M G
T R N H W W L T N Q E L V S T R P R G K H L
N O O E I S Y E Y R K R P E E W S G E L R X
L P S D N H L K B R K D L O H E O T P O R D
P R L I G B S K R C R S U N S E T F L I P D
W J E S O P C U O E R A B R L M F V D K D L
R T N W N A T L P H V C O J L V L N V Q R
I L F L B J R C P L W I N S S K B M N X X J
S R L H P E C K R M E R R X N T W K X L T P
T Q A K M W R H A C R X G D Y A O B K Y D L
L M H M G J B Z B R R R T P E M M N D L L T
O T A V Y P M R M T C M F G N L M E C G K K
C H W G G N M N R B T D F B K T I K R R J F
K Q T D L Y H W A K B T N L M B N P K I A Z
B K L M F M M Q K Z X W Q F M N N T T M F B
```

Armbar	Firemans Carry	Legsweep
Backbreaker	Half Nelson	Piledriver
Bear Hug	Hammerlock	Side Headlock
Boston Crab	Headlock	Sleeper
Chickenwing	Hip Toss	Sunset Flip
Collar N Elbow	Leg Drop	Suplex
Drop Toe Hold	Leglock	Wrist Lock

Pro Wrestling Greats

```
M R K Z W D J J P K W R S S A B N O R Q T Z
P M L M T N M Z B H I Y J K Z K F Z R H M
Y X T Y V E W G Z O J E T M X J T J I T E C
T Y C W N Q D K P L B R H R F B Q C T X R H
B Q C L T H K D R A Q G T S P N F K K K O C
E H M K L D B M I N U T E L N L R D L T C R
N D E X B R O G N B L L T I A O I M M C K W
A P N X X A B Z W X I G R I G N R K C J N Q
L Z A N G N O L Q C K A R O O E B I K M D T
N C K M B D R M I P D N S B M W L P N L N R
A K X F B Y T P Q Z T T R E K A N W K A E K
T K W S Q S O P V C T A Z X L N T F I G M X
S X Y E J A N B N Q V O W X T L G G U G Y L
X V G L T V B Q H O J L H T M B E L Z P R T
B H N Y F A B A T I S T A S N H X L G F Q C
F K Q T N G B P M L Z K Y M T E X G F L Q T
B K M S T E Q X N G K Y M E L T M H K H H B
Y K H J T L T L N Z V C R L H B E G E G W
W T H A T G P I Q N T D D B L Z J H J P D L
J D H N T M T C H Z N X Y R D K T R V K M W
W W N L F S X N D A M R P E R F E C T T J D
V Y P Q L R C Q P N P Q M S T O N E C O L D
```

AJ Styles	Iron Sheik	Ron Bass
Andre The Giant	Kane	Shotzi
Batista	Lex Luger	Stan Lane
Bob Geigel	Mr Perfect	Sting
Bob Orton	Paul Roma	Stone Cold
Dino Bravo	Randy Savage	Ted DiBiase
Edge	Ric Flair	The Rock

Pro Wrestling Greats

```
M W M K F G J L L K K U R T A N G L E H T L
R L Y K W K M X M O V R P N M R C P J L Z J
L D R R R V M L D C U X M R Y H Y L G S H R
V W E B R E T H A R T T W D J T R X A L P K
M B P P E N X T P M Q R H T R I P L E H N H
R Z I F B A Q Q Q G E G D E C M T K M H R M
F X P W T H R M R S H F V Y S A M B M E A G
N X Y C K X N T T M J D Z R Y Z K Z K R N R
Y N D X R T L L H L N K T N W Q L A E G Z X
R Q D J Y V I R F Q W C O Y J T T T R O Z N
E M O R M N P N R N U T J M D R A T H L T Q
T B R P G F K L B C Z A M K E P R B V D T J
H W S E L U C R E H F Y K D N E K H T B K A
G O Z Y M N K J T K T M N E K B A B J E D N
U H R D I M A B M D F U K O F R L H J R Z E
A S Y L C N Y G Q C N G O C L Y V T G G V C
L G M M K L K T O K R B B E J L N Z W T F N
S I K X F G R K N H R G Y X R Z B A N D K H
T B R G O T R D T R K R C N H T T L F B B O
G Q Q K L F T R R L A L P Q W M N C B F L J
S L C C E G H W Q C J Y U T E D U R K C I R
B T Y L Y P N C E T P V C H L M Q D T T C T
```

Big Show	Hulk Hogan	Rick Rude
Booker T	John Cena	Roddy Piper
Bret Hart	Ken Patera	Sgt Slaughter
Earthquake	Kurt Angle	Tiffany
Goldberg	Lou Thesz	Tony Atlas
Harley Race	Mick Foley	Triple H
Hercules	Mr Wrestling	Undertaker

Wrestling (Sumo)

```
Y K N N T D L K Y O L T K Y F J D L Q M V G
O C Z T F Q D K D T H F R L O W N W D Z K W
T N O K O T T A N N N S U N F K H K F R J L
S I Y O B I D A S H I N A N Z N O G L V F G
U M V P D B K M L H P Q O B D B L Z R N J N
Z U L M E I R O T O M U S S N O M L U C N H
U K T K K V M G A K N E H K H O S T B N T N
M I Y J U M Z A Q Y F N R V S I H H L Q A E
O R P H Z Z M B C L T L D H T M Z R I V G H
C O E N N J T U K X Z M I Z F T R U J A B D
G T K K A X H R G Q T S L A N V K Q M T R R
Z R A B B P Y I K V H K C W N T X N C O L K
Y I W H Y G N Y X O F P F V D A O W V K D K
F K I Q C R J O R C R W K T H H T B Q P L H
N I M C C W A R Q M L F L N C V V A G T A J
G S A F V N J I I B J D O H Y O K G G K G H
Q H T G U Y H H M G P P P K Z K R M K E Q N
P I I S P D S M T F M L X X N L K E R Z T C
M X T M V A X K L W M V F R N T Y K V K F B
P K X D W V W T Q D Z L M W W O R Y L W M L
T R B A Y X J R X N G W C C I N R G J L Z T
X M M W F X F V W D W L L W R X H J P L G K
```

Banzuke	Honbasho	Sumotori
Chonmage	Itamiwake	Tegatana
Dohyo	Mawashi	Torikumi
Fundoshi	Nokotta	Tsuna
Gaburi Yori	Oshi Zumo	Yobidashi
Hakkeyoi	Rikishi	Yokozuna
Henka	Shisho	Yotsu Zumo

Sumo Wrestling Greats

```
I M U Z I O T I M T G G T J K J W D D T Q M
G R G Z R N R Z O H U K A H H D K X J T G J
H L K O N I S H I K I F J Q D X K N G V R T
T N D L O M F T A K A M I S A K A R I J W M
N P T H Q Y R R G R R V M L Y V J W F M C B
T V I T N A S A S H O R Y U Y R N U K Z K W
L A X J T M N I H S O N I H C O T N O M R M
T U X L U X K K J Z D N T N K A X G T C H C
Z Z R M L F G N Z M Z M X X B T K O H B L
B Y B A N T A N L N K N M A V R L I T L D L
J C A A M X T M K K T Q Y K B K R E E T M W
Z H W M R I T H U V T A K V K G K S N L W J
Z I Z B A U H M J R M G R H N W Z I Z Q V U
T Y B N H M T S K A A L T O J X V A A W Y N
T O K T K Z O O A M W H L N H M N K N R W A
W N R Q R O K T A S Q D G O F V K N U T Z Z
H O T C Q C T I O K U T M B X T Y K Z T D O
T F M T D M N O L Y F M M E M Z A G L M T D
Q U J K L O N N O Z A Z P K L K L X V P M I
F J B D U Q A B K S C M F A Y D Q K B K X K
R I L M M R G B L K H X A D B R J R Q X J I
Q F I N A F M J B Y N U G N R N H T M J N R
```

Akebono	Harumafuji	Mitoizumi
Aran	Kaisei	Musashimaru
Asashoryu	Kakuryu	Rikidozan
Baruto	Konishiki	Taiho
Chiyonofuji	Kotooshu	Takamisakari
Futabayama	Kototenzan	Tochinoshin
Hakuho	Mainoumi	Yamamotoyama

Yacht Racing

Beam	Hull	Sheet
Foils	Kite	Spinnacker
Gennaker	Knots	Starboard
Head Up	Leeward	Trapeze
Heel	Mainsail	Turtling
Helmsman	Reach	Upwind
Hike	Rudder	Wingwash

Sports Movies 1

```
P T P H D B R E A K I N G A W A Y K Z F D P
J K B N Q Q K L L D J M P F Z R J Y M I N N
L X X R B X Q R X L T Z L M T Z T Y G M M J
V W N X E S U G A R U T M P M R P G R M N L
K R R V M H F H J K F B K Q B W S V R Y L K
R Z E R Y Y C B O R N X G Z T T I L X A N E
T Z L C L D K T T O J W C N O Q T N B L R L
M N T R M A B J A M P W D W I I F T W O T B
P G S E W O Z U Y C P D N R U G E T M I Q P
D D E E H R C N L Z X Z R C F K A L F H N C
M H R D F Y G R N L L O S E E R I R F N N Y
R S W P M V F F N D I F S A G X M H K M L
T U E T Q O F C R L B U A T Y M Y M O N C R
N R H C W L L I R A P B R P L Z S X O T P L
K M T M Q G N T E Q W F P H Z L T F S L G Q
X X J L T V K S K H W A Y T A Z L C I B W N
X J B N I R W N Z T H B V T M M N T E R N Z
L F X C H H K V M C H H M X D L L X R B N J
Z W T S M A E R D F O D L E I F N L S V H B
V U H E G O T G A M E T T Y Z B Z P T I K C
S W Q R P Q E U G A E L R O J A M T D L P K
J C K L C R P H L K G R N Z K H N X R A R Z
```

Ali	Foxcatcher	Major League
Baseketball	Glory Road	Raging Bull
Breaking Away	Happy Gilmore	Rush
Bull Durham	He Got Game	Seabiscuit
Creed	Hoop Dreams	Sugar
Diggstown	Hoosiers	The Wrestler
Field Of Dreams	Invictus	Win Win

Sports Movies 2

```
F R V Z M P K R F F T N B Q K T L N B R M P
G E R C L P M K C K P U L L K M C F C K D K
N I T K L R X M Q R B T O M O C N K J R P M
Y K H Z T T J H E Q L Y L N T O T L A F F N
V O E K V R Z F K K U L K H E H D Y H N L X
L O H L N B O J D Q E W E N H M T S Y V K D
N R U W W N C O W T C P N T M S T R P K R H
T E R C T X D L O F R T L L E I Q H Q O M N
Z H R A H G G L K O U D F G C M R L G L R Y
J T I H E B D W G W S Q N F L U N A K I K T
K N C B P N R R N J H O M G R R M V C Q E X
E J A L A R A A K Y L M K R R D I D B L X L
X L N S P M F K M L G G J N R E R P H F E K
L L E L G G B L I N D S I D E R E H M N Y X
N H M H I Q L K V D Y M F L K B H H P F T K
T L T B F R E T H G I F E H T A T T L G C V
Z Y T L Y X K D M K Q D C M G L E T B S C N
T Z G L C T N F X L M B D K T L V M T U L Z
R X R C C T S G N I N N U R L O O C K R L V
Y Y O U N G B L O O D N L J L L B P Y A Q J
F J E R R Y M A G U I R E T N L A B R C W W
G K L R N T R J Z F X T L E B D E R D I W X
```

Above The Rim	Eight Men Out	Redbelt
Big Fan	Icarus	The Fighter
Blind Side	Jerry Maguire	The Hurricane
Bloodsport	Longest Yard	The Program
Blue Crush	Miracle	The Rookie
Cool Runnings	Murderball	The Sandlot
Dodgeball	Prefontaine	Youngblood

Sports Movies 3

```
B Z L X P T L L H F M M R K P X L J J L J J Z
O R W Q N N Y L N R I T B R V L T D N M Z T
I D I M L P N F A G O N R Z K N M T F B B N
D N N A U M N M H B I U M A J E C A P S D D
A Z R C N F B T L K Y Y N M B B Q T W X P T
R W N E Z S Y N S B S E B D W P X C R Q R P
Z I X H X D S W N M R M N J E W R O K L L V
T R N H U O O O K V A T Z O G R X A L A T C
N V M C C B B V N M E D L J M Q S C Y R K L
T K K P E L Q E K G B L L V M H D H Z U R Y
H S D L T D H F H Q S V H N Z K K C K T I Y
L K G F T T R K M T W T I Q G X W A D A D V
L I Y T M E M D M Y E C Z S F J B R B N I W
B D R L E X N I T M N R X H O R L T Y E N I
W F K S F J I M X B D D M M Y N Q E Z H G L
L G O R X I D P L K A B P L D K Q R L T G D
R L X K Y Z M X M R B P W L H W M U Y Q I C
O N H K R O C K Y I V K T D G J G M E F A A
R D C H K M J H C R L Q W D G X J B B S N T
J O V G W Y C T Q N V B L U E C H I P S T S
R F V C N N I P G N I K R J M Q M M P W S L
V A R S I T Y B L U E S Z F D T F V L L L L
```

Bad News Bears	Mighty Ducks	Space Jam
Big Lebowski	Moneyball	The Boxer
Blue Chips	Radio	The Natural
Brians Song	Riding Giants	Tin Cup
Coach Carter	Rocky III	Varsity Blues
Free Solo	Rocky IV	Vison Quest
Kingpin	Rounders	Wildcats

Sports Movies 4

```
N Q D V Z W H R Q K L T R Y R X J R K Y F K
O K M S E C R E T A R I A T X T T J V R N T
S T R K N N H P O T E H T R E V O T N V H G
Y V X J G W K P M L D P H X T Z X Z N E F T
T N N H P M K L T D G N K J L V J Z C Y K K
S S E R P X E E H T Q K Q J T V K H R I L R
K K E T R R K W K L K C N Q H G A O C K N J
Q M R C B G R R T X R A T F V M T K K H M X
P R H F A C Z M Z Z D H C C P C B T B D S B
D R U D Y R K M Q R V S D Q I O J T P T L K
L X C V L G J J C L H Y R V X X X Y K Y A A
L L Q T L I F R J X K D G E M L V K Y K P R
Q K Z N G T N F E X M D R M W T T N Q C S A
J L F W F H X V M L I A K G H A P X W O H T
F M V A F L V L I I T C C G M G R N B R O E
Q N R T K G P R Y N Z S I L Y L M R H C T K
H P W E J F W K N C C F U M D C P N I M R I
Y T Z R L G C M N C L I S H W Q P N T O L D
R D F B R O P N L R M V B E E Q L N P M R M
M F T O R Q L N I L K Q Q L N H H L L V L M
D T Q Y M L L G K W M T H Y E N T Y H Q F C
M Q N N I T O N Y A K L G Y F R A W M F L Z
```

- Caddyshack
- Girlfight
- Invincible
- I Tonya
- Karate Kid
- Kickboxer
- Over The Top
- Race
- Rocky
- Rocky II
- Rudy
- Secretariat
- Senna
- Slapshot
- The Champ
- The Express
- The Hustler
- Tyson
- Victory
- Warrior
- Waterboy

College Baseball Hall of Fame

```
X Q K L N C G R C N P F X L F G J R K M M L
Z B K R M L H X N O N R K K H O W S E R T K
L V V G A N H L P S K A J C Z F K T H J C W
W L R K T K Q W P N N N R K L L L R Y O H G
J R J L H L W W P I N C R W Q A N X R H M T
C A R T E R I G X B P O N T P B R B H M K N
P R V L W N N H V O M N K D G G D K R L K K
B N N Q S J F Y D R K A T A Q M L C K L R R
L H F L O H I Q N T J M R W N R G X N B E K
B Y F J N Y E Y N J K C B D Q X Z X T N D Y
L R F J L K L Y B N I R F R N Q N L R R G B
M H L Q Z L D T X A E T V V R K Q O Y M J J
V G Y M T H T T P L Y B R E Q Z H F C N Y M
H G Q F V T T A S Z T P B W P N P N D L R N J
K T T N C K R I T W R A T F C T O R R E K K
X J Y M K R S X N M W Q O M M N U M P T K H
X C T E A J G R O G R L X R A K K R M S P D
N B C Y K K G K T Y P T N L G Q Q M A I R L
V X G N P C K N A F L L D Q F F L V D N Q K
V L M W F Z I B E R B H V H Z N Q R L N J M
Y Y Y K F Y R R H D S U R H O F F K N A G J
B Z G I R H E G D N A L E R O M M L X B L T
```

Bannister	Groat	Moreland
Brock	Heaton	Rickey
Carter	Horner	Robinson
Clark	Howser	Sisler
Francona	Lynn	Surhoff
Garciaparra	Mathewson	Ventura
Gehrig	McDonald	Winfield

College Football Hall of Fame 1

```
L R T K T D K Q P M Y L B C C S A M O H T P
R X M G L R L R O C K N E P Q J M C H M M R
G B V J P G N D E Z X Z N J K F C T P R N N
R P D B T N G B C P B B K G F L E N C T P S
K X Y R V W C I L K R B M Q R Z C N X N Y C
D N Z Y Y T R C B T H O J R T Y A R C A O H
M I G L D G Z T V B T T H F W T P C N M U E
F L C K P T R H R Y S J M T K H M X T K N M
Q K R G Y R K F L V W A R N E R I A H I G B
K C K N Q W M T N P Y R L N H D T T H A B E
M O B P P C P R H F H J M W D U L A E X L C
L R N K K Y T Z A K K J X R M K Y P K N O H
T B P A F M M O M Z Y X Q N P E Q X K Z O L
L N S J M Q R M X T F K V S M Z I N H R
K A N A V K C M T C R Q Y W L N R Q T V N R
Q V G Z N X C N T E C T Q L M A B Y D B C L
G X K T R D N U K P K C M W N N L P D T M W
M K J K P R E L L C M K M D M D Y D N T Q T
B F D C K Q A R B N P E Z E R X G H D W G H M
Y L H F W W M K S Q L B J Q C N K C L P L G
M B R Y A N T D K K V R B M M L R H N F C M
H X N R E K V F X T X Z K V M C F P G J P X
```

Aikman	Luckman	Thomas
Bednarik	Pace	Thorpe
Bryant	Roaf	Van Brocklin
Gibbs	Rockne	Walker
Ham	Sanders	Warner
Hayes	Schembechler	White
Kern	Tatum	Youngblood

College Football Hall of Fame 2

```
C N M T E D C O Y L P W D T E C I R Z C F V
X G V N Q N K Q X W X Z K X K M G W M N P W
R R K F L M D Y P N G M Q P P F K D F W L R
R Y J I R N M M C N B E A M E R W Z R W Z R
K F M N N P K K K P R M M R K L K I L M E P
S K M X H N Z P N F G N N D N C L N N N Q B
G Z T P W J I V B C M G A Y P M L D Z Z J U
N E T K K L L C J R N H Z M D N I N L M L T
I R N L R N K L K V P Y D R T L A Y G K M K
L A K B P N C G N H C H E L D D M Q K D L U
L V R T O K C K Z K Z Z J I R S K K T L S
A L K M C R N K N N T J T W Y T L Y C H E K
T A T T N Y N J R I X K K P H B D W R P N R
S R T Q L V L L W L A B Y R L T C Z W L E V
A V J H M Z K S D K L Q O L X T K M Z N E P
W W M T O N Y E L O O D L J K F P C F T R A
R R T T W M A P K M L R Y M A P T R V B G R
T L C N M N A M N T P A J W R C O W M F P D
X T Y R X P H S L M K Q Y L K M K L R R B E
F P D P M Z L R Q L P D K O L T W S N R X E
N R F F M L Y X B M I Y G K R R V T O Q G N
R M G N N N N L X B P G K M B X Q W J N G W
```

Alvarez	Gillman	Rice
Art Monk	Greene	Royal
Beamer	Hadl	Stallings
Bo Jackson	Kilmer	Switzer
Butkus	Kinnick	Ted Coy
Ditka	Pardee	Thomas
Dooley	Renfro	Williams

UFC Hall of Fame

```
C Y V W T L Q W M X D H H G G V H T T C B D
K O D Z S X M W D C N D M X J K M W D N Z F
M Z U M P H N I P Y N I W R M Z Z L W B K O
G C L T L L A E L N B X F D R N Q Q V R T Z
W M J K U L D M T E T M W F D N C K S D N G
V K G K L R T D R T T R L R I P N I C K M D
N N Q Q M Q E G Q O U I N T T R W C W C X M
T F N C X K Z J M T C R C Z W E G H H P S Y
A G B V N W Z R W L R K H H L R K N X M E W
B Z V L O L I D D E L L T C O L E M A N H P
A V J D G M C M L M F F F N J M R J B D G X
R M T B U H S J N D L R N T L C N F D H U R
U J R R E R M K N W W Y Q T J X K X C T H F
K C P N I K I K E P L Z Y B Y C N I R D C A
A N L T R F T X P H X O N L M F N K D W T B
S F V T A B H M J J R Z J T K T K L G R F E
Q B J X T N P X B T V P H Q A E I C A R G R
W V J H F T M Z X I M L A F L D A K M W T W X
Q N R T R Q H Z C K R R B T T T H B K Z N
L Y N X P Z P K G R W J N M J N F H B Q Y C
E R P F K M D R E L T K Y R Y E S U O R J F
S E V E R N L S D T G L Q H N G T R W M M W
```

BJ Penn	Griffin	Rousey
Blatnich	Hughes	Rutten
Coleman	Lewis	Sakuraba
Couture	Liddell	Serra
Faber	Miletich	Severn
Frye	Nogueira	Shamrock
Gracie	Ortiz	Smith

Track & Field Hall of Fame 1

```
X X W T B J W C P K K N Q X R C Q W T X R R
D L L Z B M L Z T D N X U K E C P K T Z Q R
V K Y Y Q Z M R Z M M N W Y T B L H W L J P
D R G Y M J G V O L T K C N R R R E V P Z G
M A V F M X G S W V T F N C E M R T W L K F
G R V L Q H E R M G O P W T O B I J R I B T
H P K E L S E F N B C T R T L Q J J K L S Z
T L T M N E K L T M S O N Q A E H Z K K F V
H M T W S P W X H L H Y Y S N V K T J T R B
O F M R T L O O L S D T Y N T H L V D K G C
R K E L W Q T R P C G M E H L O N S M I T H
P K F X R T N Q T D N R Z A B K N T Q D D M
E L E E E V A N S W N F X Y R X L E Y D D X
K G Y W L T M N P R O Q Y E K M V Y S R K F
G D Q T Y G M W R L S R W S H N M C P K G Y
M B B O S T O N L J N K G D O L Y W M L X Y
C R Z T K K X L C K H Q N M M H H P I J Q H
G S E N I H M I J C O M A M T L Y G L H X L
B Z W R Q C T L W K J E Y T R Z C R B R J J
H Z S N E W O B L F B B N B T L C V U M Q R
D K K F J G D T N Y M M Z Q N J F R T X T
W W J K Z F T T D L T M Y X N F K W N T C H
```

Al Oerter	Jim Ryun	Owens
Beamon	Johnson	Powell
Boston	Kersee	Scott
Davenport	Lee Evans	Shorter
Hayes	Lewis	Smith
Jenner	Milburn	Stones
Jim Hines	Moses	Thorpe

NBA Hall of Fame

```
Q F F H Z Z T G B F K L R C B Y X M M X W Q
T Q T R L I J F M L N P P M M Q S T A L E Y
W Y T Z T R M K L V K L K K N K L R N B X Z
K H R T L N Y C H J T N R C B V R E D W T X
Y N E Z Y W Q R T M F T W L G G W V S L R M
R P N C H A M B E R L A I N D J O H N S O N
R Y K Q L Z W R M X N L T T N F L M N Y I T
A M R G C H R T T C R K M T T M E J N T G Y
B D Y Z O M L H C L J Z Y F K S B Y M T T
G T V F U C N Y D K M L T C K T L N R R N
T R M R S Y D D Q N G T H K O H I J H H T O
T H V P Y F N T L G Q M R T A O E K J M V S
P C O T V C B N M G D L M W C M P C F U T R
L N P M N P D N K Z R A K N X N N E R N Z E
K L Y M A C O G F K L I M G Z M V L R S G V
V M Z B H S B J L O N D O O W Y A H N E N I
R F B D N K C K N S W N F K G J B L Z L I D
K T R H Z R E F E P M N N A Y L J O L G N M
C I O M L R G L N C K N C K M B N R C R P
B J M G K S R E Y E M F P L I Q M L D K L X
K Q W N P Y M N Z X X L R Q X M B T R A Z N
G W H J K Z N H R H N W M K N Y F T J W N L
```

Barry	Haywood	Meyers
Bird	Issel	Mikan
Chamberlain	Iverson	Ming
Cooper	Jordan	Pettit
Cousy	K Johnson	Staley
D Johnson	Leslie	Thomas
Hawkins	Malone	Unseld

Tennis Hall of Fame

```
G P J G M S A M P R A S H S J R L R N Y R N
B L L N N L W H C X H J G I H T H M G T A L
Y R B L K Q E B O R G V Y G T N D X M V Y G
H V G B K R R N O K Q M T N L R K Z R M M Q
Y N B G B Q E L D D Z M F I T C L A R R C M
J G L F V W K C G L E N T H V Y T M H X L W
Z T Y K V C R N Y B X M T N M I N C P H I P
X R K D N K A Y H C M R L M L F Z C K L J X
W F G V W N P G H K I N G O R G T P Q D S B
R X J H A B V H M V H F V H Z H T Q M X T L
P V N M L N J R T M T A B R L R T T X W E T
R G P C B X V P F H Q R L C M V F E W N R T
F O S P H K M M P K C B O K T R H Y H M S Z
H R M E K A P L K X V N D X R S M N H A O N
F G G D L G N G F R N K P P A N V M M K R N
K W G R Z E F G P O C H B L R F T T C F R W
F P T M E W S M R I R R R Q W T I V E R H Z
Y C W T G B C S D M R N B T N C S J N V X N
N R O Y Y Q D D R O F W A R C S W R B K D D
F Y O L P C O E Z K K H L R Z C A T O K R R
Y Q D T R R C Y L L Q G B T P J G X E X X L
L X K P C J T R K K C K M L P K A D M N M Q
```

Agassi	Edberg	Noah
Ashe	Hingis	Olmedo
Borg	Hopman	Parker
Chang	King	Roddick
Clijsters	Lendl	Sampras
Connors	McEnroe	Seles
Crawford	Navratilova	Wood

Sprint Car Hall of Fame

```
H T D Q T Z Z P K T M X W E L D K I J B T M
K M Y Q H T B M R J L K N G M R C T F H F T
I V B T M B P Z F K O X K G B N I A J T Z N
N J K M R L L N T N B R X J X R M M C D J P
S N W V K A G Q B R M J D X V J E A L T D T
E K Z Y N N L Y O N O S R A C V L B H R Y R
R J C X D E W W Q Y T J K M N K Z T H L Y Z
P C V L R Y N G N X Z H L C Z T T P M Q N L
P V R E D N I L N I R L T X Y M B A G L E Y
A W D T M K N H T W E D M M L N T T B X B M
T Z F L Y Q N T N D B F V H A P Y T L W Y L
S W K J C R E Z N N K E G L Y L F X L Y H R
Q B Y B L R Z I X T T N T G R Y E N M D R W
F T R W D T W J N L L C I T W L G L R D K R
C Y P N R S N N Z N B T K T E O G B L Y F I
K N A R C V B R E H F D Z R N L N R T Q G
J G T C V Q Q G Y F A R G M K A H F J Z K H
P T X J H Z R Y Y S N N Y L H X M A G K C T
N J Z Q C O Z N X M X Z T T Y G B U A R M
N N Z K E R F E W J A C O B S L H P H S N W
L R X G L V R H C G R Q V G R V V K L B E G
X D B H L L Y X F R M N D P Q C G F M L R N
```

Amati	Elam	Linder
Andretti	Emick	Martin
Bagley	George	Stapp
Bettenhausen	Jacobs	Swindell
Blaney	Jordan	Weld
Brown	Kinser	Wolfgang
Carson	Krasner	Wright

USA Field Hockey Hall of Fame

```
R W K N M N J L Y W T N Y B U S T I N R Q W
S E M A J D V X Q Q D N G G M T C Y R Q N K
D P P T M J Z T D Q N R P X D O K L N Q X G
Q R Q L G R K X R H O G P D B T R J K R X D
J B K X M K T V K S J J Q H N S W G K H F L
R G R S R T X W C M H M N S Z C T V A L P K
R R E R M B E K K Q Y T S C J L H A X N G G
M F G E K N V L K L R E T B Z X L T V J F R
Y F R D R V E R M Z N L T R Q Z M K L E V V
C M E N G H E H Q Y P R Q T M G B V M N R D
D K B A M Q R G L T R X L G D C Y B K N Y P
X G N G O T N M Q H C P K Y A Q L W K O J J
N N E Q S T G O O M A A R W N F E M B R G P
D T L X E W W Z S N T J S T I M D C M Z V K
Q R L C R T Z K K N C C P H E L C Z A F N R
L X E J L I R R O Y H K C Z L W M W Q L Z N
L D H J R T A R G H K O B L S R F K T T P G
N M S L K T R K N T R R J F O L N R T C R C
C L F Z Z T F D I Y R H G R N D P J V M K L
R D R E P P E P L H L M K H K L H M J G N R
M F C C M F W M A R O I S R Y X V N M K G N
P Z C J C K T N T M S A W I N B X L T M M N
```

Anders	Johnson	Pepper
Boyd	Lingo	Place
Bustin	Lyness	Reeve
Cash	Marois	Rizzo
Danielson	Morgan	Sawin
Gros	Moser	Shellenberger
James	Pankratz	Staver

CZW Hall of Fame

```
D X H Y X M M B R J D M M P X X T K T R L N
C D K D E R T A H D G W J Y R J O D N O M M
L V D G K R Q N G I L V K R R R T X T W D J
N L J G M P L I M C L Z M E P M L D L Y N N
K J W Z L L Z E P A H Y G K K D R U W B N F
C H D B M N Q L V W O N K Z L P H T D K P M
B T N E T B P K H B U B T X N T K T V L T M
L G H X G M B V B O Z L N R D X N L T R I N
Q L L X M A L T Y V B J C W Z R K F Q R M C
G Y D U T N G P L V F K L P M L K N E M D L
D G M L F K R K P N W R S M V T C N A Q Q H
T K D L G I J T C R R L U H F G O M F G C C
M L R R F Y S T K I P T K D T M P X V L O B
W D A H M E R T M B N N C N W V R X F Z Q H
D V R N Q F N V O L M H U B C L F K V M Z N
D N P H K L X L M F M V R W X L T Z L O B O
N J B H C M X P E B R R M Z A K N D P J B T
Y G H G G W G M S P Z G Q S W J N G N J T F
W J M Y F J M K S K X J H P B E K R T L N F
V N L F D V N B I L P R J Z G N V F M T R X
P P D Z Y E Z W A L W R N E P R D K C R T N
Q H T R Q Y D P H T K K L T Z B N C F J L B
```

Acid	Hatred	Messiah
B Boy	Hogan	Mireno
Dahmer	Klein	Mondo
DJ Hyde	Legend	Nick Gage
Dutt	Lobo	Ruckus
Flash	Lufisto	Younger

All Around Rodeo Hall of Fame

```
L L M S L W C R N M M J P B Y N H R G K Z R
N N M R P H K N V K V F C N T C O B M A R R
K K Q E H A X K W V J T A O W L N D V Y L R
K L N D I T M V H H K C R T L M M M L B C Z
N K L L L X Y R G O D R E W C C N W E Z J
M H X U L E Z P W O L W K L D N M Z Y V I L
M Q B O Y Y K P P P M C D P H V E B Q T P F
P Y R H N N Y E I D Z R M P K M S N B T R
T K K S E M R C C N R L R A K Y W K M X H M
P W X H J H K B Y M L O R N L L K A Q I D X
K C F P T E N R M T K S F Z K T C K R D T R
V V M N T Q D X D B B K N R G W H T N D N H
F H R T M C H Q B B H W B V E G L A P M T G
Y C P L Q Q T N I Q M H B D T H M L R L R J
N M Q R C P J T C R T X U N C R T T P E V J
F N V R L K L N Q A T J R B E T B U V J M H
J W R K M G L P N D R Z G D J H Z A R K Z L
B R O O K S T J T R Y N N D N N E W L N R M
T T L Q B H T Z M K X I E R K B T Q J R Q Z
T P R V N B G T K L L Y C Y T Y M U R R A Y
M L Z F V J N Q J W X T L X L Y B B E R T N
T X Y J M K C C R N O S U G R E F F L K Q G
```

- Appleton
- Beaver
- Brooks
- Carney
- Carr
- Cooper
- Ferguson
- Field
- Grubb
- Linderman
- Lybbert
- Nesmith
- Phil Lyne
- Pickett
- Rambo
- Rutherford
- Shoulders
- Tibbs
- Ty Murray
- Ward
- Whatley

Gymnastics Hall of Fame

```
C K T Y Z N D X Z Y T T V L L R X L R H B G
G H V Y J Y C T B L R C I K G R G E G T M T
M L W K K X Z T I T O V D P C Z T N Q M T J
R T D K M M R N L W Q M M G R J X O B T F L
K Z J L M X P L Z B X G A T F V G M C X N H
G M M M C H U K A R I N R Q J X Y A H J F D
R I B H T N B L K K O R B U T V G R F N L L
Q L K Q D V L T Y W Z K K J J O Q C M M A H
K L G J D R M N M M N W Z G G N K A J H R N
F E D P W A G Y C N B D Y E X H R S M H D X
Z R C N K N T C O G T F A M M B N T W Y Y W
P Y G O K A B N N Y J N H N X K Z C M R J M
Z Q X H M M F R N L G Z T V F W R V N H X Q
K K L K V A L G E V N X N K W N B A N Q Z I
Q Q R C M W N Z R N W Z M Q A H M V E Z K Y
L Y F R F T K E N F L I N S C T X H K K H L
K N T Y G B N N C A K W A E N D C Y R T E O
T Y W D K I Z W J I J M R N J J K H B B N R
T P N X N W P C D K O A N K T R T J E G T A
T Y K G R K J T P H B J L T N G G C L V I K
M Z Y Q D N N T T L K C K K J Z L Y J M Q R
R N H V K M H K W N N M N M N O T T E R R G
```

Amanar	Janz	Retton
Bare	Karolyi	Rigby
Chukarin	Kim	Sacramone
Comaneci	Korbut	Thomas
Conner	Kraeker	Titov
Gogean	Miller	Tkatchev
Hamm	Ning	Vidmar

Swimming Hall of Fame

```
M H P J B N N K N M D R T N J T C C N K L Q
N D Z V Q L L A H W E I S S M U L L E R M H
W M K M L T N P B Y N V Z R P B K M M X T Q
D M U I R X O N E E L E O M H Y R Z R D T D
J K V R Z R S M Y R R S K F L M N Q R Q N V
H M Y D N N N V K Q E W Q C C C L Y Q N D
T R B V B E H R W A H S M H N P R R H X R K
D M G J C S O Z N H R Y L W M E D O Z L G X
B X Z L K R J A H M V K K M I B H V C J F L
T Q N M H E H C L X W B C L T L V K L K D D
F T K J F D H H K K T R O N T K L I K F E P
M H M W W N C A Z L K H T Z N M D I L K L R
F V L Z N A Z R Q J R R S R T N F A A L T N
L L J C X K R I H K H F N G O I N N L M Z W
V S E N I A G A K Z N E M I L A P N R L S J
J V V G C J P S R G K D B F G P N S P W Z W
B R U N E R L G K Y R W M A F H Z N N R K C
T E T P K X K D D K F W N L R E P X F T L D
B V K L L R C N K N M R H N F L L C G N D W
N A F B N H A K H V T W R V T P K Y Q K G Z
R N J R X V G X X T R Q T T N S N N M R L M
M S P N T X Q L L M F P V L T K R Z J R K V
```

Andersen	Hencken	Shaw
Biondi	Johnson	Spitz
Bruner	Meyer	Stock
Crocker	Muir	Van Dyken
Evans	Naber	Weissmuller
Flanagan	Phelps	Williams
Gaines	Rose	Zacharias

Scuba Diving Hall of Fame

```
K C P M P G K P G R Q C C N L L E V O C B
R R M F Y N K M D P Q O C R O S E N T E I
G T N N H L P K T W U T X W G P Y G K L L
K J Q N I P K R J S Y V N Z R H U M A N D
M R C W J N E X T I K Q C Y H P L K X R Q K
P G M R K W O E D B C T V R R C H V B G L
G R K N O N A R M F T O X L D F H N K Y F V
J K M P N U Z K C B G R R L H U R L M T C
N Q M M N N K D R T P L B N X N R K J X L L
L L B R I D G E S V M L M B I X C T F O G M
X J Y H H R T N B H K L L N K B H L Q F P W
Q C O V N Z M B T L N A O F K C F F W D Q R
T F U T L V N T C R W B D V M Z Q L L T V Q
N R N K S J L B N R K M C R L Z H Q R Y O T
Q P G T H T J C Z T C X Q B H G G Z L R T T
N A G R O M E N V D K N C K I V B V Z Y O D
R Q Q J G V P W O M J H H H Y Y X U D F R K
M L C Z K P C N A M M N L C V K H P R G O I
P G L Z Y F A P V R C G Q L W C P P Y K P P
V V Z P Z L L R G G T L L N J C R N R L E P
K D P N D D P H P J C M P D P Y K M M U C C
P T N N Q Z G C K W D F X N T P R R N Q M T
```

Ball	Cronin	Morgan
Bonin	Fox	Murphy
Bridges	High	Porotov
Burke	Humann	Power
Church	Icorn	Rosentein
Cousteau	Kipp	Stewart
Cove	McDonald	Young

Lacrosse Hall of Fame

```
G P M B G N T F F L J W Y K K X J D Q Y Y N
P V P A D N B Z G L N N N J R P C F R K T K
K G I W T X X L Q D K H F T E I L X D G C K
H T R P W G M N Y F V R J X Y E T J N I B M
J T J O M G K M W P W Z R B E T L T R S T B
G G M O P H W D K O N X L X R R B R N U N X
K B M H B M V I W T R Z K N B A E Y V T R R
H P R S D T W M C Z L B V F L M G D P H V R
Q P W E H R U M T K T K M J P A T R K E B Y
Y C L Q G M G I N X E D C I Q L L X W R R M
M N Y Z M R N D F N F R L Q J A T P K L D T
V L Z X B D L L X R Z W S N I K P O H A N R
P E Y R U G C T E L X Z K D Z N Y Y D N M R
J W L B P N W K B E W E V J F V T Q Y D N J
W Q L U T L L B B R B O Q G I J Y M L F P V
M K G P R E F Z D P L W N T S L Y E H C I R
K H Z D O R J T Z N X M V M H P J G K L W W
D Q M V Y X C O L Y T H H J I L C R N K F Q
B K C V J C T L C Y R U S M I L L E R M T G
G M D X T V C A M P B E L L M R L R K Z W L
Y B R O R B P F K R X D M G B M Y E L J W Q
T M K X W Y R N R L P L M Z B R P B R K R X
```

Breyer	Hopkins	Richey
Budnitz	Jim Brown	Rule
Campbell	Leon Miller	Shoop
Cyrus Miller	Lotz	Sutherland
Dow	Merrick	Voelker
Fish	Pietramala	Wehrum
Gait	Pugh	Wicker

Soccer Hall of Fame

```
V M R X G P T H M J N R R T P L D R K T K T
N E K R D F Z I B R E X Y R A K D X T V B Q
E O M N M M A N M P D G K E K L V Y B N P
L L G J I H R Z O W N Y J K X C R V L H T F
E A X G A A T P Z W G B B R K K I A C C P D
P C N M M F T R M V Z R H A V H L N M W Y Z
P J M X L R H S F M L Z R H T M B B R O J L
T J V N Q N Q Y A L E X E L Y R E W W E S F
V C H H X R D O Z H R Z K A C C A G K X Y V
B Y M E T F T Q L A C N F F K J R K C L D M
R F R M I R N K N L N L B E L K D G F Z M N
W T T R E N N W O R B N N R Y T S H Y R H Y
O W N B D R R K W N T B I D W Y W R M D M A
L K L C N C D I M L A R H S L Z O J F Y Z M
A A F T G R V N C U T M H R K L R G P U J C
N K T G W L R H E H R W B L H K T X O D N L
I L L M R P P R H Y S H N X R J S M Y L V
N F R I C K E R Y T X H A J Z W D M J R C F
F Q R N D R W C Q T L C G M R E L K T N W K
N C P K Y Y K Z C K G B G R H X J B C P Z F
L T W N H Y Y M X D G T U C S P A L D I N G
Z D M E S U O H R O O M D R M N T N Z L L R
```

Alberto	Chastain	Moorhouse
Alex Ely	Duggan	Myernick
Al Harker	Ed Souza	Pele
Annis	Fricker	Pope
Beardsworth	Heinrichs	Spalding
Beckenbauer	Meola	Tab Ramos
Brown	Mia Hamm	Wolanin

Canadian Football Hall of Fame 1

```
L G B G F M G M F L Q V G W B T H E N L E Y
Z T F P S M B B Z T R T K M G W L K K G L R
D B R K M I F Q H T W T K Z L M R L V N R T
X B I M K C R J K N J M M D P Q G H K K J X
F V Z L D T G R C O N N O P G X N N X L P K
Q G G R E W N T O X Q Z V M P R U B Y R H Y
M A P X T S W N L M V E M M C H T Y Z W Y H
Q D C R M Y I A Y L X K F X M U M C N E B K
G L K H B N M C L V Y E C P R E T H X I P B
W A N C K M K M X B W K Q K L N K L M R T K
E K T K H F L T K X Y O K G W B M C E T M N
Z I V G L J R Y F T K N A F N O O M N R Y A
L V T K J V J G T M O A R Z D J W A C J R R
N Y Z U E L A Q M B R T C N I Z R L K F X F
K V V V L X C M M D K W W C P G W L K M D H
N N E T K F K D W G B R C T I K M R F N M T
J E M N D Z S T W G Z R T D E M O L G H L L
R P D Y R N O G Z Z R X P L T L M J N Y N K
M M B T J T N W F B H G N M R V W H K C P N
D B W W L Y M M P L Q R L Z O R T C Z V K V
N N Q M T M G N I M E L F X G T X K K X L R
D M Y D G B L C R Q F Q Z Z F C W V H F H N
```

Aldag	Flutie	Moon
Bonk	Frank	Morris
Connop	Grant	Okeke
Cutler	Henley	Reeve
DiPietro	Ilesic	Ruby
Elgaard	Jackson	Walby
Fleming	Krol	Weir

Canadian Football Hall of Fame 2

```
Q P Q N K M N X B C M Y K R Q G R B C Z G Q
D A Q L E Y R T R D W G O Q M O S C A V C Y
V S F B G T L M G Z R T U C Y L B V L C R J
M S Y L N Z T H T B B I N H H L K N F X C W
J A K M Z O F L J R L R B O T U Q M Y Q K T
Q G C L L T W P E T Y Q F R S J M S E N O J
W L O J H T Y K Y S Z M F L Z N N T W M D H
C I R X P A E H G W J X L Y V M I X C W X K
K A B W V H L M L Y D A R W T H F B H P K K
C F T F P S P F B J G H T C C M M Y O K J L
T K M N R L E T B I G E A G A U D A U R F M
R K K G B P K L R Y C Z G N F B W M K Y K H
R N N B P N J R B N J N V T S Z N M R R Z L
V W M V H O O F A B I Z I T T O B J R N O J
F K P K H C F C T L M Q S J Q Z N B R L O H
K C N N R M C L R Z M P B P V M P M B W K J
W M S D L M R I Y D C P I M P J N V L T L Q
F O J R J T T K X V J H S X Z A K X Z L Z R
N T C T M S D R P P M T T K C K K K M Q R N D
B B P J C N D N R P V M E V T X Z G G Q W J
C X N W I L K I N S O N R K B G P G T Q X R
B Z Y E M I A R F F X T M C V N K H R M N L
```

Brock	Kapp	Raimey
Corrigall	Kepley	Robinson
Gaudaur	McCance	Shatto
Hanson	Mosca	Stirling
Isbister	Nettles	Wilkinson
Johnson	Passaglia	Yochum
Jones	Quilty	Zook

National Distance Running HOF

```
Y Q R Y K H R W P Q N Y L Y N V K L L C H R
N N G Q T M X T A H E Z Y L R M L H N H D X
Z H C I T K C M P L L H R Q P B T R L W F D
M M M T C P R R S R T X R L L M Z G F L G K
E S L K T K W D L T G Z W X W X D T R V N G
R V W U V V R T N R B K B E N O I T E R K N
R P Q Y H A L W M Z I H Q P B R K H T M D O
I V L Z E C Y F N S W X L E B O W Q R T Q D
T T B B J Y S K C Y R T N K F T Q M O N Q R
T T C R W Z X S X O E L R B Y K D Y H H N A
M R K L V X U C B U T J M Y U L M K S C L K
T T M V K K X L Q N L N Q Y Q R P N C O P Y
R J D T P C R R K G E R B V N X F U P R Z Z
V C M T K O M X M N F R D T R A N O K B J R
J L W R D K V N H K N R N F M N M G O I N G
H F Y G R N N F Z N E D Q T I L L R R T P L
V M E L L K K G Z F H R L N R V I M O T K N
L R G W P G M N P B S Y G C K W M Q G G N N
S K Y R A Z A L A S A H M G C B P R U T Q K
F G R L R W M N F P A M R E K C E D K O V N
R C B V I R G I N M M J B L R N K T B C R T
H R B L Y N T T L H R B L N L L B P R K T I
```

Ashenfelter	Gorman	Salazar
Beardsley	Kardong	Schul
Benoit	Kuscsik	Shorter
Burfoot	Lebow	Smith
Corbitt	Liquori	Virgin
Cunningham	Merritt	Waltz
Decker	Rodgers	Young

Motorcycle Hall of Fame 1

```
R L K S T R E B O R X J W Q D D L L M Z M G
L C P C X H L C T N Y J K J O R G E N S E N
N R G Z M N L V F N K F G G K T X K D M P Z
E V K M E R O M L I G H T K Z T N C L K M M
S X T V G K Q F V N V C W C J Q V G G T L H
N K C R N Y M Y V Z Z J J I Y D T X R F N V
A Y A M V T O S C A N I Z L D T Y E X M C W
H T R C P B L W L D M L Q M X M G R K B C W
R P R R D M U R P T O Z T Q M L A L B W R K
N M L M D O M S L R L O T X O P G N N R J N
C P W M R J O T H M D V W B X D F K L X M Z
K E Z O B F K W L N L L W L M F R N D F N E
J N Z R F W X L K G L M I R I J K X R N D D
M T H T L J U W K C Y K L K L A T Q C E A C
K O X S D H P V W C O L C D W K H M R V L P
L N N R X H P A K M B R O K A W P C I R L C
N H Y E F T H N R B B H X M M E N D V M B K
Z P W D R F J I R H H H M C R A S W K T T X
T J L O W R N Z L K A R D K T O L Z M N M J
X M P S G G D L K R T M I Q N K Z H M Q B K
N L Q R Z K C A K F Y N F G M Y X Y H T N Q
R R R C C L G T D L S K K T D X K L V N T M
```

Alzina	Hailwood	Roberts
Bolger	Hansen	Rockwood
Brokaw	Hull	Soderstrom
Bush	Jorgensen	Tancrede
Carr	Parham	Toscani
Davidson	Penton	Widman
Gilmore	Perkins	Wilcox

Motorcycle Hall of Fame 2

```
M K Q V R K R L P R P G Q P T C B R Q R X P
A T N E G K R S H C A B N E L L A D N T M V
H Z A W G T L M Y C K B G T P Y L R M R T Y
O B K B A S T R A X V R Y F H M E P T B L O
N K L R Z Y Q R N T L A D T B V W M W R K S
Y D L N K G T M M P B N D Z O H P J M F L H
P Q K N K E A B C V Q C D L R D M R Q L F I
G L C H R M C C B H N H G N W M Z L B K W M
Z B T D O F S M I L I E M V E K G K P Z G U
U Z E L X K R T J P M M M N W E R R M K T R
F H A A T K L M W M P G R X Q Y U K K G R A
C K L G U L T E M F T H K M L E H Q I Q W L
N H R N N C X C V L R L L W R L J L C D F F
F R A D N C H L N E X W T Y N T H V F M D R
D E D M R N K A L M I M Q B K R N L Z M M Q
Z B N G L K N D M D T N J K B A V D B R F S
V I O T L R C N T P Y N K Y N M X Z C R D L
W E F G O U D Y W M M L L L X Q V T F N Q N
G R R R M T L D T W B T Q C E C G K A C D L
L G B T L L B T X B Y M H Y D V M S M T P M
C T B N Z D Z N N R M R Z X V D E T C Q B J
L M H T A R G C M L P L W T Z V B F F P P V
```

- Artley
- Baer
- Bast
- Beauchamp
- Branch
- Carter
- Dallenbach Sr
- Evel Knievel
- Fonda
- Glover
- Goudy
- Kidd
- Mahony
- Mamola
- McGrath
- McQueen
- Reiber
- Sands
- Smilie
- Uhl
- Yoshimura

English Football Hall of Fame 1

```
N W L R C P F T T P D X M R T M K D R X F N
F N J E N N I N G S G C J Z N J Z Z Z Q T G
L O G N R W W R M K P P N S S D R A W D E V
V S Q T B P L K Y L M L E L B T Z J R V D Y
M R Z M L L D N Q L N L Q M S O H R B V N T
G E T K R R L C J M I J H F H E N L K Y M N
N D M T H N L L T K N N W Y I V D M T P U
M N Y B N M K Y S H V R G C W T K A S R B H
V A M L X P K V X W N N H R J N X B E N D L
Y P H M C T Z M Y F N A I Y O R M P Y R V T
Z Y L G A J D M H M R V Q T X V Z K K N G L
T H D Y N W X L J L M J P Q W Q T R B D P W
F J Z E T I X B T E V M Q X W N N N R C B Q
F R F C O L R O E Q A Z R M Y I K Q T Y T K
T F G A N S N E W B M N Q M C X L R D Q K L
Z C M P A O L T H R E C R E M L J K R H K R
F R M S N N L M X S H W L V D W K O I Z B P
L L N Q M T O L H D F T C Q R W X R N N L Q
L H H Y K G P B Q Y Q G C Y D Y X W B E S K
D K N B F Q E V B T W M C G C C H M B Y S M
M Q B H Y Q Z R G K Q K Q R M J J K B E L L
T M V L T M M M N N H L V I E I R A Y D N L
```

Anderson	Greaves	Mercer
Bampton	Hunt	Sheringham
Bell	Irwin	Spacey
Bonds	Jennings	Stiles
Cantona	Jones	Vieira
Charlton	Lopez	Wilkins
Edwards	Mee	Wilson

English Football Hall of Fame 2

```
Z L N K N K Y R M K T B Y Y B D V P R T K Z
X V T P J K L R E N K V Z Y L J G K M L A W
V V P M L S K H M T Q T S T R A C H A N N R
Y T G K K G N V K T N M V K K M G R B W K N
W K V N J D A H V T F U N Y N R X Y J J D S
R T A M W Y H T K L Q A H L E F N C C N Y E
I B L K K G S P J D G H R E M N H V M K R M
G E R O O M L M L E T K N C W N R G F R K A
H G L Y P Y Y L E K W W G D C H P V J N L J
T Z M K T H G K E L O R L N N K I D V N R G
B F H K K L J K M O A Q R N Y K R T V K K O
G Q B A S T I N D T F S E N Y A H M E P L R
R B X R C N R B H W W P Q R X K D K Y R M E
K E B M N L M Y G B T N K R N B V Q R Z F G
G N K E T T A X T P K B B M N X T K D H G L
X K V R A N G W Y G B L X Q T C N E K Q N N
L F V X A R H H R B L L M J N X E G R N P K
J L M L K P D J N E T A K L N P R Y L G L H
T N K K B K D S N Z N B B Q S Z K K D X G F
N T Y Q K T N L N Q S K H T R N N G J M W
G B P G F W D B F E L L O D V L P Y T N X K
R F N F D B H K J N Y T H N M V R H N G N P
```

Ball	Hunter	Moore
Banks	James	Parker
Bastin	Keegan	Shankly
Beardsley	Law	Speed
Gore	Lawrenson	Strachan
Greenwood	Lee	White
Haynes	McGrath	Wright

English Football Hall of Fame 3

```
K X W B E M T T T H K M C Q V S M I T H G T
K P W C N X M E R I D I T H N V W N L G J F
G P I H A K Q C M N N O S B O R Y B B O B L
R T L J E Y R F O B R L X L K K G R M V K R
K W S N K R R I X B V L L P W F V R W K K K
N F O X X A N P Q N D N M G K Q E M X P R D
N L N R N N N V R X D M O T Y M U W R D P L
Q R M C A V C L V T O L V S O T H N Z H M K
B M I M N N M G D J H F N O B L V Q I R Y T
N S N Q R N P G L T E T L M M O C T C T R R
H E G M A F O B V N R B T B R L R H T R T T
L T V M M N W V B M T N L R T M M N D K T Z
K D A I X T E C C N Y T Y K C F V V A E N L
W E H J L W L C Y L N N F N M F K Y R Y A L
S N Y D M L L T X D T P B K Y B T L W T R N
Y W T M H N E R B G B P X K B R K V M M L B
L A L F S Y J B M F F D N Y E R R N D C S D
Y R R Q U B Z X Q T R W J V K K N L F G E C
R H K G R P J H B X R Y I D G R K L N G N J
H F X H P B T P B D D E C J G K W D L Z R L
V C A R T E R P L R G X D K L K Q V R T A L
D F V M J R G W E N G I O C S A G T V X B P
```

Barnes	Francis	Powell
Bloomer	Gascoigne	Revie
Bobby Robson	Gray	Rush
Bryan Robson	Keane	Seaman
Carter	Mannion	Smith
Dean	Meridith	Unitt
Doherty	Neville	Wilson

College Basketball Hall of Fame 1

```
C H F T W N Q D Q T M C R N N P N J G C V C
P X H A Y E S W H F C W I L K E S L Z A R J
Q B D R D N M P J M F V Y B T J R M L R T G
Z D B R R T P P W F Q N H J O P N R P R Q R
R H R M L B Q F H B R P M H Q M T R P H N
N Y W O T R U M J E B E N H W C Q C C M Y N
P Y W K F J J C N M L S T B P D M W L Z Y B
N Z N K D T W D K A O I V J H Z L T F T L F
W R M M N D A O D N F N H P C L K D K V Q N
H N B C G C T S O F E F F L I D R K K Q K G
O V T H O W I C I D P R B R R B O O Z E R M
P R M T Y T M R T G E B Z Z D Q V Y K S B A
K K T Q F Q G L R L L N L Z O H N W W A N Y
I M L G N I V R E F W G P D O P I L Z L G L
N R K P K M Q W R D Z T K B G N Z L B I N N
S D R K V X M G O G J K C B N M O M L S H G
D T C W M G C V L Y T W W B K G K S J M K Q
L N D J N H Y G Y T M Y Z M Y R M G P M J D
C W P I N D N Q A Z L C M G K T N N Z M Q T
F W B N L D V H B R T Y R Z K P M N C X A W
K N H D H D N P M M G N I N N A M C L T R S
V Z R M W X T K K P T V L F P G L M T W H G
```

Baylor	Ford	Manning
Bing	Goodrich	May
Boozer	Griffith	Sampson
Buckner	Hayes	Silas
Carr	Hill	Tisdale
Endacott	Hopkins	Wilkes
Erving	Johnson	Wooden

College Basketball Hall of Fame 2

```
K T V M N F B Z T B S T O C K T O N T R R N
X G J F L T B I R P H G R F T K T F D Q L C
F C L P R W W C R M T D C O V L H L C C A R
D B R K K R V E H D K R I Q Z H A P O M E K
V Y T J N G N B B M S L N T R B D W N J N M
N Y B E L L A M Y S L O K Q I L E G M W O K
M H G F N R G N P E T C N H N N N R B J M J
T T B L R D B A Q F Q E C G S K Z N G L G B
S N Z Z J M L C T C D R R L D R F L K V W N
R R K H R R A N K Z A J R P L P B T K Y I T
G C A C W Y C U I V R M R Q L E I N A D C M
F X V M M L K D S E W I N G C M P R R L K D
M T R K U K M L S L Z R M G Y L Z N N F S J
D K R Y C D A Y E R W Q Z K W L N L K T B C
G G M T R F N G L Z M Y Z H R K A V Q H T L
W N E M X M L W G T T X S T Q E K V E R V Y
H Z I R B Y F T T R R N D N T T R P R V K G
M T W L V F V X T G I M P T N L F H R K G V
H R B R L I Z Z J K M Y N R M P T B I W L R
B L N F B U N X R C N E Z N T H X F U N L M
N R T T F N M E J R R N B G Y V R Y G X Q R
L P N H T W P R E L X E R D R X M W A K Q D
```

Aguirre	Dumars	McDaniel
Archibald	Duncan	Mullin
Bellamy	Elliott	ONeal
Birdsong	Ewing	Perkins
Blackman	Gervin	Stockton
Cowens	Issel	Webster
Drexler	Laettner	Wicks

Mountain Bike Hall of Fame

```
Y K Q Y Z W T M Z M V L Q L Q W J S K M R P
M R W H K R W Y R B V D G X R K S X T N K K
N Z L S L S M D G R O T X L O O M W L H T K
B I Z P I N T P R V U P Z S R K N L D V Y D
Q Y C X K N K I M H I D K L T K T Z M F W M
C B N O P B Y K L N L I N H L T Q X H W J G
Q R G J L W T A R M L D K J M V N C D W P C
V X J C J G R E R H O V H Z J R P T Y T Y M
P F M O K V Y H R D Z L Z H P H F D R P T M
Y M X D N A N G C L R F P M E N R K C L M V
R L N T M E R U S T E J W L R L L D P L N L
M Q J I T L S F M H D T A X T M G Z F P V P
L Z Y E K L C N C T N N W R Y M F Y Q J Y L
R V Q H Y N J P G V E L L I W W A L D G D X
L Q H O E D D K M N B P L H T V J P D A S H
B K T L R D D O R N M U R R A Y K T T E E M
Q D J L J N N E T G R R R N D N K X R O P N R
R W K M Z M K P R W G S T T O P K F L Y V P
C D T N J B Q P Z Q X X B L N D P J R D F E
M T Y L J W T E L J W N F N Z H R H M L N Z
R M W Y R M F L T R H E I L B R O N M V P Z
C T Y N L R N V M P D M N T P K L V N V L O
```

Bender	Litsky	Potts
Foes	Loheit	Ready
Heilbron	Mayer	Rey
Jones	Murray	Ross
Koeppel	Nicol	Rust
Koski	Pezzo	Sinyard
Lawwill	Phelan	Vouilloz

Track & Field Hall of Fame 2

```
Y Y K P R G D A V I S F P T W Z K V R Q B S
Y N E R N F M M Q M M M N C P I J X N B A T
K J R M U Q K B Q H P K N Q G O L R J K M M
R R V B O D N F G R W J M D H N B K T M F V
R L T L E O O L K R C L G N Z N M E I R Y K
L B C C C N T L M P M T S N V A E L K H K M
R M Q R N D T L P N V O W W H N C M D X S H
T Q K N E R V J L H N N L G J I R O U Q I L
C R R P R O X G T J L W N Y K T W D W X L X
K L L K R F F M H M T I E P J M Q H O N K B
D T Z B O H C N L X N N T R C S J A L W R V
N R R F T S T X K N I D Q N Y A K H F T T B
N G N G O A M P U A H L T L C L H N E T B M
P Z C C N S Q C T T N L Z N L A L T X K W L
F L R W W D B N P Y G R W K G Z T F Z H X T
W F D D M B O U C M S Z S N M A W V K L K G
G X B L X F N G R U K Y T A V R W A T S O N
L F M G E P G M Y Y D R Q Q I V L N T Z K O
P J J R C P T T Z R N F M J G H L V N D L T
Z F P F K V N R Z X W R R R B N T H L N D T
T N P K B J E L P M E T R O S E M A F M W A
R D M V L M G J C M T W H M K B J R M M M P
```

Ashford	Mathias	Temple
Cunningham	Patton	Toomey
Davis	Prefontaine	Torrence
Fosbury	Rose	Tyus
Hahn	Rudolph	Watson
Johnson	Salazar	Wilkins
Liquori	Santee	Wolfe

Water Ski Hall of Fame

```
R P A R K E R P K T K N N G T D T W C D V M
L H N J X R Q C R B Y O Q F R F Y R U N T X
J G M O L Z I Q C Y K S Q F G N G O C N W B
J D T N D M K Q Z N W R Q Z Z F H T K J I P
V F D T R D Z M R B S E D F T R X K R K T Y
X L J O R R E B Y A H D T F E T T K K X H Y
Q D C N K G R H M M Q N T D L R J D Q M E Q
Q C Z X W Q Z U Y C G A Y L T X K R X N R W
M P K Y G D E X D R W U W D S N I A H C E M
K R O B Q L L S C Q S O C M X Z L V K L L N
N E T P S M M N N P L R W N T K M F N K L G
E I C O E C N Q N R T J L W Y Z L Q K N R M
S D N C D J W R A Y A F C N I L K F X I W X
B M Y K N R R B G W P E H L P L D N M K W D
I Q Q W A V H G I L S T T R I T E D L P K J
M M F T L M C V N B H C A S H F I Y M M W D
B T J T R X O P G W C R N V Q T F Q N V Z K
H R D N E Q O R K D C T C D C K N O J K J V
T T K L H G K D L H D N L H C G H F R D L C
G Y V Z T F L V J N N X R J K L T R K D C H
K C B M U G F L R X P M M D D L D R R D V Y
N M F J S H Z M Z K K T I L G N E R T R J R
```

Anderson	Heddon	Sligh
Barlow	Ibsen	Stearns
Cash	McCormick	Sutherland
Clifford	Parker	Suyderhoud
Cook	Pope Jr	Tilgner
Grimditch	Reid	Wiley
Hains	Samuelson	Witherell

Arena Football Hall of Fame 1

```
S L L C R J I L L E N A G A P K U R Z T H W
N K P A H W G R M G Y K H Z J W Q S K X R T
I V L C F A L M T R R W N M T K L F F M H G
K L J M H R D M R E V Y R L X E L Z F Z M T
P G C R P N A T N G N F D T U R N G D L M N
O V K Q W E E N H N N N V M G X P T I M D D
H T X G L R O D C P G G A H V F B V X T M J
N C M N W B Z R U E N S F N J T N K O R F R
R T W T N V P G D R M T U W X M H G N C J X
L L D O O W E T A G G D C N K C W G C K N V
K N Z Z V M Z D B R O N J J T K D C T P M Z
S M I T H L O T Y L K K T I R T X A P L N T
M L Q R K L N V H L K K L N R M N G I F F M
W M R D E X N W Z D Y I R F M Z V M M L P T
Z M W Z D M L E D T Q Y Q R T M Z L O L E T
L T E G T K L R L M H M J V P B H K S K L Y
K L Q I T L Q L B D B O Q D R Y J N S K C K
H M N T Z R G B V T N T M C K P G C L J K L
W N T T L D V J M E F A Q A R L F X P C G L
D Y N E K T K K V B Q H R D S M W Q M Y F Z
V T N R X L N K G R T K P D M K C T X T D N
J K M L H J T G Y A B R N B O W D E N N R L
```

Arbet	Gruden	Paganelli
Bonner	Hopkins	Randle
Bowden	Ilitch	Rettig
Dailey	Kurz	Samuels
Dixon	LaFrance	Smith
Dolezel	Moss	Thomas
Gatewood	Nudo	Warner

Arena Football Hall of Fame 2

```
H Q K N W J L T Y R N C M Q Y K C Y P Y M G
D T K N Q B R P P X E T B M K Z O R X Q T J
M K D Q N P F N C K B T Y T F W O N R T R C
R X X K T D Z N L R Z H S W G N P V F Z L D
J F R L D K W P L M L J M O H B E N N E T H
S N G N I M M E L F A G A E F Q R N F K K T
N R H B K M N Y Y W H R R X R K K K K C N I
E N V V N M Y M H R M N C K Q O D X K H T M
K D R T D T C T T G J H U H P N M N N T M S
I B R D T M H M K W M S M T N M H E G Y R V
A Z C Q I W Y P L K A C L L G L L M U R R G
G L H L Q Z Q N F M Y B Q R L W Z C M Q H N
G M L H L N T B O R J P R E F F O J B W O Q
F E N M T G T H E M T M R K Y R W M Q K T N
N Q Z P H C T B M N Q R P R K X Z X Z W K D
V N E L L U M Y N V A L K E L H J N Z H W N
K P L T R E F J K H M V R W H J Y P V I Q O
W P M Q B Y R K F X R C X M X D B P K T K M
R G R T B C R D Y L H L N V K F W R N E H M
H R C W P Q K H O H E N S E E D V A O D L A
F W A G N E R B T W Y T D M V X W N L W P H
H F N T M F Y R R X H M Q W V Y J B M L N M
```

Aikens Jr	Foster	Mullen
Bembery	Hammond	Roquemore
Bennet	Harrell	Smith
Brown	Hohensee	Thomas
Cooper	March	Wagner
Corker	Marcum	Wall
Flemming	McMillen	White

Women's Basketball Hall of Fame 1

```
X M K K R W P L P W Q B N V F N M H K D K W
F C M T X G L Z T S D K Z H W L K J Y W J N
X F W J H J A G W V X N R D M A M T M F O N
D H C C Y L N O H M N K A H G G L R B D D S
N L T R A M D N T R W R Y F W N L K R V K R
J T N H M A E G M G T D G L R Z L O E Y Q R
H T P V E T R M J S M M Y R Z G G D R R E D
M B J M D V S L L E Q G F K P Q K H J G Q L
P M K N P T T Y P L S U M M I T T T N R L Q
M R V L K G L X R I Y Y C G M T T I O L L L
G R I F F I N R C T O E L R L R B N Q R T
C R L F F V N K D S W M L L G T E D Z Q F L
Q F L R H M I L L E R F V A S R T K L K V R
R M V L N F J Z V M H K L P T X K Z B N L B
K Q T M Q X M L M M K C M S M S M K M Q M N
P H Y G C L W L C U N M S X H T I M S F T T
W K P L R V E R H H L P T T H X W K T T W P
F Q G M V S X K X X N K B B I E R L X Q L T
Q C T P L L D L I G N K E X Q L I J R L M Y
T G F I N N R N Z R K T F Y X W R S C J L M
N T E Z C L X J Z X N Y B R D L Y J S M D N
W K N G Z X K F A W N B K N A M R E B E I L
```

Azzi	Litsch	Smith
Gordon	May	Staley
Griffin	Meadows	Stiles
Heiss	Miller	Stringer
Landers	Mulkey	Summitt
Leslie	Ray	Walker
Lieberman	Roberts	Yow

Women's Basketball Hall of Fame 2

```
L W G T D H M W A L K E R V Z G P K F C M Y
T O R B F T R R J Y E H A F W S K G Y K Z Q
T L L M K I R R G L L F R W X N E D L M N N
G T W M Y M X L F D R P E R B M T N T W O N
L E F G P S R H M G T L U K M J C L Y S F V
R R T T L E T Q D M W Z G V M K R N P A R T
R S R B N I R R M J Y M A L M C S M L L J D
R L Q K M T J R F K C C E K K M O X Y N A H
X Q T S F A M N H T F H T T I H N D E T V N
M Q V T K K Z M R G L Y A D T G W S B X E W
N E F P P R V V Y M K G D N J S R M V D E N
B V K B R O G D O N N Y K W C U E C F C X J
M G N G F L P Y K F J G C Z A E Y P U N E Q
S N E V E T S G H T N G O L D M L R O Y L H
N N M Q T Z H P M N Y R A N D R R L T O A R
K Z J B T Q K N T R L Y L D M Y T W O T W P
W Y F M P R N W N Z N A E N B K K P I R P S
C N R K R O B E R T S N Z T R K L X G C T F
L W T Z X W W R F C F P W Q U G U G X K K M
X D Q H N T N T T R T L N K R K L F Y H M S
K Z M K Z M H K T T G J W Q H T M E K B R Y
K Y L P R K T N Q C K K Z H D D R R Y R R V
```

Alexeeva	Jaynes	Stevens
Bev Smith	Katie Smith	Swoopes
Brogdon	Laursen	Teague
Chancellor	Roberts	Thompson
Coale	Ruley	Walker
Curry	Ryan	Wicks
Fahey	Smiddy	Wolters

Harness Racing Hall of Fame

```
P R I E G L E K F P B K L D D N X K T P N X
N M M X H N W J T Y D H C X N V V Q Z D N J
R C B G W I D K Z D B N J K X I J P B L M M
R F T W W Z N K N T T Z E N O L A P R G N N
T V S C T N H Y I T G H B R L D K T D B N F
D K Q E G A D T C C A L C D Z F N P R G B R
D Z R M Y M X X K D T R R T N P Z R J O Y Q
R E V O N A H J E W R K H T A Y M Y L B S C
H T N L Q L H R L T K B X E T P G N P Q F S
M U S C L E H I L L Q V R I E L R N C H H F
C A M E R O N P S B L D M Y N L E U N W V
J M Z T R T D K D R X I X I C E E B I Y M D
G Q V G T C V X K G X P H N M I N S C P P C
K B L M P L R C R O Q I M Q X B S U T Q N J
K W K R C R I E R N L G R M T M P O O T L R
X Y R L E W Y P P A K C N J Y O E I R C D X
P R M L T H V P T Z C P B X T R E C Y L L V
D M L S O C F O T T C K M X P C D E S Q G X
N I O U J Y R E N N N N V D N R Z R O K K K
M B N B T L H M L Q C L R X T E N P N Q D T
K D L X L M L T G L M T M Y X B Z B G L G P
Q H R X R H P J V J A T F Q F A Q Q W R N V
```

Abercrombie	Hayes	Palone
Bostwick	Manzi	Patch
Cameron	Miller	Precious Bunny
Fella	Muscle Hill	Proximity
Green Speed	Niatross	Riegle
Greyhound	Nickells	Tar Heel
Hanover	Nihilator	Victory Song

Ski And Snowboard Hall of Fame

```
D R H H W T R X T Z L T T Z T G T V K Z D S
Q M V L F W C T Y O M X G T F K C H G N B
H Q F R M D K P K E W H H Z N L D L V Z U E
V Z L T V M V H R Z E N L S C P R H M Q L I
N O S L O M V H W G M Y S P I D N R Y K M N
M J R M Y J A F G W N N T E T D C C Q C O H
N V N T B M F E L F R L K M N L D B F L S C
B N F N D M N L H M F L N Y O D C E M P E S
H G N G M B E D Q L L E L W C E N J R Y L N
T G T Z P W V Q W M L Z W D L V L M T M E X
L L M M D K L K X S Z F M G E W M C F R Y R
T L L L H N C X O F W F G C N V R M M C L V
K Y A M R Y V N D C H A F F E E L R R L V Z
N C R K K V N V X B L M L R Y K R I E J X Q
N R N O S N A H O J D T N T Y E W J N L W K
P Q L R G D T V R X D M E S J B L J G W V L
M K L L L L T L W L T N Y U P G W G E M T D
B M W D M D N V Z T O Z M O G X I L N V F D
N N N F J N M K N T M X N G H N L X R A W R
L M I L L E R N S Q L Y L R R G S M G C L K
N N K Z S T R E E T X P G E G W O B Q Y N N
R N V H V W F R P N N V J B W M N T G Y M K
```

Bergoust	Langley	Olson
Caldwell	Lund	Reddish
Chaffee	Mahre	Schniebs
Devlin	Miller	Stone
Engen	Moe	Street
Hegge	Moseley	Townsend
Johanson	Nelson	Wilson

Australian Football Hall of Fame

```
N V X B H R P Q C L R N L N V T N C B N N W
H A W K I N S N P K F Q F C L R Q Y V W K N
X K L M C G N B L L N R R G Z Y Q Y M L D K
D F T N V A T N Y T T L M L K B L I G H T C
L V R H F H Z K W N V C T X M S I V A D T N
K F T M K W Q A T X L H J T V F L X N H W T
Q G D F R J X R L E M N S J V Z K H Y Q M C
W J R R T S P X O Y W W J T Y N C H I L Q D
R N K T F I Z D T M T D V V R O X T J R L K
N T V B D N N H G A R N V R L E B W R R D V
Q P N L H A M K H T Y K T E Y P B E P L R H
N M O M G M Z L Q T P X M R T H H O Z Y E Z
Y R M K K R J K T H L A W H T C X T R K M B
W G L J C E K M M E N C X I R W M K T Z R R
N K A X X K Y C B W Q D M A C M H F T N A R
K B S G X A O H Z S N S N Z M D T I N C F C
C M K D F H U R G F P R K P K P R N J T N T K
K H H K R R N I W W V N W W A G K V L T K G
T T A R P C G S V K R R N R H R Z B T D X E B
S T E W A R T T F F M T E C N X B T V R L N
Z M J V D F L Y C Q J N Z Y W Y L L M L R M
L D B Y P G L H T R L V Z P D N Y B L D X P
```

Akermanis	Dyer	Pratt
Archer	Farmer	Roberts
Blight	Hart	Salmon
Cazaly	Hawkins	Smith
Christy	Hird	Stewart
Coleman	Matthews	Whitten
Davis	McLeod	Young

America's Cup Hall of Fame

```
N X G K S R L V Z G X Z F T H G R R H G B R
G V V E G R O L V N M Y N F L Z O R H B N A
X Z A R E H C S I F L Y M R T B K M C Z O T
F R N P P H N E E X P B M M I P P E O H S S
S R G W W G D L T N J T B N Y L N V K Z B L
R L L P T F B B T C F Z S M X Y N K Y R O Y
M G H P G R U U J Y H E K N A T R L N K J R
L K D R P M R O W L C B L P L K J B R R C L
Y V D J X T G R X H T T E D J Q F J H L M L
K Y C B T J E T V A N D E R B I L T V N R Y
J V N A R N S H N M N Y D R T N K Y M K C M
K L L R T H S K L D M K Y K B R V C G R K K
N G T R D T V P C J F Z Q N Y H A R N D J N
S W R T K K A S H B U R Y R T H K N R W B D
R C K H D N T M M V N W V R P P Q N D T L Y
C K H M K D N T G L C T E D L Y M Q B H E Y
L V N U K Z N L E N Y N N R X B Y Y M V K P
K H C L Y L F O X W N Y M B X G M B O N V L
D D X L G L Y L B O E G T C K M X H Q Z M M
G B Q G N W E M C W Y J B Y L Q Y P W R N M
T U R N E R V R K Y K M T K B R Z W Z M N N
R N T Q X R K T C L L K Y E N I P L A C M P
```

Ashbury	Hovey	Robins
Barr	Jewett	Rosenfeld
Bertrand	Jobson	Schuyler
Bond	Koch	Sears
Burgess	McAlpine	Trouble
Conner	Payne	Turner
Fischer	Ratsey	Vanderbilt

National Softball Hall of Fame

```
Z T J C X S N M G C M H M Z Z B M T L R T K
D R J V T Y N C R X D Q T H Z R G K L K M G
J B L W V F F O T L X U Z T N K V R W N Y
F Z E V L X N T M D L F D K W L X M K I N C
M F K C T G L Y F M R M T F L G M R R X W D
W V B X Y K N R E D I E P W T N I P R C K L
R T X N V O A R G W L S S M L B S P C V J M
B L R N P L J W N O T M P S B Z O N B M G L
W V P K E N H M T L L B F Y L H L Q C F R H
T A K Y K Y L R B F K N D V S E L J W B T T
T D G B G F M V Z E N Z P I G L R Z Q N V I
R C X N M J B R H B R X B R Q L K B Q C M
T H T R E T L T K H N J T V K P M Y Q L T S
X L B T W R T U R N E R Z R X A F R E W O B
R L V L C M T S R H O R Q G R R R V N R D F
T R E W O T H G I H X X G Y M N T B Q L R M
R K F M M M E N D O Z A N K J E T Y U M A T
N K R P Z X F X W M R N Z R D L E G I G B L
H R Z N T K C F K K Z K K N G L S F S V M G
N K Y T N C T R K H N M T P Y B S L T X O L
Q N L D F T T D K B Y H L G J M A M V L L P
D R D O O L E Y W T H J M P R Z B R J X Y K
```

Bassett	Joyce	Rohrs
Bishop	Lombardo	Simmons
Dooley	Lutz	Smith
Dressler	Mendoza	Spring
Enquist	Nye	Turner
Fraley	Parnell	Wagner
Hightower	Ribby	Wolfe

NFL Mascots

```
X N Z Q D Z T M T H Q K P Y N B Q L T V D R
C E C M K X Q Z J K B B N Y R D Y F Y K F T
L O H H K V R R C N R A E B A D Y E L A T S
F P R B O X D W T C L N Q Z F R Y D N P H R
G R K Y P M O H T C K Z R O A R Y K N X L K
K B W P R L P X C A P T A I N F E A R O T F
G F W M F X T S N L K W M V Y G D L R M L T
C J K V M L J Q B T Z X X F F U G O M Q Y N
N G W T R C R T R F Q Q X V L M T D C M G C
C N W X O K N Z Q O X V L G C B T G F P G T
N M G V M I T R X D W J N J T O K Y S R K E
T D A F I I R N G N V D C G B C B O X J G L
K L W E L K M T M T B R Y R M P U V L A J F
B W V B B M T N A L S E L I M R T J P D R H
S H W G K C W O T P G Z T B D R L M J D M Y
I O V N K R M W R B T Q N O L C A L N E R R
R D L T D Q G Y N L L A U T G R M Y P R J B
P E V Y T R A C L Y T G P R V Q V V O G D W
U Y M G J Q K C K E H K K G X L N P O I D F
R M N M M V Z L K S E D M N D Z D C W B P M
R J R Y N G L H A W Z T N P B V L M S W V N
T M R Q W L B M K K R N S Z N L M K T H K T
```

Big Red	Pat Patriot	Staley Da Bear
Blitz	Poe	Steely McBeam
Captain Fear	Rampage	Swoop
Chomps	Roary	Toro
Gumbo	Rowdy	TRac
KC Wolf	Sir Purr	Viktor
Miles	Sourdough Sam	Who Dey

NBA Mascots

```
Q L Q R M Z Q C B F B X Q G N M R L L R M B
G X Y C Q B G D J N K N B B M Y R H M V M K
P L L P Y K B H H L B J K D Z D T D D T B R
B P R N R N V X Y A Y C P M J P K L K R N H
T J N N X L H K J L M F L Z T H Z K G Q G
Y E M H A R R Y K U N L R L T G L Z X C R K
B E R W Q D V B T T Q R I U T L M I K K Q R
G R L C R D J C B G B X B M Y Q R C M T D
Y R L H K H H M L K L U N K O B F G U X B K
T E W A J Z R H X T P X R N T G L N B Y B T
T I R M R M K J P M G N B N M P E E E P T W
B P B P W N A H V J T B H Z I X T H H Z W W
L Y G Z T Z R U E T O Y O C R E T Q T P Q S
B D L M Z L K G P M F T X M K L L J O O F L
M N K B Y Q L O G R P D V Z J D K W G W G A
Q X E B O O M E R O V M I M Z L P W N N L M
T A M M H W M O Z L D W G R O C K Y A M T S
R B C V W O T P Y K G N L Q M G Z N B G R O
D Y D N H P O G K L T W O D Y K C U L R B N
M X N R A W L P N M K L T O J F K V L B Z B
M T F R F C L Y E L Z T M C M F Q C M N N L
T R R Z N G J W K R B X Y K J R P R K T K B
```

Bango The Buck	Go The Gorilla	Lucky
Benny	Grizz	Moon Dog
Boomer	GWiz	Pierre
Burnie	Harry	Raptor
Champ	Hooper	Rocky
Clutch	Hugo	Rumble
Coyote	Jazz Bear	Slamson

NHL Mascots

```
G V V N R K Y B Q X T K B V Y X P T Q B T Y
Z Z M L K M K D R Z W F S R B M V M K T D O
L C R E G N I T S A R P Y L R G H X S T T U
X D X K P V K R H C A B M K F G G B U R K P
Q B E N N Y B Y M R H N F X J R V M P R K P
M B B M F D M R T F D A G X I Z V T O R S I
T G P V W M Q A K Y J K N T T C N V T V L Z
M Z M T O K C C D F P V T C Q F L T C Y A K
K D R T W A W R Q G Q Y L K E Y N L O X P J
N F K Q T C O Y F J R L D L T V Y G E V S Z
L H M L L N E Y F X R S B T P R Q F H N H M
K Z G C T L W L G R N T J X G F G Q T L O G
E W K R I R E T N U H H B S X L N R L B T U
I G W A U L M Q T H J H W Y H F Z N A B Z B
U N B C N B M N Y J L Z V I W A Z Y N Z H R
O A V R L N E J X Y H N K X L Y R K H L H E
L S R C F V K C B R M H K C F D T K T R P D
Q H N B F G T C I Y T R K C Z Z W K I Z R N
V I C T O R E G R E E N O N M Y B I C E L U
T T N Z K Q X K M Q W P Y R T C F T C N W T H
M D T M L D J B X X X W N W S M J T L G L T
N T S A B R E T O O T H C K K Z T X W Z V X
```

Al The Octopus Iceburgh Stinger
Bailey Louie Stormy
Benny Nordy Thunderbug
Chance Sabretooth Tommy Hawk
Gnash SJ Sharkie Victor E Green
Gritty Slapshot Wild Wing
Hunter Spartacat Youppi

MLB Mascots

```
Q W R L N P H I L L I E P H A N A T I C F C
K K X H K R N J D M R M E T G P R M B H J V
M N T R Q C Z Q G R T D G M X H F F M R N X
Z G R E B T K N K T I G F D H C E E R C S D
N B L P P D J M M N D B S D W E L G K C Z D
Q J M P Z B G M N K H W D L K C Z B T V R H
K L W A Z F Y F R M I H W E T A H V Q K W G
R V T G R Q M A L N R Z T P R L L C F R X M
T N W B N J Y D G K L B N X C F R L P K N L
X J D B N M R I R A B A O P Y L F A C R L B
L G R Z O R N V E R M L P R Z J X R H T K R
T M Z N C G M S E L R M O C B L B K X P W W
H N D D F D U P E X M E D O M I M T Y A L A
V P Z R I O M R Y T B R G N P M T T B W L P
H H I N L O R Z T J N D V G P E G X B S N H
M A G T T A C Z C T F M R T U J R L G K B T
R E Z S B L W Z V V B W H P R L L Z X B G U
R M W Y Z R K T N M V Z L F R R S N C V K O
C M R X W R M N M M R K Y B P Q K L M J F S
L K R R Y Q B E R N I E B R E W E R L L C C
M M R N E P J X C G G Y T T I K J D N F K K
M J R M Y D C W W J Y N Q R N W W C Z F F Q
```

Ace	Fredbird	Phillie Phanatic
Barrelman	Gapper	Raymond
Bernie Brewer	Lou Seal	Screech
Blooper	Mr Met	Sluggerrr
Clark	Mr Red	Southpaw
Dinger	Orbit	Stomper
DJ Kitty	Paws	Swinging Friar

College Mascots 1

```
P N F L L L B C K N T N L F E R T W L C H V
T V R P L D R Y H L N T T L I R T P R L Z M
P V T Y J T P C Z O T H W B H Y K X W X T M
N K N L Y P K P V V G H V D P M D B T T W T
B N D F A S L E W R K J T L L W P C M H V F
P B Z R N E B H D L L W K N A P N X Y T M K
B Q C D N S G E N E R A L S C O T T Q B Q H
D S C G W E V D T N G L Q T T F X Z M I Y M
N Q Z O W M Q N R E O P M K K T B M F G P M
K R J D N A T Q O U P T C Z K O L J M R M N
H Z R E M R G H I C H L H X O L X Y Y E H M
H L C K R J L E K N A Z O M L S V X D D Q W
K W Y U E N N E Y A C E E T R P B I G A L P
H R I D B M H T H N C R D O S L Q V Q K T T
M X V L B I Y O W B S Z T N K I K G T J D M
M T J X D C G R K C M A B H O M P V T O R Z
T N T D G C D J H I G R B L X M D T U E K K
X X L L D M A O A T E C L Y D W E N O B Y K
H L L P J Q O T V Y R V Z V N B K D E R K M
N G K M Q J N V T Y G V D X Z N F H D M U W H
B D C Q E C K S P A R K Y M X N Y T I I H C
N D Z R R R E D I R D E K S A M R T T N Y R
```

Alphie	Demon Deacon	Masked Rider
Bevo	Duke Dog	Pistol Pete
Big Al	Gators	Rameses
Big Jay	General Scott	Scrappy
Big Red	Hokie	Sparky
Boomer Schooner	Joe Bruin	Timeout
Cayenne	Louie	Wildcat

College Mascots 2

```
Y T T B N H R E K S U H E I B R E H L N T E
Q T R W F X T Y L L U K S N J O T G W P R K
X G P R Y L M S T A N F O R D T R E E T W I
J R K P A Y D I R T P E T E Y Z K T M Q Z P
R C X W X Y J J X B V K B K M Z L T I V D S
W Q T K H M V D U N K M U M L C B C X J N L
R X N L M T M Z M P M P C H K M C N F E K R
R K B L C D Z N P K O K K Z D Q R X G I K N
J Q R R R R M B R O R W Y H X V E P M U M M
M W R D U Q B N W E N R B L C T G J I O R B
L T F D W T E S E L G Z A N M P I F K L D D
T Z B G C E U N D R N L D W R C T N E O X C
N K R Y R H I S U K Q M G Y X F E P T B K H
N M R G K A X D B H R W E V Y Y I T H O L G
K K G R T M Y Y M U Y N R C O G B N E L R G
B I K N V F C C R F C K Z K S T U M T B T W
B X U C L J N K Q I Y K D Q E T A R I W X F
R O L Y K H P T D R P E E T F D M H G N X M
M J E R L M H R R H P T K Y U B T D E L L B
K R B R U I S E R N F T I O E F K M R Q G X
T B L M Y K D N R X T V D D M W F P D L H L
M L W P Q K C N N D X X T T E S F Y Q J T C
```

Aubie Tiger	Knitro	Skully
Big Green	Lobo Louie	Smokey
Bruiser	Mike The Tiger	Spike
Brutus Buckeye	Mountaineer	Stanford Tree
Bucky Badger	Paydirt Pete	Swoop
Buzz	Riptide	Tuffy
Herbie Husker	Rudy Flyer	Yosef

College Mascots 3

```
T T M L G J N M D M N I T T A N Y L I O N R
K F K B F J V M M T O C N V K K K K L T T R
B Q D M X V L L D G G O T Z G C X C P B R P
M F D O R Z N Y T T L T B F T T N A Q X Y W
Z V U N N N Y A G N R C M A R K P J T V L O
Q M N L Y A T V T Y K C O R K M R K R Q Q L
K L K P C H L M D S L K X J T K H C W K O F
T N E H K K K D O R A M L K N K H A H Q L I
W Y R H R E N J D B Y H L K N R P L M K E E
W A Z M T Q M D F U J X S L E T X B Q T G M
Q V L N L F L M K B C E M L T H R M A N A Z
N B O D L L T N N C P K E W H Z M L T R U Y
T M T A O F N U K T L V N G B Z O N F K C F
R R S L R Q Y A T K A Y R J X E R C G L H K
L H V V V R G H R R R T R K C Q R C K G O Y
R R K P B R D C T N M G X S Q K N M W P N Y
Q U G A Y M N E R F T H O B J M N K A B B V
N D W T T X P R H N D F J P P H N W P Z T J
G B X R R D L P H F E M N K Q F S G K M L P
G M Q R A F N E X I W V Z H P T L N M G M B
J K Y L P K H L H H C P T Z L R E T O O H P
R K G L S V J C F Q C O L O N E L R E B H X
```

Black Jack	Kaboom	Rocky
Chief Osceola	Leprechaun	Shasta
Colonel Reb	Monte	Sparty
Donald Duck	Nittany Lion	Traveler
Dunker	Objee	Uga
Flash	Ole Gaucho	Waldo
Hooter	Paws	Wolfie

Sports 1

```
N E T B A L L G N I L T S E R W O M U S N F
M P K B L Z L K Z B M K N L C B Q X K O K C
K O A F G M J L H M V M P L L C H M L L Q R
W Z D R Q H Z K L C D F J T Y C R H B T G J
R Y D N A B U M P E R P O O L A T L C N Q M
A A L R O C X R C Z M T W K F A G J F M X G
C C E G K W H F K R J T Z T I N K N M D Q A
Q H I Y Q C K U L V L T I R I V T M P X F T
U T F X R Z H E T R L N T D L K N H X L T R
E R D W V H K E A I G R L D R L S N C T E E
T A N J I L C M E T N I Z I R H D B D G K S
B C A R L N J N D R U G M V V Y R L U R Q A
A I K N Z W D O D B L L X I K X A L C C H L
L N C B F G D S Y R M E K N B T I L K K B B
L G A R Z G N D U Z X D A G M T L Z G B V Y
X T R K E H O I C R Q P L D P R L L R C G X
L D T B Q B R C C C F G L R I K I G T N T C
N B A M K K X N Z N R I F V M N B N F W G P
W L V Q T V Z H X T E M N G R X G B X L Z R
L J R T J M X V K B R F Q G G J M T N W D D
R L N A I R T S E U Q E W Q Z J X G Y J B M
B W A K E B O A R D I N G R T Y Q P R T T N
```

Billiards	Fencing	Sumo Wrestling
Bodybuilding	Laser Tag	Taekwondo
Bumper Pool	Luge	Track and Field
Cheerleading	Netball	Triathlon
Diving	Parachuting	Wakeboarding
Dodgeball	Racquetball	Windsurfing
Equestrian	Rafting	Yacht Racing

Sports 2

```
G W C L N B H B N W W A T E R S K I I N G B
K N G R C G V M L P T N Y N T F R H K C L V
W R I T O K M A R T I A L A R T S X R B L N
F L N T N Q Z N N X B R K B M T D T M K A J
P X P L A T U N Q Y F L F O K G D F V L B C
Q V M R P K O E H H X N U X H N G M F B T G
P T T B B L S H T G R N R G P I P L I G N N
H P V R H X L E Q L T R R R J K D V S T I L
G D M T P B R T C A D O T G B A C F H B A G
M W A Q P I T W I I B D R M R Y F N I P P N
X I M M L X C N N L B E R K Y A W Z N F T I
B D M X C M B K L T D O R P B K G B G G X I
L J N G K I G A L K B U L L R I D I N G R K
R Q V L K B B M S E O H S E S R O H T W Y S
F L L I Q Y Y C E R B G Q S P N H N H M R C
R T N L E L F S P V L A K C I B K R G L E I
F G Q L R R S C J P D T L Q J N L N L G H D
Z B L V I O K Q R L V N Q L X B N L M X C R
N O F S R Y S T E E P L E C H A S E G L R O
V Q B C Y G T G M C D F K G D P R K T M A N
F E A K T G N I T A K S D E E P S G X D N P
E L R H J R R G K D T Y L Z L Q F T B X X G
```

Archery	Ice Skating	Pickleball
Biathlon	Kayaking	Rodeo
Bull Riding	Lacrosse	Speed Skating
Croquet	Martial Arts	Steeplechase
Fishing	Mountain Biking	Tennis
Frisbee	Nordic Skiing	Volleyball
Horseshoes	Paintball	Water Skiing

Sports 3

```
S C V V W K T B M G G R L V Y R C N T L L R
K R R T N N Q R N N M S L L T M L W V Y M K
E Q F K T P L P I B K Y A V G X N N B N F X
E P F P C K D M B I K M B X C T J G G P C Z
T K J I D Q M F J Q W K E D P D Y N X N N F
S Y C V G I D U C G R E C C O S I G F X Z L
H L V R W U M P G W V D C K M X Y L N V L O
O Z F S L P R L H T S M O L O M T T D N C G
O M R L I Q P E N S D H B B N K M R V A L I
T K W N C W V K S D A K U A M R T R J M W N
I C G R D A R T S K R U S F U M N Z R G T I
N B K X E Q B B G R A T Q O F R X P V N Z M
G B Y B X S R W F N I T K S M L L L T O L L
R M J N W K T J P C I R I T L J E N K R V N
Y R R K J W T L S N A K X N Z L N B Z T K N
N C T K M T K N I P L Q I J G G Y K O S G R
L T D N R N D B D N M F L H K O K Z W A M N
N N F T N N K R J C G X D R V L T R Y P R Q
G N I D I L G G N A H V W T T F G T B Y R D
H L R K H R D Q F W A T E R P O L O M V X F
T M Z K T M N R O L L E R D E R B Y R L T T
P V D G L W N R L L A B E L F F I W Z K L P
```

Bocce Ball	Hiking	Soccer
Boxing	Mini Golf	Squash
Darts	Parkour	Strongman
Figure Skating	Roller Derby	Swimming
Golf	Shuffleboard	Water Polo
Gymnastics	Skeet Shooting	Wiffleball
Hang Gliding	Ski Jumping	Wrestling

Sports 4

```
V D N N K L J C T T Z H H Y J Y K L G G Z Z
H T P N F A U S A I L I N G L T N N N R R
K R X G K R R R K W K K Y Q R Q I I H I P M
L K R C L L A K L Q X L X V C W M J I Y G
T M L I M B I R T B D N Q Q A O N C H K L L
Y L N G W O C T A E L H B R R J V R C S V D
K G M G B W K N C W S E O L V T G Y E W N
O M J N R L B Q K L S S O K B L K R F N W M
L C Y I L I O C R R R A N F F S L N K I Z K
O V K I M N X F R O P O N H T K L L B P H C
P M H K G G I T H R T N Y K H B C E F L T H
V N N S M K N P F N T L O K N P A M I A H M
R F Z E B L G D I V B H I L K J K L D G K K
G N I L C Y C M R H J C Z T H X N D L L H J
W B S Y K T D B D T K M B O A T R A C I N G
X Y U T L A P B P B L J R K J M A F R G R C
R L R S B N C X A D T B V Y P J T C G Z P G
D Q F E N X N L T D R F X K Y X R N E Z M D
W R I E G Y L C L S S O R C O T O M N D K N
Z G N R I N D Y C A R R A C I N G R R L D Y
K N G F X R C R X R R R M N M T C D N D H R
F N C R F X C H K Y N L R F T T K Y Y K P K
```

Alpine Skiing	Decathlon	Motocross
Badminton	Freestyle Skiing	NASCAR
Boat Racing	Horse Racing	Polo
Bobsleigh	Indy Car Racing	Rowing
Bowling	Karate	Sailing
Curling	Kickball	Softball
Cycling	Kick Boxing	Surfing

Sports 5

```
R Y R U G B Y W E I G H T L I F T I N G M M
P G G W H T L L A B R E H T E T R G Z T V M
G V G H D N D W T R L N M R N E N T G B X M
T U G O W A R H N B C L M G N I A G L W N V
N Z L H K L R L T F X M N I B B N N F Q P K
R D R L L J R L N J M I L M L B B I Y G M W
T T Y H B G Z X X N V O I E Y T N L G B T C
S M M R Z R G P R I P L T W F K L T F W M R
K C R I C K E T D M C E R M W B N S L C T Q
A N G F D J D F A K N L K C A J R E B M U L
T X G N R F R C N H R Y R R B T R H X Q M
E D N M I I T O I G S X W P R K T W W J N J
B B I J L L R S K K R H Z K V R G O N B X F
O R D C A N C K C M V N O K T Z X R M T K T
A P R T D M F Y Y X X K K O R F M P Q K J H
R J A T Z I M C C H V X K B T D B N Q U K A
D N O W N Z S R N K K T V T C I Y F M J C N
I T B Z F P D C R M C R R Q R G N P Y V Z D
N L W R T X C X G Z H A R C R R R G H N H B
G N O C P G X F K O L Q R M V O J T F F T A
H F N W A L L Y B A L L M T P F L L P N V L
C M S Z P R C M K Y N F K E M W J R R T N L
```

BMX	MMA	Table Tennis
Cliff Diving	Pro Wrestling	Tetherball
Cricket	Rock Climbing	Track Cycling
Disc Golf	Rugby	Trampoline
Handball	Shooting	TugOWar
Jump Rope	Skateboarding	Wallyball
Lumberjack	Snowboarding	Weightlifting

MLB All-Time Batting Average

```
R S W I L L I A M S K X D Y Z V J Q D B N K
W U K Z D M T X R R J P R R M N L X T N V T
N T N F N T B D Y H F R N U R H K L H H Y N
M T Q J G S L R T M E M B T X P G R J L Y K
H L P K C N I N O T P M C H K B C E B K W M
L E G Z N F I S J U T F L P K B L K L Y M Z
X S B Y N N K N L A T C G N L O B A D T L W
X R F Q W L K K W E C H V Q D C L E T G P K
D D Q R H Q R K W O R K E J B L K P T J T Y
M H M K V K R F L D R H S R L P K S H P K N
F Y S E N R A E T S C B N O S L K R O C O K
H D T G X D K D Q N M M B N N T R D R T V X
C G R N R P D N T H O R N S B Y O M L L T N
Y L T Q A K Q M G L M H R N P U Q I J Q O K
N Y V X R H J N D Z M W B F L D M L K T K R
J F Q P N B A K Y N W I C F R A L Y S D K G
R J P B M M H L W M X L V W H D T E L N R Z
R Z N C H Y M K E K N S C L V X L M T B E L
W M R H F W D L H D B O T O J R H G V Z L T
J F T L C W R W G K V N R T A Z N G M Z E R
D Z C N N A M L I E H R C H L Q V Z K X E W
F G E H R I G B L R V M C X L C K V F Y K G
```

Cobb Delahanty Heilmann
Charleston Speaker Browning
Hornsby Hamilton Keeler
Jackson Williams Terry
Wilson Brouthers Gehrig
Odoul Ruth Sisler
Stearnes Orr Suttles

MLB All-Time Hits

```
J F M R P K L D M R K X G R T Z N T L C M L
H L G T K K D G Y F T E W Z J R P C Z C R H
T R K K R Y J M D D M R Y M N   M U D G R K
M Y C L W W Q N T W T N K Z T N R J D D N S
W M O J G H G H B N T L N Q V T G E C O N R
H H H U K N G C R N N E N N D G M L K L L T
G K R Z N Y M O L D H B R K K I M R M P Q S
L Y Y E V T T M R M D M M N J K X K M Y I R
T T L R N I W M L M A A R O N S T V K P G R
K W N L L G N M M N U M J G J M W V M D M B
R M R O C G A U M J T S K Q H E S N F F M Y
X T M N X K R W J G L P I K H Z P M Q V R G
N N X F X R E I O J A L M A F R E Q F M K L
H L R X A D N L F L M J L L T A B Q A H M
P F N Y Q K T X M Z N E R X X S K P L Y N T
R Z D H P T R Y F R T T M Y V A E Z T S K K
G M L F E L K P N E R T M T B Y R B Z N L P
L D Z R L Q D P R Q X K H B J N B E T D V G
Y T B T H L Q J J D J M P M M O T S Y P K T
P N O S N A X Z P L F Z X M C L V O J L G L
Q D M Y M J R K C Q D R W A N E R R N B B W
N V L C O L L I N S M M B H Q D V P X M N G
```

Rose	Wagner	Lajoie
Cobb	Yastrzemski	Ripken Jr
Aaron	Molitor	Beltre
Musial	Collins	Brett
Speaker	Pujols	Waner
Jeter	Mays	Yount
Anson	Murray	Gwynn

MLB All-Time Home Runs

```
X R G M D Z N R P T V R J   Y E F F I R G F
C K N M J B M R W F C R R P A P N Y R N M Z
N C I C C M F K M T F K M P S X Q L M A M W
P D M L R C T W Q M Q T F V O G T R Y C W Z
B E D W L C O P T C Y Z K N S P V S D Z N J
M M M D T E K V K D D F R C L J R U T H M V
W N N O X R B V E X I N P O Y C W P H Q L
C K T R H T T R J Y T M M N D K P J R F W L
B Z H N D T S D E Q N K H N L R F O X X T H
H B O B T P D V Z W Z M F C Z W I L N R L L
W T M M H U N Z Z Z J M S H M G Z K V R
B C A X W J O X H K K P P K X C N E U M L R
H Y S M K O B G J Z V A Y K F N L Y B E M D
L L L R T L K M V N L Y T O T R F M N Z L
J N P Z R S J C Z M T M X S N N G N T T K L
M R M Z W N L K I F X E N A L J M C C X X N
M C G W I R E K T R B I M Q A T P B M D O R
B Y T Y R L M Y R T B R C N L M V D R M L
Q T M W R R J K O O B O K Z E R I M A R H Y
B M T M M L Q L R Z T S K J Z G L A M T B Y
Q F R V C Y F Y T M O J H Z G B G Z Z Q Y M
T M M Q N K L M M N J Z P R Y B D V W L L G
```

Bonds	Thome	Ramirez
Aaron	Sosa	Schmidt
Ruth	Robinson	Ortiz
Rodriguez	McGwire	Mantle
Pujols	Killebrew	Foxx
Mays	Palmeiro	McCovey
Griffey Jr	Jackson	Thomas

MLB All-Time Runs Batted In

Aaron	Musial	Williams
Ruth	Cobb	Griffey Jr
Pujols	Foxx	Palmeiro
Rodriguez	Murray	Winfield
Anson	Mays	Ramirez
Bonds	Ott	Simmons
Gehrig	Yastrzemski	Robinson

MLB All-Time Pitching Wins

```
P R L V C N G R R D S L O H C I N H B L J L
B H W N W K C R W X V F C G C X R R P M N T
B Y Q R T Q T M Z C U D F L R P Y Q K T N R
L R R C D Q N P K T J D Z F A A D P G B Q H
A L E X A N D E R T Q T D Q N R J Y T J H M
Q X M Z Z K C K M D N K N A F V K Z L R P R
M R L C R A D B O U R N P Z M P M S Y T E W
L N O T T U S N T C N T L M F T K M O V R J
X L C A R L T O N L L L A L L E Z L A N S T
K O C M F P G B D D Q T N C F H Q E K P K X
P D R R M R Q N R K L J K E Q R S N A M R Z
M K T K N A R J M D V R E F N H W H G N N N
G N D C E M T H N C W K N W R Y N B M O S W
H N N M Z I T H K R C R L F L G R B S G N C
Y Z J L G H N R E K B M Z T W P T N K N E P
J R H C N H C F G W C P N L Y B H N B D M H
G W M W U P V M L X S H B G L O C K Y Q E Y
N L E B O Y W C A X L O H A J C F Q X T L R
Z M K L Y Z Q F V R W N N N L M R N H X J C R
R N R W C L Z L I V R B C V L M N N G R K E
L B V N X H N Q N L B K G I C R T C M B Y P
P H Y F K D W B E T M X J N P L Q Y R G H M
```

Young	Maddux	Sutton
Johnson	Clemens	Niekro
Alexander	Keefe	Perry
Mathewson	Carlton	Seaver
Galvin	Clarkson	Radbourn
Spahn	Plank	Welch
Nichols	Ryan	Glavine

MLB All-Time Strikeouts

```
Y V D Q M K D Q C K R V E R L A N D E R Y Y
T P W M N R D J D A D B Z R S C L E M E N S
W N F M D C C Q K T R V Y E M T X M X N Y Y
V L N L Q T B Y Q L D L A P B J L Z M K T T
N F O Y T R W T T K R V T L A U D T X V D Z
N D S W M G D G K E E D J O C I N L B N T T
X Q N P L L I W Z R N M L N N Z H Q N H Q
L R H M D B M R B W N N K J Z L K T I T J L
R F O R S W E Y H H O K N I E K R O A N L M
V R J O G H K R K S X L W T X N B N R B G T
R R N M C C M W N U C F K T M N K R M T A T
F L L S L B W H D V Y R M W L Q F I K H Z S
K F K H K Z O D N O T T U S R P M B N T Z B
M K Q X N J A R X B V R R W B J R T H S L G
R V P V K M W J R J L N G Y L C W N R M K Y
X T L Z L Z M L N B T C L N Y K M W M A Y L
L G D V O T R X A F N J Q K L K D J K R M J
Y T F W L L B M Y R P P B F N E M P V H T R P
M R W N I O N L R Z R L V L V J Y M R I L N
J B R R C M L Q L D C T T G E N B Q N M M
N T K E H S Y M B M K N V V N J C B W E N P
X T G M P M F M J G N I L L I H C S K Z M L
```

Ryan   Perry   Schilling
Johnson   Johnson   Sabathia
Clemens   Maddux   Smoltz
Carlton   Niekro   Scherzer
Blyleven   Jenkins   Verlander
Seaver   Martinez   Bunning
Sutton   Gibson   Lolich

MLB All-Time Saves

```
X V V T J H B K N P K B Y M W L B K F Y Z D
H E R N A N D E Z D E R T M K G H R R V Z T
X L Q M B R D Z V R K R R N Q T N M H T M Z
B G V H M T O Z R J V V C L A N N W N C C Y
T C J Z J Y J D D H B R F I N H A Z T P M C
N M C J Y N D B R C R H V V G T N B M N L
G T H A L M N N W I K M K V N A M A J C K Q
F V K N L Z M B A M G Q N E A K L G N M G P
X Z O S M T H Z Y L H U R N R Y M K R K X B
L G R E X C L E L S E D E D E S M I T H N M
R N E N C R R F V R T T P Z N D V L O B Y
M V D V R S D D N T D R T R I K R M B H K K
T K R Y E L S R E K C E E E R G R L N L V F
P K O F L Y X R W H N V F E W K E B T M B R
N Z C M L L C R L A F F D T T P R T Y R T C
T P M E V P L L M T L Y M R A Y K T C B D K
Y H T S M N B F M Z E Q F P P X B Y P M M J
K Y R A X Y F L K N J L R E G N I F R I D P
Z Y D W Q O B X D R G Z A N K H X Y P K Q Q
N Z F K H Q N O H K G N N Z L F X F R R M R
D Q L R F J R W N N V W C K X P C J F H X D
B K Y X Q T G H N R F L O D Q R E A R D O N
```

- Rivera
- Hoffman
- Smith
- Rodriguez
- Franco
- Wagner
- Eckersley
- Nathan
- Kimbrel
- Papelbon
- Reardon
- Percival
- Jansen
- Myers
- Finger
- Wetteland
- Cordero
- Rodney
- Hernandez
- Street
- Mesa

MLB All-Time Manager Wins

```
L Z H H F Y D P Y G T L S C I O S C I A K R
C Q K T M M P L M H Q N T W Q D G L Y X N L
N Q J W R C L B W K P K V T D W Y H X X T K
F H J P G M F F A T T N L L L M M P Q C O J
K R K K F R H N L G L Z L P K R R K B Z R F
L N N L N L D F T W C J Y C E F R C H J R R
B O C H Y E L R A Z G G C H R K K A W H E T
N J L N R R D R V D P N C F T D Z M N Y V R
R T W S Q P G D K X J O L P Y R M Y C W M M
J K O V F C K N K C R R E K A B A A X C Z Z
N N R H M H N L J U N M L K G D N C K P H L
H D T Y L T L H D Y M T T T T O C E C H K K
H L C A K P B T O Q G N L T C B C J N M L T
P Z R R L G L H M U C T M N M H R T O T D N
R P L D L L V R N D K O A Y N R L T T T N C
S I R R A H E R P N S R X I X D L L S X A L
Y L X L J M M I L K F T E Q M W M M L V L A
L A R U S S A R N K T L E B N R M A A L Y R
C L T L M V Q L K I W D N H Y M U Q X E K P
B D J R N W B P K K P V C N G K Z C F L L E
R P Y J D H C H M K Z P H W M E T H Y P D J
N T N T R Q J V K P Q M N H B G L H R G C W
```

Mack	McCarthy	Baker
McGraw	Alston	Piniella
LaRussa	Durocher	Leyland
Cox	Bochy	Francona
Torre	Stengel	Scioscia
Anderson	Mauch	Houk
Harris	McKechnie	Clarke

NBA All-Time Points Scored

```
P N D K M J A M E S T K F R C A R T E R T M
Z B F R M K N I A L R E B M A H C K C T R M
M M R M R K K N N Z W C W R P R M P D P K K
L V L Y F D B F M W M I Z T M A K C Q Q D L
B D Z N A O X X L V M L T L B B R E P D V H
D C G W D N L G T R L V R X X B C N J N H B
H R B Y W M T A G M R A H J T A M O W B D B
K N F K T H G M J M D H K N H J R L B K X J
N X H R G E N E K U X R O P B L Z A M R J J
H F D N J Z N Z C W W W Z K Z U Q M C N G F
R R H X Y Q N G I R I O K L T D Y M K P M T
Z Q R T G R K L L T E T N T G B K B N Q I B
N K C N Q N K K Z I C I E L P A L N D Y L H
R R D W R I C K Y V S N P F J M D Q Y B L N
O R L L N T I N R W R H P N O Y G M N L E W
B L G S W P O H K A E N V K R L W J L L R B
E D V T D H L N G N H C M H D L H Z J G J L
R Y H X T L Y A O B R L L Z A K D X P N T C
T H T N J F W L E C T W H V N X R G Q R K L
S Z A L J K A C D N N G Q Z H A Y E S R T Q
O P J D L M D K L M O K T N A C N U D K G B
N W C V K Z X G L F M Q B F D K R D T W M T
```

Abdul Jabbar	ONeal	Duncan
K Malone	M Malone	Pierce
James	Anthony	Havlicek
Bryant	Hayes	Garnett
Jordan	Olajuwon	Carter
Nowitzki	Robertson	English
Chamberlain	Wilkins	Miller

NBA All-Time Rebounds

```
T J K R T C N U D V D Y B J K J M F P T M N
J B N T H K Z N M F L A B D U L J A B B A R
Y M E B G N J S V T H O F P S F B X W N D M
K M T L P R R E M D L K T K I Z J Z Z D N N
R Y U B L W H L F A T G K D L C B J T Q N Z
N D R T X A L D J H T Y L Q A Y H R P M Q L
B P G H O T M U N D L H Y G S L W N N K W V
N N G W N M W Y N J B M Z S R L L A E N O M
Q I G Y T O B O V Z H M Q L M M W L L P N X
P A G L N X M O N D L M R T P A H O W A R D
V L R K L R L L W N M A L T F V I T F R T B
R R K V U D L P N D N L P E Q M T L M Z N P
H E N H H R P R U L E O L N B K P G L B Q S
Z B T F M J Z N H S D N Y R B H K K Q I K A
T M H N H J C T S S T E F A V M A F R Y W C
Y A N R C A G U M N I W R G K L T Y C K T U
B H R Y N C R K T J N R W Q G L K N E I Z L
K C X B K K B F V T Z V A J N G V J T S H C
L L N E N O L A M K M V J P R T N T D C L C
N B N P X Y K B B A R K L E Y Y E N Q R Y F
H L K H H M M Y G L L P B T G P K M K M T M
Z N Z J P M D N B F Z V H Q L T C L D M L W
```

Chamberlain	Parish	ONeal
Russell	Garnett	Williams
Abdul Jabbar	Thurmond	Lucas
Hayes	Howard	Pettit
M Malone	Bellamy	Barkley
Duncan	Unseld	Mutombo
K Malone	Olajuwon	Silas

NBA All-Time Coaching Wins

```
N N P J N O S K C A J M T N X K L M T P F L
T D L L J G B L X T U K M Q K C G O G F R J
P Z A M L K N F B B M E Y M S X V T K T A P
N H N N A Y V L T L N N R R Z L M T J R T W
A M Y R T N C R G L K N F B R Y O A R C E N
M E L L S O F K E L S I L R A C T A C Z I L
L U T J Q N N J K M W K V Y N C P T N R L X
E H T B K Q O I J N K R N J G N H V H V O J
D S D H N F W M L B D N H T P F W B M P M T
A N R R O B X G M O D Z B R Y K W O M X R F
K N C Z S L T Q E I L Q A C W W J J R N I K
C K B Y L K K L D S S M R Q R S Y K L B L M
R P L C E P C R R M S Z N B N M Q Q G K E R
G T M C N A P E F A M R T E T G Z J J R Y T
Z B M M M G V J Y J K V K I M G P L G T X Y
N L B R C I N X C B R L N T F P D N P R R M
T R H N R D N P Y I Z G Z L L L Q J Y K Y
G T R D G R Z Y Z W F Z V B L N M P J L Z P
T K R M L T D T R R P O P O V I C H F J Q Y
K T T R Z P H O L Z M A N P Q R T N K T K R
B B L R M K C L X N F Y F M W Y W W L J X B
N P K K V X W R B M K F I T C H X K J K L X
```

Nelson	Brown	Carlisle
Wilkens	Adelman	Fitzsimmons
Popovich	Rivers	Shue
Sloan	Fitch	MacLeod
Riley	Auerbach	Holzman
Karl	Motta	DAntoni
Jackson	Ramsay	Fratello

NBA All-Time Assists

```
V C F N T L F K C W K R K K N N T K M Y L N
T K D F X K D K N A S H F P A R K E R V N F
Y M Y T T L M D F B F Q F N J T F L P C K P
H P K N O S T R E B O R C P H W L B R M M R
Z G V J T R V V X S K B W N Z K K V W V B O
M B P W K N L W N Q E H F T M N V M D Q J D
Q D L N N R M M E H Z M Y K N O Y K P X T G
N L P H P K P L N S R F A K Y T D P K L R E
Y Y A J X X M T Q A T W G J R K N J N O Q R
M R U N A T G C R M X B C J M C T M N H P S
N M L G P C G P P O G R R K G O P D F N R Y
K Z N J G S K D M H D C K O Y T O M S R R T
N Z K W N Q N S Q T D W O A O S N V T B P W
M L G N D R N E O L X L W U N K Z R R D Z Q
N F L W T O T L K N T A P P S L R E I X F T
F D Z Y T M F V K L D Y H M J Y K T C Z R L
M R B Y Z Q Q F R R I D Y O K M K R K N Y X
G D A K H P M R A T P W H H X G K O L P F P
C P J S K E E H C Q D N D F G N R P A L J B
R T Y C T P C R B D S R V B M K K T N J T T
K B F D Q N Q V I O M I L L E R Z K D J P T
F X T L M D N K N R C Y F B R L K P F L L C
```

Stockton	James	Cheeks
Kidd	Thomas	Wilkens
Nash	Payton	Porter
Jackson	Miller	Hardaway
Paul	Westbrook	Parker
Johnson	Strickland	Cousy
Robertson	Rondo	Rodgers

NBA All-Time Free Throws Made

```
N W N N B N L Q Y E L K R A B D L V C Y K L
Y Z X M H B B R V T T C H A M B E R L A I N
Y X R C H R I K Z T I W O N I K X M Y H L J
M C M L Q M O T F R R B S V M N R T G N K M
V E R T J T W B W P D R E C X L Q H L G F T
V C B M S C T X E R K R D D H T G A T L K B
N R C H V E E Z X R S T O L H A X R X G Q R
T E J N G N W Z K O T R G B T M Y D L B L F
B I F L O V Y D N J F S R B I N J E D J M D
T P M L R P N P P A K P O P T N T N S X T M
D P A F N T O K X M J L N N F F S L M G E G
L M V L I H H Z M E W J N J N R N O T F N Y
M C D T X Q T M Q S J C O R Q Q K Y N N O F
K L T G X L N B L Z K R L L E V E X K T L W
M E K T K P A N V W D W F R Q L P W T T A I
P M N X L M L K F A M T T P T P L N R X M L
B Q W L P M J L N K T L V N R N K I Y T K K
V D N A B D U L J A B B A R T K H P M T Z I
R B G C W Z K T B T B T W D G M H N X N K L Y N
K K N C X T B R Y A N T Z Q P B W G V T N S
H R Z V K L R P N K X C G X L J M G G N P R
N V M L Q C K K Z N M G C F T M L N K R K N
```

K Malone	West	Barkley
M Malone	Pierce	Miller
Bryant	Dantley	Anthony
Robertson	Abdul Jabbar	Pettit
James	Schayes	Chamberlain
Jordan	Harden	Robinson
Nowitzki	Iverson	Wilkins

NFL All-Time Coaching Wins

```
P G L N V L A Y H C K G K M V J F O W E N D
K Z C V L H L C F C X G K Y K R F I N J Z D
W K M N A K U M X N S M L K X N S K S Q K C
X Z Z W M H H Q D E E Z Y F N B V R R H L W
C N R N B T S T V K N R F N B D Q E M Z E B
Q O R N E L L E D K P D G I Y Q S M W F D R
K V W T A C E K M Z N T G M K A M I M C M H
L N N H U R L M M J J L M J L K C E L N M N
M J T J E G B T D H Y L K A D O Q H V Q Z C
Z K N G L R L J Q X R G H P U F H N N T H F
X D A B E L I C H I C K K G M X T E Z T C T
R T R K B W Y Y B V R C H L P K M T M N A Z
P Q G M K M C K N O X L Z H N Q D T B V R N
R W F Z R C W H V V I G M Z Z R D O P P R T
T R V V K T D R N N V W K R E Q T H R A O T
N Q H L P Z J G T R C X X I Z L V C N R L C
F L T Z X M B M T Q F R D K W W K S Y C L M
N G A C G Z T N W O R B Q B L X M Z B E K F
M N M N C V X L B T P H F W W L P L N L W L
Q Z F K D N A H A N A H S D T R O W V L R H
M R M K L R R X J R N T T P N W V N N S G X
M X Y M V L Y C L K Z B X W X X T P B D T R
```

Shula	Schottenheimer	Shanahan
Halas	Noll	Holmgren
Belichick	Reeves	Grant
Landry	Knox	Gibbs
Lambeau	Fisher	Owen
Reid	Parcells	Cowher
Brown	Coughlin	Carroll

NFL All-Time Passing Yards

```
W Y F B L D J M H C T W Z M Q M T Q W Z N M
R M D N V L S L J L Z N V T A N N N N T M T
L N G M G L E T H C V K R R S K C K R B R G
Y C H W W H E G H G K N I R V H C K I C P M
L C X C D N R V T X T N E S R T H N V Z M B
Y L O F J Y B V M X O G T Y Y F Y V E Y L V
J F Q L F Y L V T Z D U D W N G R K R N B H
E N K F L A W T W O O A C H W Z N N S J M M
O C V T Y I V R R F R Z K N M M A M N X G F
S T N K N W N R N B K R C D K O Y N F F B H
D T Y G H D P S E M D B Z H E N R P D K G T
E K Y T L N D P M A N N I N G T B E L W A Y
L F J A N J X C Q G N Y J M Q A R L N Y K L
B R R R N M M H W N N H P L W N T L M T Y N
M M N K Y F L A C C O A G J D A Z R F F L D
L F M E L X K P Q Z L F M N X R N Q J T B Y
F L G N T L M G N M N P F L I F O K R J G N
R W G T L K C O E H R L W M C N X F F G D R
R L H O X H X R O T L M M C N X N D F Q K Z
F L H N L R N F B N K H B T Q F T A R A L Q
X J R R E G R E B S I L H T E O R B M R T Z
J L J Y K P L Z L E D R E V A T S E T E M S
```

Brees	E Manning	Testaverde
Brady	Ryan	Stafford
P Manning	Rodgers	Bledsoe
Favre	Elway	Fouts
Rivers	Moon	Flacco
Marino	Tarkenton	Collins
Roethlisberger	Palmer	Montana

NFL All-Time Passing TD

```
Q Q T W N M C K R Y M L Z T N P P W Q L L T
K E C L L K M F D E K M N M W J F G Y N B L
N D V G N W J T D R G A G T N M M Q B G T F
Z R G K R M T F J M Y R L Y O P K G W N J V
F E J N R D D M F R N L E O K Y Z T M I N T
Q V B F D R O F F A T S N B K N T Q N N R W
P A K L A L Y Q J X C N P M S R W G N N K B
V T K D F V N S R E G D O R L I X D F A M V
B S Z B J K R C N T D K R C W L L F N M X R
P E T K N D Q E M D T C R Q V L S H J E T Z
B T A R K E N T O N P P M I M E L G T T Y D
R Y Y L L X J J N P A Q N H E Z H K G E P J
T N T M O N T A N A L V N R M G R D Y R O U
Q L N W N N J T W W M Q B V K X M M R Z G R
R D T T O T N G L K E Y R M Z C L L N H F G
L B F S L T Y T F K R H A K N R S T G T P E
N E L L T R D H Y L P R C R L I Z A W J N N
R I L T K W A M H L I N V L D V V M T R N S
W F P W W B R P N N F H T Q Q E B X P I Z E
V L N Q A V B M O G Y F Y L M R D T M M N N
J M R D R Y R M N M X N J P L S X N C H H U
B Y N J B V N Y N P M A N N I N G T F M R J
```

Brady	Roethlisberger	Stafford
Brees	E Manning	Unitas
P Manning	Ryan	Testaverde
Favre	Tarkenton	Wilson
Rivers	Elway	Montana
Marino	Palmer	Krieg
Rodgers	Moon	Jurgensen

NFL All-Time Rushing Yards

```
N S I R R A H R N W B R X N V P D G K L H Q
W Z H L R I G G I N S M R R B H C F T Q D Y
M K K N J K M L P P F X C L X T K D L K R L
N O S N I L M O T E Z N B C K I K R T N C L
R K T Z F H R J C T Q X Y T V M R Z O K G M
K Z R B Z Y A X T E N T J N G S R S R M A M
W N X Z W L W N N R R J A R V R K N H R H S
T Z R N L R B G M S K B M M C N M T O H L
Q F R E B R O W N O K G E S A C P I T F V H
V N N B K G T D S N F X S J I L N Y T N N T
D Q T D Z V N T I L V T K P M T A C M O Q M
N G P T I R H R M L X Z K L J P T Z V S F D
Y C K V P L K V P Y F S T W J M X E V R R C
W J G O R E L X S T M L A R Q Z N B B E O D
G M K K N Q Y O O S C C Z M T L M G D K L X
Y V R M R L T M N P A F M T O K Q N B C Y V
P J R Z J N L N N K M N E X K H M Q T I A N
G R F N J Z T L P P F S D C J K T B B B D T C
K M K M Z Y T V P L R A C E X K H K P T J G
C M C H X Q K W G O C K U M R T R L M D L W
Q L K M W N T V D M N K N L J S B V P G B Q
G D X R H W Q N N B F N R K K V R N H H K L
```

Smith	Bettis	Harris
Payton	Dickerson	Thomas
Gore	Dorsett	Taylor
Sanders	Brown	Jackson
Peterson	Faulk	Riggins
Martin	James	Dillon
Tomlinson	Allen	Simpson

NFL All-Time Rushing TD

```
C T K M H M V V H Z T J V N D T R R V K F M
K X R P R C N K T A C G N R X N M W N T R J
D M L R E H N D R G R V O C R A R W Q R K J
K R Z K R T Q Y J M B R M R R N P L J H N W
C N L L T W E B L Y P P I T E G A R A T N R
R X Q U L Q S R N R H P I S T C Y O M I P L
L H R A Z R T L S K Y N K X M B T L E M P N
L K M F E M R J R O K K G Y N Z O Y S S Z P
F J M D D K M E X Y N M N C R H N A D Z N N
D C N F G T V L D N J W V F J H Y T I T J M
R A N P R C P Q L N J S N I G G I R C Q R B
S R D L K N P L G N A R H G M Y W N K N D K
T P R Z J K Z F J K N X Y Z M F O J E V F K
D L B E T T I S B N B P E J V S T Q R N Y T
C F N M K L T J O R R B G L N R X M S M Y T
D M J P Y R H L O L J R L I A Z L R O L G M
J J L Y B Q L W Z L P W L K X H M J N Z H W
F G K R Z I N F T T G M T M V N Y Q L Z L Z
G R Q T D X F P J J O K W F G Y P F L J J X
F X Q N R R Q L T T P D S E M L O H N R F Y
F J N K L W Y N X Y W M Y Z R M Y Y H P M L
D C L L A N D E R S O N J R Y A L L E N R K
```

Smith	Alexander	Holmes
Tomlinson	Faulk	Lynch
Allen	Sanders	Taylor
Peterson	Bettis	Dillon
Payton	Harris	Anderson
Brown	Dickerson	Gore
Riggins	Martin	James

NFL All-Time Receiving Yards

```
N F K P T C N R Y M C C F J R V F L X R D M
K R N Q X D R A L L E B K H K Z C D L Q G V
N Y M J H T M N T X O L D R T P P G M O L W
Q A L D Z B L V J L D L T P K I L W N N X N
K R V L J T M L D K A V J V V N M Z X B R C
T M C R S G Y I R R H Q T K Y T A S H C M W
Q G Z E R G N Q E G Z X G B H L T H L B V N
N M N W O R B G M Z L A R G E N T Z D V F J
N O C X P M Z L Q O X X M Z L J O H N S O N
J T T W J T H L Z T S X Z L L R W G T R C K
M Z J R I Q Q Q N C J S L F O B K I G T X Q
V K K F N L M K B B M K T G T F N T T T V P
K T F T C R V V K N J V M W L L T X L T Q P
J Z M M C W R W D O B R K Y L Z O O F Q E L
D D M M A P W Z G S R N Z E N M F H N D M C
C B C M R L C B Z I U M K C W N F X D E C P
R P N Z T R C C V R C F L I P N E W J E W M
Y V X M E G F R V R E P P R W N J K T R L L
J R W M R N K T F A R Y M K Y T B T V N R Y
R F J R Y D V B R H M F H A L K T V T K D T
V K G O W E N S L M M Y W H P K N X D Q L N
V T W L R L Y N K Q H T T B J R L Q K V Z W
```

Rice	Smith	Ellard
Fitzgerald	Harrison	Holt
Owens	Wayne	Reed
Moss	Johnson	Jones
Bruce	Lofton	Largent
Gonzalez	Carter	Witten
Brown	Boldin	Fryar

NFL All-Time Receptions

```
W K M C N L F D J L Y G M V L S S O M D R K
S X W T T L E D R F P X K B M V T L L H T L
E Q B V G E W K T K X H L R L O L F M B Q D
T L N S R J O H N S O N P W K L N J R R H T
A H J Q M X T R L N L M M K N D Q K N U A Z
G G G X Y I R C Q Q Y D V E D K E D X C R T
N M Y B K D T M L D L N H W W X C G E R M
R N M T K L R H M A C Y Z L I T I D G D I K
C K V N X H G L R W A W L L Y T R L T R S Z
W Z B R K W C E L W Z X D K M R T G C C O J
R K N X R V G J N H V G G T K F G E A T N M
Y W R W D Z H W L O N D M F L Q C R N C Z P
M H A L T Y W F T L P Q Q R X L T X Y Y G H
K R L I L L K G C T L L K Z M E N N C F C N
D F F R L L M D Y W Q N R B R C V G D C X I
Z K S N F K A R G O N Z A L E Z N T H K B D
V Q C N N X H N L N Z R M T X D Z T V R L
T V K N E Z R S N M D N D T R M K J W R O
K L C P W W T V R R F Y N G Y P R N V L K B
H B R X Q D O M R M A R B B K T M T W H H B
N B G F X J N T Z R B M M R J M A S O N Y T
N L N W O R B J C M X M B W N B Y B T H G B
```

Rice   Owens   Moss
Fitzgerald   Boldin   Marshall
Gonzalez   Wayne   Gates
Witten   Johnson   Reed
Harrison   Smith   Mason
Carter   Bruce   Monk
Brown   Ward   Holt

NFL All-Time Sacks

```
L P M L N B B R Z L R A N D L E K K H D K K
L H L D Q K X R W R K H C Z B G B K N L P K
D J F L F M R P G H S Q Y L J C Z K F M H N
V T K R X Q Y N J T D F N Q M R L X K L Q W
G K T F T S N Z R K M L R L V F B R C T R R
Q N K W K D G A T R O L Y A T L T M K T G N
Q D V K N S H G K X C N R O L Y A T J Y R H
K N R N N A V X U N T N X M N P C Y E R A T
T V B M N M Z V B S F R M G N C R N B Y B J
J L N L N O M C T F F H R X N F E B P Q R N
S H P O X H G X M G R P T X G E M E M H A Y
I P X E S T T M G V P D T T R C H R Q R H R
M Q L Y P K F H L R J N K F L L T A Z N A C
M K X M L P C W D V E T K T Q X K W X L M Y
O H F M K K E A Q D L D B J X V B B R W O R
N T N Q D Y T R J H R T L H Z D N Z H N M Q
S B H A O V N X S M Q I T K L N N E E H L R
N N T M L Q G R E E N E C G B Y T A X N N R
R R I C E L H R C G F T L E Z I L M J X T R
Z Y M G M Y E F W N Q N R D H M A T H I S J
G Q S L A W Y N R R F R C W T C J R T J N M
J Y L G N C Y K D Y J M H T M L R N F T M L
```

Smith	Suggs	L Taylor
White	Ware	Jackson
Greene	Dent	Thomas
Peppers	Randle	Freeney
Doleman	Allen	Mathis
Strahan	Abraham	Rice
J Taylor	ONeal	Simmons

NFL All-Time Solo Tackles

```
G C K L W M H K L K K R B M X J G K X Q B T
N H G K Y T X F F N D R J N R G N Q K G L T
K T X R T V K D H Z O N R E H A R R I S O N
R A E H T E B T X O L S H N G G R N P V M Y
K F Z G R Z L C K R H C N D L Y L X N T L L
Z X D H N G B I K L T D R H L K M N H M R T
C C Y X T G N K M E Y N R O T K R G V G C
L C N L R G M J L F Y V B M W J Z Y K R N D
D H L U K C L F D N P T T J D S F K W B L F
T C V H A L G K M T F K R V K K P O J E F A
R M K N P E Q J T K B R O O K S O I I J Q R
T D B L Y B S N A D X D D H R D K F K N T R
H E N X X R W Z N F P F K B S Y N N T E C I
P D D R M R M R T N T Z P O H I T P R Q S O
W H Z W J L R R Y R R C N Y W X H T E B J R
E T F L A E D B S J R N M G C N O L H S T T
D M R R B R M A I G M I L L O Y M Q C H X
D Y N R N G D G W Q T X F K X M A K A G Y P
L F A Y K T H S E K N B J K H Q S C L I K R
E B Z B K M N Y L R I N R L Q K J M R R H X
N Q R K V Q T Q L M Y N R K R H M K U B L N
L N X F C R L L K G Y B S P R P W M K G D D
```

Lewis	Seau	Bethea
Fletcher	Urlacher	Johnson
Brooks	Barber	Briggs
Edwards	Milloy	Winfield
Thomas	Spikes	Harrison
Brooking	Farrior	Dawkins
Dansby	Woodson	Weddle

NFL All-Time Interceptions

```
Z Z X N D R R M F Y L K D Z T F M E R G Y F
Q F N X R T R C C P N H H K P T C S P K N Y
T Z V M R R W O O D S O N M T Q K U W B L X
C N Z N J Z T H L L C G K W W B W A K L W W
H Z T Q O H L D C T B Y J C N I P R B Y D R
J W F M B S R A X B W Y B J F T L K F N Q Y
J V C N L R N M N C L O M R Z H L X L K V J
R K N D O B G I Q E Y B T L C N Q O I T T W
V R B M U X X Q B D L E B E A U M M M A R Y
R N R C N W L B B O L T R F T R H Q N A M L
A B W R T L V G F L R B J Y Q X C N Z Q S S
L R K F E N K B D J G J H Z Z W R D K R F L
L F Q N L H R M R B Z R J Y O V E Y F C F L
E X N N Z G Y L M M M Q B O R B P D E E R R
N U X G N E W Z S P F X D N Y P R F H C H M
T M K W N L L N L N H S Q L L H A D J N T K
L Z O R R T Z T L Z O F Z H V B H T H F L Z
F R A J H X T R A N Z P N Q P Q S M R W L T
B B R D D J K O W X L C C K B M N I K L F
G C L T L D K Y L T R L T C F Z N H L D Q N
V V L Z X K L G M N O S N I B O R E E L B K
M Z V C M H N X C K M F I S C H E R Y M G N
```

Krause	Lott	E Robinson
Tunnell	Sharper	J Robinson
R Woodson	Brown	Walls
Lane	LeBeau	Barney
Riley	Thomas	Fischer
C Woodson	Blount	Williams
Reed	Boyd	Allen

NFL All-Time Field Goals Made

```
V Q T C K X L L G F L N R D D X M N V K T R
T X N B G P J M O T Y Y J N X V B M M L Y K
P D L F M A R E S M C M Y A S A K M N K Q F
D Q B F J Y T K T X A K M K Z K D A H F C V
R Y N K F M J B K J R R N N J Z X L D K G L
C V K T T H D Q O X N K R F O G R E G K K K
P G G X H Y F T W Y E V C H S N G B L K M
I Z V V R W X W S H Y F M E A T W S D N B L
R Z J R C Z P A K B B Y S H Z N T A I G L G
E J M B L X K B I K L R T G Q O S K D E C N
I L M U T E H K K B E K F Q V R S O W N R N
T Q V L R L P N Y D R R K E K W F G N D O O
A X J S Y R R D N M L Y R G O N N F R Z S S
N J G C P R A A U M V M A K G O U L D Z B N
I C N W B Q F Y K R J N I N L W K Z J R Y H
V K J B L P M P H N E N Z Y T R R G N N L O
N Y R E W O L G R J A N L L H V T Y K G G J
L L D N Q Z D K Q J Y P E R X F P D Y Q K V
N R A N D E R S O N F P R T D B T Z G N N J
F D L M C R W R J C K T N L S R H V F H F T
X R K P M L N T K H N N T F L K W L V V N Y
D P D T B R L L C L M M N V G D X N N D C Y
```

Vinatieri	Dawson	Lowery
Andersen	Elam	Stenerud
Anderson	Janikowski	Johnson
Hanson	Gould	Longwell
Carney	Bryant	Mare
Stover	Gostkowski	Murray
Kasay	Akers	Crosby

NHL All-Time Games Played

```
P G C J Q F B S H A N A H A N G Q L K L X N
X T J F Y Z Z T T W K C R X M Q T T S J L T
P P L G N K L C P H L R U D B L M N K M P T
Z Q Q X C F Q Y Q M X T B L R C E R W K M M
N Z F B R N F F I H C C E R L V K P W G T L
K M M M V A C P O H K M F Z E E H X B H P V
R Q L R T O S N X I X X R T B N R O Q D L
C U R K T D C O K D H F S G P C O R T G R G
W A Y M F V N L I M T C K F F Q N U T L M R
T E Y M U R P H Y L T C C C P T Y W R R T P
H L Z R V D D R M Y E R M E O V J K M Q D M
F R E C N T T T D H K H B N V V D J K F U H
R A R H R T G C Z X C R C K M L L R U T M E
A M M A P L W G M E S S I E R L E V H N K L
N N A R P F J X Z T D T Z K L C R D C M K M
C T N A W H K K C M G R Y I R R L C Y H C Y
I T K B D N K L T N R C D Z E H N B E R M P
S J T Q M H V K X K U S C W M P W V R L Z R
M L A F Y R T L Y B T V O G F Z C T D X R L
R Z K G T V Y Y W M R T H M J N M B Z N G J W
M C M M R K P V O R T L Z K R R G M A D W V
A L N I G I Z M L Q Y B R F L K V T Z K C G
```

Marleau	Chelios	Iginla
Howe	Andreychuk	Delvecchio
Messier	Stevens	Doan
Jagr	Murphy	Bucyk
Francis	Bourque	Shanahan
Thornton	Chara	Cullen
Recchi	Lidstrom	Yzerman

NHL All-Time Goals

```
M H T Y W Q Q G X K C I C C A R E L L I M C
H R X C X H N R L O O T I S O P S E B M Y P
W T X K M J J R V G R R N X C G G J J Y G L
N B B D N L L E X L E H G N R R D J M R L M
L M H R L N C K L Z C Q R J K L I K T Y N B
N V L C E H K U Q L C R E Q L G O W D N X E
T N B G K T H U Q J H L I Y M D N M L Q W V
B P X I K Y T K R S I G S K Q N N N M O L J
F G N S B Z T H H R D C S Z J Y E R H Q M L
K T R B E W J A U D I I E T M N R O G M R F
M T O E V L N L V L G K M E N H J B N J W M
M B L M N A A G G N L A T R N L C I V N R C
K Z P N H T T N N G T S P G M H V T L F X M
K M N A G D R A N W D K M Q P H F A N X B D
N L N K K T M A V E D V F Q N D N I Z W H M
B J N B Y R V F G W K P W D T B R L N M R H
D B F M E M L N Y Q N R M A Z G C L W G X N
Q J J Z L E M I E U X M N J L B M E R T L T
Q G Y L T N T Y R Y Z C K X Z N R T N T F P
J A G R K K U H C Y E R D N A L I N X L T Q
M M K R N K M J H Z M Q Q C X M G R W N Q
Z D T T L M M J Q M V W C H L L N W I H D V
```

Gretzky	Gartner	Andreychuk
Howe	Messier	Iginla
Jagr	Yzerman	Sakic
Brett Hull	Lemieux	Bobby Hull
Dionne	Selanne	Ciccarelli
Ovechkin	Robitaille	Kurri
Esposito	Shanahan	Recchi

NHL All-Time Assists

```
B M P T R O T T I E R N F K L D P N C J M G
G N O T N R O H T G N K W I H C C E R P T V
F N X M L J F M E S S I E R T G F W G Y F M
Q V N W N W R B L I G L K L H T D J Y L T N
V M T K R L M Z C R W H B N E B C L H L X W
V W C N D Z J N N T C F Q O R M G N Q T F T
N T V Y W B A C K X K N G R U I I M Q C R T
J M T V T R Y X L R Q R L L L R T E O J P W
X K Y R F M N X K T T C Q M D K Q F U T H F
L T V P V Z F Z J N N J O T P L F U V X A N
K H K K B S C Z Q K H U Q W K E A X E K W A
T S T R L A H Z G Q R K M P Y T Y T Y T E M
T N E E B K M O D I O N N E I W K M H C R R
Z D W T Y I B G U F R S M K L C Z P P N C E
H O C T A C K B Q S K C I G R N T Q R W H Z
H J W G X O M Q K M L M G N K K E T U T U Y
T M Q V N F K M L Z T E G J N K R J M W K W
R L R T D T F W T K G C Y G W I G N J J N V
W N N L L C K T R W N P B Y G Z C F R A Z Y
Y Z Y K M J R Z N B L P R X Q Q A N G Y L
F R Q M W L D C R R H Q T R B Y N N M R W K
K F H B V K J D Z K T T M M M K R R J Q R
```

Gretzky   Oates   Recchi
Francis   Yzerman   MacInnis
Messier   Howe   Murphy
Bourque   Dionne   Mikita
Jagr   Lemieux   Trottier
Coffey   Sakic   Housley
Thornton   Gilmour   Hawerchuk

NHL All-Time Points

```
H N G V N G L L L N K Q M L L X N B K N
K M B J V T V J M E S S I E R N Q X C Q N
X D N W P L D P G G C X L C L H R C O Q J
N L L D B C G C W R I Y U C Y O W F F K B
C T D H N B Y W Y C K L R E T X F Z F U Z L
T X K F A P P G W L A N C I I X N P E R G
R X W H Q W L C T N S B S V V M K M Y R L
E M K P O B E H L X K O N H V T E M T I L F
I J W P G W M R M M P J P D W Z L L M N L M
T P P K C E E M C S Y M A T I K I M B L W C
T W F T R D N K E H T H M K X Q D Z Z M P S
O J R G H G P N K M U M K B S B O U R Q U E
R T A D G P F T A T J K Y E R G I L M O U R
T J N P Q N H D R L T W T R M N L X J Y M R
M L C J M O Q W N Z E A R Q E D H L N K L H
P W I P R R D P P N O S F W I C M M Q Z H D
P M S N N A M R E Z Y B P O R P C L M T Y N
K Y T V J B R J R M M R N L M T M H P E Y H
L O L H L P V M D B Q C N V Z T T I R M H
N V G C K R F N R T E M N M K W N W K G J H
H K V N G C M F V K F L K D R M R N H Y T W
N L N K Z Y F M N N T Q T F R M R T T N Q L
```

Gretzky   Lemieux   Mikita
Jagr   Sakic   Selanne
Messier   Esposito   Trottier
Howe   Bourque   Oates
Francis   Recchi   Gilmour
Dionne   Coffey   Hawerchuk
Yzerman   Thornton   Kurri

NHL All-Time Penalty Minutes

```
T P B Y D K V X K M K R O B E R T S M K L T
Q R C T Y C V H Y R F T N D M F K N T N L C
M R R K M L V B H T R Z L L H G L X K A K Q
N A M N N D A J M Y M K K K F J M W J L G K
Y J X R C N R N R A E H S A R B X T L I P R
Q V M H R H C E B U R E B J S T T Z V N D P
R M L A D K E X X R T M T T X L N C N T H C
F N B W R P R L T Y Z X E G X G Y Y N T Z D
K M R T T P G E I W C V T G L R P M T D R J
V D K G V K H J T O E J Q R B X F L G C N K
K M C M Q C H L T N S R E V E R B E E K T D
D O M I C R K P S K U T K Q M M D C T L N G
K Y N O W R O T H C N H T T B C R K L G D C
G T T J R C C H R U Z G D B T J S H X T K L
M D R Q X J U D H H M K T M N K M O Q P F Y
Q Y R M G K R T G R P T L L B L A K R B Z W
T W V A R C J K J N R B T Q L F I T F L L N
X D R N N I N N H C O T M E P K L K B K E N
N K F S N J F E L K B L V N L J L F L Q H Y
T C K O R D M J I R E R M Z P P I M W L T V
V X Q N B O Y W K L R Z V F B T W F H L T N
R R W K Z C C K N N T M L D K Z F D B P B R
```

Williams	T Hunter	Brashear
D Hunter	Nilan	Plett
Domi	Tocchet	Odjick
McSorley	Verbeek	Barnaby
Probert	Chelios	Roberts
Ray	Manson	Neil
Berube	Stevens	Kocur

NHL All-Time Goaltender Wins

```
M D H N H K M J O L X Y M C M L T Z L T W K
C R T D T L K T C D H A L L W Z Y R L N W M
C X K R P L I Q R T R Q R W L Z R R I N M L
K E S A H S M K B M L N B L L N Z N N L T
P P Z B O D P L T B N B A R R A S S O F N N
R F B P R F R J Q T J C K P L C L K B T V E
H C S Z U Y W T T F X T R T T U Y C G B Q R
W E Y M E D O N Q D P B J M N T Q U F Z H K
P Z C R D R S B O K R R H D R N D O W U T C
R H H W O K G G D N Y K Q H Y B W R M L H J
I H L R R N O M L J R V N N G R K B R P X R
C L L B B Y O G X K I E M Q H P E S O J X B
E N U N L C D X R S C I V G K K W E G M M D
Y B R O M K K B T M L K Y W F X N I V Q B E
G J Y K N Q L K L L W J G J N X P B V N E T
R O Z J U G R Y E Z Q O M M P J T N M T L N
R H P B K H O R M K O W P B J Y M A X V F A
G C N N T J C M M M Y F L E U R Y V Z H O L
H W K Q N V W W R H K J B K K N C R V K U P
T K N X G M Q X A Y G Z H G M Y W B K Q R L
B R N Z N Y K M N S Q J R N L G Z G P W Q L L
T L L Y R N N D R F Q M T M M R L T Y Y N D
```

Brodeur	Sawchuk	Hasek
Roy	Plante	Vernon
Fleury	Esposito	Vanbiesbrouck
Luongo	Hall	Moog
Belfour	Fuhr	Barrasso
Lundqvist	Osgood	Rinne
Joseph	Miller	Price

NHL All-Time Goaltender Save Pct.

```
T T C M Q L Q W T G T K H M N N Q C C Z J H
Q R R R M T V G R D K N T K C Q H Q X K Z N
K M A H V J J M K B R T B Z M L R W D K K U
W R W H M M Z T P K K Y Q B H T R G M B N O
K H F X H J N H F X Z P D Z N I B O D U H K
Q C O G R B S C H N E I D E R Q V T Y Z W O
V L R R I D N M P W P M C N N N W R A S K V
D V D Y R B J R D M G T L N Q C K R R L G N
Y L L Y I K S V E L I S A V T G E H Y G V L
B K G V Y Q H O K F Q W Z V V W G M D R N G
O Y K N J T O K N K Q B D B O B M H X B R P
B N Z C K Q G X H E L L E B U Y C K M I M Y
R R N T R K N W T C F M J F G H L K T S R K
O V R M Q T O T J M V L B L A H E S Y H N E
V M B M V Q U C D N W L T L T T I C J O K S
S L M N Z B L G C L N H L M P V X D I P K A
K G E L B M N T L H O Q P D Q W L C K R Q H
Y X T T E Y K J M M R P J D B E F N R R P N
X C K L N H G L A L R C N B N D Y L Z P K Z
H M N Q G A N S C T X U B N W R T F Z D L R
M N G C X X L E Y J L V I F H R T L F L P M
M G T V D C M P R W T R Y W K N D X T R M R
```

Hasek	Plante	Khudobin
Bower	Luongo	Price
Rask	Lundqvist	Vokoun
Dryden	Schneider	Rinne
Bishop	Lehner	Hellebuyck
Thomas	Crawford	Gibson
Vasilevskiy	Hall	Bobrovsky

NHL All-Time Coaching Wins

```
T J B Z D C P H K B Q Z N R Y Z F P V T R B
T Y P G M M D X X M Q G A Q L M F L B B H L
D V T K G B D M M C Q R M F T G X L A D P L
T L Z G C H Y Y L M B W W J L Y L G R M P M
J L J V H H Q U I N N M O T E M R N B A L T
N L U R M W I L R D M K B L T T Y N O R Q M
L K Y A P B L T G R V T L Y N Q F P U T D M
T A V N E Q J T C K X I J C X L H V R I L L
O R V Q W N M Q X H V H M U R R A Y C N X X
R R F I F M G Z W E C Z W V L Y G M V L M V
T C L M O W M I N W K O T N J Y K H Z L K T
O K Z N G L V D Z M C D M E X J N T C L
R T T K V G E M W L M N F K E Z N M L C O K
E L F Y V U B T Z W I Z T N C C W D K Z C F
L W E Z Q H R H T V B F A F R L V Q P R B J
L K R M J N R V R E X N M M T Z K R L W A M
A N N K A Z W I M J X A B T R F F U R K B Y
N L O N Z I M G X B U R E M N E C D J P M D
L R S R H T R N T R W P R L Y X T L N K N K
H H L W J V W E I K P B T R O T Z T P M P K
C T I Z R N Y C X I V N H L H R B T U F M C
R L W L D N E D T N E I L U J T Q N Q S Q Z
```

Bowman	Vigneault	Julien
Quenneville	Babcock	Sutter
Trotz	Irvin	Wilson
Hitchcock	Quinn	Tippett
Arbour	Laviolette	Murray
Maurice	Tortorella	Lemaire
Ruff	Keenan	Martin

Free

Word Search Puzzles

> Visit Our Website
>
> www.GreaterHeightsPublishing.com

Browse our catalog of titles and download a free sample puzzle from each book.

You can also find us on Facebook. Please stop by and say hello. We would love to hear from you.

https://www.facebook.com/Greater Heights Publishing

If you have a suggestion or an idea for a new book, we're always keen to get your feedback and would love to know your thoughts.

Thank you again for your wonderful support! We couldn't do it without you.

Enjoy More Word Search Puzzles

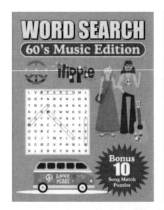 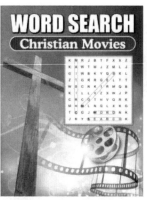 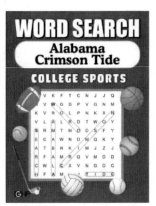 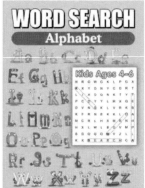

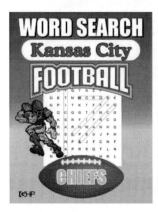   
  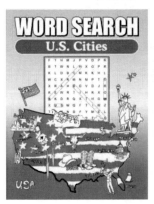 

Made in United States
North Haven, CT
27 August 2024